志愿服务实务丛书

中国志愿服务联合会
中国志愿服务基金会 组编

专业志愿服务
理论与实践

主　编　翟　雁

中国人民大学出版社
·北京·

《专业志愿服务理论与实践》编委会

主　　编　翟　雁

编辑委员会（按姓氏笔画排序）

叶　颖　朱晓红　辛　华　张　杨

黄爱民　彭　艳　翟　雁

总　序

　　志愿服务是现代社会文明进步的重要标志，是加强精神文明建设、培育和践行社会主义核心价值观的重要载体和有效抓手。改革开放以来，我国志愿服务事业不断发展、服务队伍不断壮大、服务水平日益提升，志愿服务已经成为促进社会和谐、推动文明进步的重要力量。

　　中央高度重视志愿服务事业的发展。党的十八大以来，习近平总书记多次回信、寄语并做出重要指示，给予广大志愿者极大的鼓舞。一系列文件及法规，如《中华人民共和国慈善法》《志愿服务条例》《关于支持和发展志愿服务组织的意见》《关于公共文化设施开展学雷锋志愿服务的实施意见》的出台，为志愿服务事业保驾护航。党的十九大报告在加强思想道德建设层面，明确提出要推进诚信建设和志愿服务制度化，强化社会责任意识、规则意识、奉献意识，为新时代志愿服务事业指明前进的方向。如今，在习近平新时代中国特色社会主义思想的指引下，我国志愿服务事业步入历史发展的新阶段。

　　为进一步推动志愿服务事业健康发展，在中国志愿服务基金会的支持下，中国志愿服务联合会自成立以来便高度重视志愿服务培训工作，紧紧围绕志愿服务的制度化、法制化、规范化、信息化、专业化，积极探索志愿服务培训的新途径、新机制、新模式。依托全国宣传干部学院建立了中国志愿服务培训基地，并分别在武汉、青岛、河北、惠州、三明、长春等地及宋庆龄基金会建立培训基地，先后举办了秘书长培训班、理论研讨班、法制化培训班、信息化培训班、志愿服务组织负责人培训班以及青年志愿服务、公共文化设施志愿服务、巾帼志愿服务、助残志愿服务、社区志愿服务等各类培训班。全国各省市志愿服务联合会及志愿服务组织通过多种渠道积极开展了形式多样的培训活动。同时，各领域的专家学者积极开展理论研究，先后出版发行了《中国志愿服务大辞典》《中国特色志愿服务概论》《经验·价值·影响——2008北京奥运会、残奥会志愿者工作成果转化研究》等，为培训提供了智力支撑，为相关教材编写奠定了坚实的基础。

为了满足全国各行各业的志愿服务培训需求，中国志愿服务联合会、中国志愿服务基金会联合组织专家编写了这套具有较强针对性、可读性和实用性的"志愿服务实务丛书"，旨在帮助广大志愿组织和志愿者深入领会中共中央关于志愿服务工作的一系列文件精神和政策法规，了解志愿服务的内涵，掌握志愿服务的思路方法、实践路径，不断提高培训质量，提升志愿服务的能力水平。

本丛书由中国人民大学公共管理学院魏娜教授主编、中国人民大学出版社出版，通过公开征集的方式向志愿服务领域的专家学者和科研机构发布有关信息，在自主报名和推荐的基础上经过专家评审确定执行主编。

希望在各方支持和大家共同努力下，丛书在实践中不断丰富和完善，编纂工作顺利推进。相信本丛书会在推动中国特色志愿服务事业发展中发挥积极的作用。

前　言

经过长期努力，中国特色社会主义进入了新时代。我国经历了改革开放40多年的快速发展，经济总量已经位居世界第二，然而社会发展仍不平衡不充分，不能满足人民日益增长的美好生活需要。与此同时，世界处于百年未有之大变局，中国与世界的关系也正在发生着前所未有的深刻变化。我们需要精准化、高质量地提升社会生产力，让发展成果更多更公平地惠及全体人民，并加强与世界携手构建人类命运共同体。而中国志愿服务在实现民族复兴的进程中，发挥着越来越重要的作用。

现代意义上的志愿服务是人类进入工业社会后逐步形成和发展起来的，是与人类经济社会发展相伴前行的，并随着科技进步和社会变迁，演化出多样化并存的新生态模式。21世纪以来，全球兴起的专业志愿服务（professional volunteer service，或Pro Bono）成为全球社会创新与可持续发展强大且跨领域的重要实施手段。专业志愿服务是由专业人士或专业团体自愿、无偿为社会公益所提供的具有职业或行业标准和规程的专业服务。在中国，具有专业技术资格证书和职业技能的在职、退休人员以及在校大学生约4亿人，这个庞大的专业群体，是开展专业志愿服务的有生力量。目前我国每年约有1亿名志愿者参与志愿服务[①]，其中大多数人是以奉献爱心、个人做好事和简单体力方式参与。在中国新时代社会治理创新背景下，如何提升志愿服务的规范化、组织化、专业化及服务效益，推动中国志愿服务事业健康发展，促进中国专业人力资源更好地参与社会服务，是一个值得研究的大

---

① http://www.chinavolunteer.cn.

课题。本书对中国专业志愿服务的理论与实践进行系统梳理，并结合国内外大量的实践案例进行总结与提炼，提出"专业志愿服务"的概念和标准，以形成适合中国本土志愿服务环境与实务工作的教材，供志愿服务管理者、研究者和实务工作者，以及广大的志愿者参考使用。

本书以专业志愿服务为主线，分为四个部分十一章循序渐进地阐述国内外相关理论与实践，方便读者了解和掌握其中的主要知识点和方法，以期解决理论研究者和实务工作者在专业志愿服务工作中的应用性问题。

第一部分为专业志愿服务概论，以全球可持续发展的"世界公民"视角，从外向内地认识中国当前的经济社会转型和新时代下的社会问题，建立可持续发展意识，了解专业志愿服务的概念及标准、原则和发展沿革，从而为参与中国和全球可持续发展做好准备。第一部分包括三章：第一章，专业志愿服务概念；第二章，专业志愿服务的产生背景及发展[1]；第三章，专业志愿服务的功能和意义[2]。

第二部分为专业志愿服务实践方法，介绍专业志愿服务的实施主体及利益相关方、伦理与标准、模式、项目管理、影响力评估与认证。读者可以参照本书介绍的步骤和方法开展专业志愿服务，并在服务之后进行反思和评估，从而不仅通过志愿服务改善社会，也同时提升自己，与其他利益相关方共享价值。第二部分包括五章：第四章，专业志愿服务的实施主体及利益相关方[3]；第五章，专业志愿服务的伦理与标准[4]；第六章，专业志愿服务的模式；第七章，专业志愿服务的项目管理；第八章，专业志愿服务的影响力评估与认证[5]。

第三部分为专业志愿服务挑战及发展。了解专业志愿服务所

---

[1] 第一章、第二章作者：辛华（北京志愿服务发展研究会专家）、翟雁。
[2] 第三章作者：翟雁。
[3] 第四章作者：张杨（北京惠泽人公益发展中心理事）。
[4] 第五章作者：辛华、翟雁。
[5] 第六、七、八章作者：彭艳（北京博能志愿公益基金会创始理事长）。

代表的发展趋势,可以帮助我们更好地应对当前的困难,并将专业志愿服务遇到的挑战作为机遇去创新性地解决社会问题。第三部分包括:第九章,专业志愿服务的误区与挑战;第十章,专业志愿服务的发展趋势与展望[①]。

第四部分亦即第十一章"专业志愿服务工具箱"[②],汇聚了专业志愿服务中常用的工具。读者在学习与服务的过程中,可以应用本书所提供的专业方法及模板工具、信息链接和参考文献,使其助力专业志愿服务实践。

本书应用建议:在每章开头均有案例引出或说明各知识点内容,使读者在专业服务情境内理解要点。在各章最后,还有练习题,有兴趣的读者可以进行延展性学习与思考。

"志愿服务实务丛书"总主编魏娜教授,专家顾问谭建光、莫于川、徐进以及张强教授等针对专业志愿服务概念和本书结构提出了宝贵的指导意见与专业建议。本书总校对为朱晓红教授,课题行政管理为李晓,研究助理为黄舒清,在此一并表示感谢!我们也非常希望得到读者的反馈意见和建议,以不断丰富和完善专业志愿服务理论与实践。

编者
2022 年 4 月

[①] 第九、十章作者:张杨。

[②] 第十一章作者:黄爱民(北京博能志愿公益基金会研究志愿者)、叶颖(北京惠泽人公益发展中心培训总督导)。

目 录

第一章 专业志愿服务概念 ··· 1
 第一节 志愿服务的基本概念 ··· 2
 第二节 专业志愿服务概念及内涵 ··· 7
 第三节 专业志愿服务与非专业志愿服务比较 ······························· 23
第二章 专业志愿服务的产生背景及发展 ··· 26
 第一节 专业志愿服务的产生背景 ·· 27
 第二节 专业志愿服务的发展 ··· 38
第三章 专业志愿服务的功能和意义 ·· 50
 第一节 专业志愿服务的功能 ··· 52
 第二节 专业志愿服务的意义 ··· 57
第四章 专业志愿服务的实施主体及利益相关方 ······························· 67
 第一节 利益相关方理论及其应用 ·· 69
 第二节 专业志愿服务的实施主体 ·· 74
 第三节 专业志愿服务的利益相关方 ··· 81
第五章 专业志愿服务的伦理与标准 ·· 94
 第一节 专业志愿服务伦理 ·· 95
 第二节 专业志愿服务标准 ·· 102
第六章 专业志愿服务的模式 ·· 110
 第一节 专业志愿服务主体及模式 ·· 111
 第二节 政府主导模式 ·· 115
 第三节 社会投资机构主导模式 ··· 124
 第四节 支持机构主导模式 ·· 129
 第五节 企业主导模式 ·· 143

第七章　专业志愿服务的项目管理 …………………………… 159
第一节　专业志愿服务项目管理概述 …………………………… 160
第二节　专业志愿服务项目管理流程 …………………………… 165
第三节　专业志愿者管理 ………………………………………… 198

第八章　专业志愿服务的影响力评估与认证 …………………… 204
第一节　专业志愿服务的影响力评估 …………………………… 207
第二节　专业志愿服务价值测定 ………………………………… 214
第三节　专业志愿服务认证 ……………………………………… 221

第九章　专业志愿服务的误区与挑战 …………………………… 233
第一节　专业志愿服务的误区 …………………………………… 234
第二节　专业志愿服务面临的挑战 ……………………………… 239
第三节　专业志愿服务应对挑战的策略 ………………………… 242

第十章　专业志愿服务的发展趋势与展望 ……………………… 246
第一节　专业志愿服务呈现多维度的加速发展趋势 …………… 247
第二节　专业志愿服务发展将开启中国志愿服务新时代 ……… 252
第三节　专业志愿服务助推全球可持续发展 …………………… 256

第十一章　专业志愿服务工具箱 ………………………………… 264

参考文献 …………………………………………………………… 285

第一章
专业志愿服务概念

引 例

可汗学院

萨尔曼·可汗是美国一家基金公司的对冲经理,也是全能型"数学天才"。2004 年,可汗用浅显易懂的视频通过互联网辅导其表妹数学,取得明显成效并受到越来越多亲友的求助,他便将其辅导视频放在视频网站上供人们免费学习。结果,该视频迅速受到来自世界各地的学生和家长热捧。2007 年,可汗学院正式成立上线。

可汗学院的宗旨是"一切皆可学",其使命是让所有人享有免费的世界一流教育。它通过由志愿者教师提供的互联网教学视频和个性化的学习界面,让学生能够在课堂内外按照自己的学习进度进行学习。来自世界各地的 3 700 万学生和 150 万名志愿者教师在可汗学院平台上进行教学,解答了 56 亿个教学问题,其内容资源已经被翻译成 36 种语言。这是一个在线的全球课堂,也因此获得了许多慈善资助和家长们的捐款。

资料来源:惠泽人 i 志愿大学专业志愿服务案例库(2017)。

专业志愿服务(professional volunteer service,或 Pro Bono),是由专业人士或专业团体自愿、无偿为社会公益所提供的具有职业或行业标准和规程的专业服务,是 21 世纪以来在全球逐渐兴起的志愿服务创新模式。

本案例中的可汗,从一个人偶然用专业技能解决教学问题,进而利用互联网科技影响更多的专业人士参与基础教育志愿服务,到创办教学平台，动员百万专业志愿者参与，显示了新型志愿服务所产生的巨大社会影响力。当志愿服务插上了科技和互联网的翅膀，当专业人士用他们的核心专长无偿服务社会，当更多的善资本和社会捐赠汇聚到志愿公益事业中来，我们看到了一种新型的志愿服务范式——专业志愿服务。

第一节　志愿服务的基本概念

专业志愿服务是志愿服务的主要类型之一。为了便于理解专业志愿服务，我们先简要回顾一下志愿服务的基本概念。

一、志愿者

2017年12月1日起正式施行的《志愿服务条例》规定，志愿者，是指以自己的时间、知识、技能、体力等从事志愿服务的自然人。他们是具有志愿精神，不为报酬而主动承担社会责任的人；是本着关注社会责任而非金钱利益的态度采取行动的人。他们的行动目的超越了个人的物质生活所需，追求的是个人的价值。狭义的志愿者指从事志愿服务的自然人，广义的志愿者还包括自然人之外的团体及组织等志愿服务主体。

通常而言，志愿者的定义包含了三个基本要素，即自愿性、无偿性和公益利他性。

（1）自愿性：指具有民事行为能力的自然人出于个人意愿的自主选择，而非法律或行政规定的强制地从事志愿服务。

（2）无偿性：也被称为非报酬性，指志愿者提供服务而不领取现金或物质报酬。这里需要指出的是，志愿服务是有成本的，包括志愿者差旅和交通费、误餐和饮水费、通信费、因为全职从事志愿服务的生活费用、服务采购的物品和办公费用等。有些国家（地区）或者志愿服务的主办单位给志愿者相应的津贴补助或实报实销，来承担志愿服务成本。

（3）公益利他性：指志愿者所带来的是非特定的社会公众利益和福祉，而不是亲缘性或特定利益相关人的利益。志愿者不仅提供人力服务，其爱心和责任理念、积极乐观的态度、专业知识技能、各种人脉关系和物资，都能够为社会组织和公益项目带来资源，促进公益使命的实现和社会进步。

二、志愿服务

我国的《志愿服务条例》规定，志愿服务是指志愿者、志愿服务组织和其他组织自愿、无偿向社会或者他人提供的公益服务。志愿服务特别强调有组织、非营利、参与式发展。本质上说，志愿服务是公众参与社会生活的一种重要方式，志愿者是国家公共服务的重要生力军，是社会服务的积极参与者。这就决定了志愿服务是公共服务的重要组成部分，并且遵循自愿、平等、无偿、诚信、合法的原则。魏娜提出，志愿服务广义上指志愿者不以获取物质报酬为目的，自愿贡献时间、能力和财富，为社会和他人提供的公益服务[①]。

志愿服务的自愿性、无偿性和公益利他性已经在志愿者的概念中有所体现。在志愿服务中，志愿者以奉献时间和劳动为主，强调志愿者的亲身参与性；志愿服务中的另一要素是组织性，指服务活动是在合法的前提下，有组织、有计划、规范有序地开展。志愿服务鼓励人们团结互助，以团队和组织化方式来建设和谐社会。

联合国原秘书长安南认为："志愿精神（volunteerism）的核心是服务、团结的理想和共同使这个世界变得更加美好的信念。"在我国，奉献、友爱、互助、进步的志愿服务理念，已经成为志愿精神的表述。丁元竹认为："志愿精神是以人文关怀、权益维护、社会责任与社会利他价值为主要取向的、自愿的、不为经济报酬而参与推动社会进步的思想意识。"北京惠泽人公益发展中心（简称"惠泽人"）提出："志愿精神的核心是个人对生命价值、社会、人类和人生观的一种积极态度。"志愿精神对社会精神、道德、文化产生的积极影响不是物质报酬所能计量的，志愿精神推动建立了互助、互爱、互信、互利的和谐社会关系。志愿精神本身就是难以估量的巨大的"社会资本"。

志愿服务的精神价值包括对信仰、信念、道德和个人自信的确立（价值观和个人品德）；对快乐情绪和愉悦情感的体验，在服务社会中助人自助（个人发展的心理意义）；以及对人类美好文明和有意义生活的追求，促进人类自身发展（审美与生活方式）。志愿精神不分种族、宗教、国家、年龄、性别和社会地位，是人类共有的积极向善的内在力量，也是社会创新的动力源泉，在中国当前的社会主义核心价值体系建设中发挥着越来越

---

① 魏娜. 我国志愿服务发展：成就、问题与展望. 中国行政管理, 2013 (7).

重要的作用。

三、志愿服务的分类

作为社会文明进步的标志，志愿服务通过人与人的联系服务他人与社会，促进了社会的发展和进步。根据志愿者个体自身的属性以及志愿服务环节、领域、内容等不同维度，可以对志愿服务进行分类。

在国际志愿服务研究层面，根据志愿者是否参与有组织的志愿服务，志愿服务分为正式志愿服务和非正式志愿服务。正式志愿服务是指志愿者个体参与有组织、有计划、有明确目标的志愿服务活动，如环保组织志愿者在河边捡拾垃圾；非正式志愿服务是指志愿者个体没有通过正式的组织，自行开展的志愿服务活动，如邻里互助、周末清扫社区周边环境卫生等。

国际奥委会将赛会志愿服务分为两种：专业志愿服务和非专业志愿服务。专业志愿服务是指那些具备专门知识、技能或特定资格条件才能上岗的志愿服务工作，比如媒体运行、能源保障、医疗急救、语言翻译等专业服务[①]；而不需要专业技能和资格条件即可从事的志愿服务，为非专业志愿服务。在奥运会志愿服务体系中，专业志愿服务是重要的组成部分，对赛会志愿服务水平和质量起着决定性作用。

本书以志愿者和志愿服务需要的专业技能与管理方式进行划分，将志愿服务分为三种类型：一是以奉献爱心、简单易行为主的体能型（hands-on）志愿服务；二是以技术赋能解决具体技术问题的技能型（skilled-based）志愿服务；三是以新科技为手段，通过跨界协作参与社会治理，创新性解决社会问题的专业志愿服务。

（一）体能型志愿服务

> **案 例**
>
> **窦珍志愿服务联合会**
>
> 成立于2014年7月的北京市丰台区右安门街道窦珍志愿服务联合会，是一家由社区志愿者组织联合发起的区域性组织，秉承"学窦珍、行善举、做好人"的理念，组织社区居民参与社区巡逻和邻里互助志愿

---

① International Olympic Committee. *Olympic Games Guide on People Management*. April 2017.

服务活动，创建和谐文明社区；组织辖区内单位员工和社区志愿者定期陪伴社区孤寡老人聊天并上门从事家庭服务。

【点评】

本案例中的志愿者直接为社区孤寡老人提供家庭服务、陪伴聊天，建立人际关系，有效地缓解了弱势群体的生活困难，为他们带来了精神慰藉。这类志愿服务主要是以奉献爱心和简单体力劳动为主，称为体能型志愿服务。

体能型志愿服务是指人力所能及地帮助他人的以一次性服务为主的服务，短期性和随机性较强，如捡垃圾和植树活动、看望孤弱儿童和老人活动、捐书活动等。主要体现为以物资援助和献爱心为主的体能型志愿服务，是个人直接为社会弱势群体或生态环境提供的非技能性志愿服务。其特点是：聚焦施予和情感交流，促进人与人之间的联系，加强人类信任关系。体能型志愿服务是一种传统的志愿服务模式，其目标是做个好人，或者从个人慈善愿望出发做个好事，这与人们日常听到的学雷锋、做好人好事等活动一脉相承。

（二）技能型志愿服务

案 例

绿舟应急救援"最强大脑"

参与过泰国失联青少年足球队搜救、云南鲁甸地震救援、尼泊尔地震救援等服务的北京绿舟应急救援促进中心，是一个由专业志愿者组成的社会救援组织。他们的"精准救援"背后，有着强大的"后台"，这使他们的每次救援都有的放矢。队长李峰，一位商业公司的巾帼高管，与其他6名专业志愿者组成救援执行管理委员会，对紧急情况进行专业评估和决策之后，指挥救援志愿者到现场精准施救。

"我在救援方面有30多个证书，只要一有假期就去学不同的技能，这是我对自己的要求。绳索、潜水、无线电都要学，这些也是我的爱好。我在国外就参加了红十字会的志愿活动。"李峰认为，掌握更多安全应急知识和技能，对自身安全是保障，对别人也是保障，在"后台"也能更精准地指挥。

资料来源：http://www.aqsc.cn/yingji/201808/20/c85196.html.

【点评】

事关生死的救援服务，需要专业性较强的技术功底。案例中提及的泰国失联青少年足球队搜救、云南鲁甸地震救援、尼泊尔地震救援等均是在复杂环境下的救援，是需要救援者掌握特殊的专业技能才能完成特定的救援任务。

技能型志愿服务指应用一门熟练的技能帮助他人解决技能性需要的服务，包括应用某项专业特长和职业技能，有组织地实施专业救助和发展志愿服务。比如：对外活动中的翻译，培训老年人使用电脑，给社区居民义诊，帮助农民工维权，等等。从全球来看，技能型志愿服务介于体能型志愿服务与专业志愿服务之间。在我国，技能型志愿服务通常也被纳入专业志愿服务的范畴。

（三）专业志愿服务

案 例

系统性解决公益组织专业人才不足问题

2011—2013年，商务社会责任国际协会与惠泽人合作，牵手惠普、英特尔、爱立信、百度等公司开展了"中国专业志愿服务发展项目"，在南都公益基金会、友成企业家扶贫基金会资助下，动员与组织了企业和社会的近千名专业志愿者，以项目化方式为中国数百家公益组织开展了战略规划、法务咨询、理事会发展、领导力开发、财务审计、人力资源管理、项目开发与评估、ICT技术援助、市场营销等专业志愿服务。2014年该项目结束时，惠泽人与合作伙伴联合成立了专业志愿服务联谊会，继续协助企业员工志愿者为公益组织提供专业人力资源精准对接与技术援助。

资料来源：北京博能志愿公益基金会《中国专业志愿服务报告（2017）》。

【点评】

本案例中的专业志愿者通过科学的调研、周密的策划、严谨的组织，为受益的公益组织提供了一套完整的问题解决方案。这种专业志愿服务也可以由商业性的专业服务组织提供，但是其高昂的成本是公益组织难以负担的。

专业志愿服务指志愿服务组织运用某一领域或跨领域的专业知识、经验和资源帮助公共部门与非营利组织开展独特的发展项目，通常不仅提供专业技术解决方案，还提供组织或行业咨询、培训和教练等能力建设服务。专业志愿服务需要组织化、系统化和专业化管理运营，通常需要组织者进行需求调研、项目开发、志愿者团队招募与专业能力匹配、服务过程监测与评估等活动，活动周期较长，志愿者投入的服务时间也较多；同时，需要为公益组织提供整体市场营销方案，设计开发志愿者管理软件，提供劳动用工法律咨询等。专业志愿服务特点是以跨界多边协作、应用新技术、建立新机制来精准解决社会问题、促进社会系统性改善并创新志愿服务。与简单做好人好事的传统志愿服务相比，专业志愿服务的目标是建设更好的社会，强调公益责任和公信力，力求促进社会治理多元参与、制度环境改善与可持续发展。

第二节 专业志愿服务概念及内涵

专业志愿服务是志愿服务的一种特殊类型，相对于传统的志愿服务概念，其更突出了专业性内涵。目前针对专业志愿服务的理论研究很少，其在中国的实践也处于萌芽阶段，因此并没有一个明确而统一的概念界定。

在欧美开展专业志愿服务较早的国家和地区，主要使用技能型志愿服务和公益性专业志愿服务等术语来定义专业志愿服务，是指由具有专业技能和职业资质的专业人士或团队，无偿为社会公益组织提供专业服务。Pro Bono 是拉丁语"Pro Bono Publico"的缩写，本意是为了公共利益（for public good）无偿提供专业服务，由惠泽人 2011 年首次引入中国并翻译为"专业志愿服务"[①]。Pro Bono 更多见于企业商务领域。企业通过企业社会责任和商业可持续发展，以及公益创投和影响力投资等企业战略，对

---

① Taproot Foundation. *Powered by Pro Bono*：*the nonprofit's*：*step-by-step guide to scoping*，*securing*，*managing*，*scaling Pro Bono resources*. San Francisca：Jossey-Bass，2012.

公益非营利组织和社会公共领域进行现金与非现金捐赠，并提供企业人力资源以开展无偿的专业服务。

我国《志愿服务条例》将"专业志愿服务"纳入规范，其中第十六条规定："开展专业志愿服务活动，应当执行国家或者行业组织制定的标准和规程。法律、行政法规对开展志愿服务活动有职业资格要求的，志愿者应当依法取得相应的资格。"该条例对专业志愿服务和志愿者专业资格都提出了明确的要求。

为了更好地理解专业志愿服务的概念，我们将对其中的三个主要概念进行讨论：专业志愿者、专业志愿服务、专业志愿服务管理（包括专业志愿服务项目管理、专业志愿者管理）。

一、专业志愿者

案 例

联合国志愿人员组织（UNV）招募本国专业志愿者

本国专业志愿者指在中国大陆提供志愿服务的中国公民（包括香港和澳门特别行政区永久居民）。他们为联合国及中国政府机构合作伙伴在中国发展相关的项目提供专业的帮助。UNV从有本国相关领域工作经验的申请者中选拔志愿者，主要的工作领域包括项目发展、行政、宣传、社区发展、教育、环保、灾害防治、公共卫生、艾滋病防治及减贫等。

要求：

（1）相关专业大学本科学位或者高等技校学历；

（2）两年相关工作经验；

（3）22岁以上（无最大年龄限制）；

（4）精通英语和普通话；

（5）强烈认同志愿者精神；

（6）能够在多元文化环境下工作；

（7）能适应恶劣的生存环境；

（8）良好的人际沟通和组织能力；

（9）有发展中国家的志愿服务经历者优先。

资料来源：http://www.cn.undp.org/content/china/zh/home/about-us/united-nations-volunteers.html。

【点评】
本案例说明专业志愿者是有门槛的，需要具有一定的资质、素养才能胜任专业志愿服务岗位。UNV的志愿者通常都是由单位骨干、专家学者、专业技术人才担任。

在开展专业志愿服务过程中，国际上针对"专业志愿者"的专业能力及资质都有相关的要求和界定。目前通用的术语主要有专业志愿者（professional volunteer）、技能型志愿者（skills-based volunteer）、专家型志愿者（specialist volunteer）、专业志愿服务志愿者（Pro Bono volunteer）、特定角色志愿者（targeted roles volunteer）等。这些术语都包含着一个共同的特征，就是专业性。

《中国志愿服务大辞典》[①] 根据职业资质把专业志愿者分为广义和狭义两种类型。广义上的专业志愿者是指志愿服务过程中运用自身的专业特长、知识和技能的志愿者，如支教志愿者用自身的文化知识教授乡村儿童义务教育课程；狭义上的专业志愿者是指那些拥有专业知识和技能且获得专业职业资格认证的志愿者，比如获得了国家教师资格证去乡村支教的志愿者。

本书对专业志愿者的定义是：专业志愿者是指运用职业或专业技能，自愿、无偿地从事专业志愿服务的自然人或团体。

案 例

专业志愿者叶颖

叶颖是一家旅游公司的企业高管，她自2008年以来在团中央青少年知心姐姐热线和惠泽人分别担任志愿者督导和培训总监，自费学习多种心理咨询、培训和教练技术，获得了国家二级心理咨询师、中级社工和企业高级培训师等资质。她利用个人时间为全国各地的有关部门、社会组织和志愿服务组织提供青少年发展、志愿服务理论与志愿者管理实践等培训。10年来，她平均每年为上百家志愿服务组织提供专业咨询、督导和培训，累计贡献专业志愿服务时间5 000多小时，市场价值100万元。

资料来源：北京博能志愿公益基金会"专业志愿服务最佳实践案例"（2018）。

---

① 北京志愿服务发展研究会. 中国志愿服务大辞典. 北京：中国大百科全书出版社，2014.

【点评】

叶颖具有稳定的工作和生活。但她将个人爱好与社会需求紧密地结合起来，充分利用业余时间在专业志愿服务中学习成长，实现了个人与社会价值的双赢。像叶颖这样的专业志愿者还有许多，他们大多具有较稳定的生活与职业，关注社会问题，具有较强的同理心和社会责任感，因此成为专业志愿者的主力军。

根据《慈善蓝皮书：中国慈善发展报告（2019）》中的"2018年中国志愿服务发展指数报告"①，中国志愿者以18～55岁中青年群体为主，大多数受过高等教育，无宗教信仰，以党团员居多，女性略多于男性。专业志愿服务（占比25%～30%）和技能型志愿服务（占比19%～22%）在中国正在成为越来越多志愿者的选择。

二、专业志愿服务

专业服务能够促进产业发展，然而它很昂贵。那些为了公共利益而存在的社会机构和非营利组织，以及一些社会弱势群体，尽管迫切地需要专业支持与技术解决方案，但是通常无力购买专业服务。试想一下：如果专业服务机构和专业服务人员自愿无偿为了公益去提供专业服务，我们的公益组织和社区将会发生什么改变？我们的社会又将如何？

案 例

维德中心法律援助超市

深圳福田区维德法律服务中心（以下简称"维德中心"）创办于2013年7月，是一群公益律师自筹资金、自发创办的全国首家法律援助"超市型"平台。"每一位自愿加入维德的律师要保证每年办理不少于一个公益案件，或者不少于30小时的法律志愿服务时间。"维德中心的李严主任认为，专业志愿服务并不仅仅是服务，而是一种极富情怀的文化，这种文化的核心就是"知识分子的社会责任"。2014年4月，维德中心发起"职业病志愿援助项目"，无偿代理职业病援助案件

---

① 杨团. 慈善蓝皮书：中国慈善发展报告（2019）. 北京：社会科学文献出版社，2019.

超过100宗，解答各类法律咨询超过1 000人次，共有30名律师参与了这项专业志愿服务。2015年开展普法项目"新雨计划"，培训600多名律师志愿者在全国各地为中小学校、街道社区开展1 000多场次普法课堂与咨询活动，深受社区欢迎。2016年维德中心相继开展的"反对家庭暴力行动"和"社会组织法律体检项目"，为社会工作者和社会组织提供法务咨询与培训，帮助他们提升社会服务专业水平。维德中心也获得"5A级社会组织"和"广东省法律援助工作先进集体"的荣誉。

资料来源：惠泽人 i 志愿大学专业志愿服务案例库（2018）。

【点评】

本案例中的维德中心为律师提供了一个服务社会公共平台，结合当地社会问题，开发专题性法律志愿服务项目，组织、培训和支持律师为社会弱势群体、社会组织和社区无偿提供普法教育与宣传、法务咨询培训与代理法律援助案件等专业服务，从而为社会带来更多具有专业价值的法律服务。

（一）专业志愿服务的概念

全球专业志愿联盟（Global Pro Bono Network，GPBN）[①] 提出，专业志愿服务是专业服务人士为了公共利益，自愿、无偿去帮助那些非营利组织的社会变革机构，分享技能并提供专业服务。它包含五个要素：

（1）为了公益（common good）：服务对象是社会变革机构和非营利组织，或者社会弱势群体；

（2）专业精神（professionalism）：强调志愿服务是按照专业服务职业标准开展的；

（3）应用技术（involve skills）：针对非营利组织需求给予一项或多项技能支持；

（4）无偿服务（free access）：免费提供专业服务，但是可以由第三方或者接受服务的非营利组织支付小额费用，虽然这些费用不能补偿实施专业服务所花费的时间成本；

（5）自由选择（free choice）：专业志愿服务提供者和用户都是基于自

[①] 全球专业志愿联盟是由美国 Taproot 基金会和德国 BMW 基金会发起，与日本、中国、法国的专业志愿服务机构于2013年联合创办的，旨在推动全球专业志愿服务事业发展，目前全球已有30多个国家成员代表。

11

愿性选择，并且同意合作。

现代专业志愿服务的引领机构美国 Taproot 基金会①则认为，专业志愿服务是面向社会变革机构和非营利组织的专业服务，其项目的设计和实施需要非营利组织与不同行业的专业人才共同合作，需要各方相互尊重对方的专业和时间投入。专业志愿服务在参与的深度、共同的愿景和跨界合作多个层面与传统志愿服务有根本的差异。因此，不能将专业志愿服务简单等同于一般志愿服务或者志愿服务中的一种类型。

全球首席执行官联盟（Chief Executives for Corporate Purpose, CECP）② 对公司开展专业志愿服务的界定更为严格，指出专业志愿服务必须同时符合以下标准：

（1）必须是公司做出的正式承诺，如政策、文件、合同；

（2）必须应用公司员工的专长；

（3）服务对象必须是正式注册且不分红的公益慈善组织，不是政府机构或营利组织。

在其他大多数国家和地区，对专业志愿服务的界定比较宽松，比如法国专业志愿服务实验室（Pro Bono Lab，PBL）提出专业志愿服务是人们为了社会目标，对无法获得专业服务的个人或机构，通过所在工作单位委派，或者利用个人时间，无偿或几乎无偿分享个人技能专长的志愿行为。

根据国内外相关研究以及中国经济社会转型的历史阶段，结合中国专业志愿服务实践经验，本书提出的专业志愿服务的定义如下：

专业志愿服务是由专业人士或专业团体自愿、无偿为社会公益所提供的具有职业或行业标准和规程的专业服务。其服务内容包含公益型志愿服务、技能型志愿服务、专家型志愿服务和特定角色志愿服务。服务对象一般为非营利组织、社区组织和社会弱势群体，也可以是社会变革机构，以及针对特定社会问题发起的公益类项目或相关活动。国际上的专业志愿服务有不同类型，如表 1-1 所示。

---

① Taproot 基金会是专业服务人士帮助社会变革机构和非营利组织的联结者，从 2000 年起就引领美国和全球现代专业志愿服务事业的发展。

② 全球首席执行官联盟成立于 1999 年，由全球 250 强公司 CEO 组成，代表着 6.6 万亿美元产值、212 亿美元社会投资，有 1 400 万员工。致力于促进企业社会战略标准及咨询支持，通过商业和社会价值投资创造一个更美好的世界。

表1-1　　　　　　　国际专业志愿服务类型比较一览表

组织	职业专长	委派/独立	收费方式	受益人 非营利组织	受益人 社会企业	受益人 个人
法国PBL	硬技能	是/是	免费/收人工之外成本费	是	是	是
美国Taproot	硬技能	是/是	免费	是	否	否
美国CECP	硬技能	是/否	免费	是	否	否
英国Inspire Scotland	硬技能 软技能	是/是	免费/收人工之外成本费	是	是	否
日本Service Grant	硬技能	是/是	免费	是	否	是
中国惠泽人	硬技能 软技能	是/是	免费/收人工之外成本费	是	是	否

资料来源：北京博能志愿公益基金会《专业志愿国际案例集（2017）》。

通过以上比较可以发现，当前对专业志愿服务的界定在不同国家虽然存在着分歧，但是，它们都认为专业志愿服务是将组织或个人的专业技能运用于公共福利服务中，比传统的志愿服务更加注重目标导向。专业人士被派往非营利组织、社区组织和社会弱势群体中，执行明确的项目，并给需求方提供精准的帮助。

专业志愿服务与非专业志愿服务的区别主要在于"专业性"，体现在以下三个方面：

（1）专业志愿者具有专业技能或专业资质，强调"专业的人做专业的事"，志愿者所具备的专业技能，不仅仅是个人爱好，而且是经过市场认可（购买服务）、资质认证的，并具有成功经验；

（2）专业志愿服务应用新科技、专业技能和专业产品，提供的志愿服务是具有与市场同类价值的专业服务；

（3）专业志愿服务管理更专业，通常以项目模式运营，对需求和专业技能的匹配度、服务相关标准和程序、服务质量和交付物均有明确可衡量的指标，并且最终的服务成效是可测量和可验收的。

根据美国Taproot基金会的10年专业志愿服务经验，非营利组织所需要的专业志愿服务通常在表1-2中的几个领域应用最为广泛。

表1-2　非营利组织2011年利用专业志愿服务资源的领域

领域	所占比例（%）
法律咨询	60
市场营销	41
人力资源	30
财务和行政支持	29
财务顾问或咨询	27
信息技术	27
组织规划或教练	26
在非营利组织中承担理事会成员或管理层职责	20

资料来源：FIT咨询与Taproot基金会《非营利组织调查：利用专业志愿服务资源（2011）》。

（二）专业志愿服务的特征

> **案　例**
>
> **产品总监的专业志愿服务**
>
> 张正明曾经是一家外企公司产品总监，2014年起，他联合了中国传媒大学"设计思维创新中心"的专家老师一起无偿为国内10多家支持型公益机构和100多家非营利组织开展"设计思维"培训课程，他们利用商业模式的画布形式，引导学员一步一步体验用户感受，帮助开发更加符合用户需要的服务产品。在他的带动和影响下，4年多来数百名商业专业人士参与到专业咨询与培训的志愿服务中，这提升了非营利组织的专业服务能力。
>
> 资料来源：惠泽人i志愿大学专业志愿服务案例库（2018）。
>
> 【点评】
>
> 案例中的张正明与来自企业、专业服务机构、高校及科研机构等领域的具有专业资质的志愿者，利用个人时间与专业技术，以团队工作的形式，在专业机构的协助下，为那些具有某方面需求的非营利组织和社会弱势群体提供相应的专业服务，帮助其开发更好地解决特定的社会问题的服务产品。

专业志愿服务作为专业人士或专业团体自愿、无偿为社会公益所提供的具有职业或行业标准和规程的专业服务，具有以下特征：

1. 目标精准

专业志愿服务更加精准地聚焦社会问题，理性确定所要解决的具体问题并提出相应策略。

专业志愿服务的服务对象一般为非营利组织、社区组织和社会弱势群体，以及针对特定社会问题发起的公益类项目或相关活动，他们常常难以提供精细的具体需求，这就需要专业志愿者运用专业技能进行需求评价，更加精准地聚焦社会问题，运用专业技能和系统化解决方案，提升志愿服务成效及其社会影响力。我国专业志愿服务时间不长，不区分服务对象，只要在志愿服务中使用了某种专业技能，也被称为专业志愿服务。我国《志愿服务条例》第二十三条明确规定，国家鼓励和支持国家机关、企业事业单位、人民团体、社会组织等成立志愿服务队伍开展专业志愿服务活动，鼓励和支持具备专业知识、技能的志愿者提供专业志愿服务。

2. 跨界合作

专业志愿服务把社会需求方、社会供给方和支持机构，以及其他的利益相关方整合起来，由商业机构与非营利组织和社区一起工作，共同提出解决问题的策略并提升相关能力。

（1）社会需求方。大多是专业志愿服务对象，一般是非营利组织、社区组织和社会弱势群体，他们缺乏社会资源，缺少专业知识和技能，没有足够的资金向商业机构购买专业服务。

（2）社会供给方。主要是指专业志愿者，他们提供个人的专业技能、时间，无偿提供专业服务。他们可能在政府、企事业单位、科研院所和学校、社会组织等机构从业，拥有职业专长与技能，有爱心和热情，愿意服务弱势群体和公益组织。

（3）支持机构。支持机构是指提供专业志愿服务项目管理与评估的机构，不仅对服务对象、专业志愿者负有管理和支持责任，也对专业志愿服务进行成效跟踪评估，以促进项目持续地得到优化完善，从而更好地实现公益目标。

3. 专业赋能

专业志愿服务像对待付费客户一样运用专业服务标准规范运营服务项目，志愿者运用职业技能在解决问题的过程中，不仅为客户提供解决方案，也进行相应的能力建设。

随着社会的发展，社会组织对专业志愿服务的需求与日俱增，不仅在于专业志愿者提供了免费的人力资源、市场营销、战略规划、项目管理、

IT应用、法律咨询等，也在于专业志愿者打破社会阶层所形成全新的社会关系网络和社会资本。

专业赋能包括两方面：一是职业态度，指专业志愿服务的参与方表现出来的服务态度。志愿者必须按照同职场一样的水准完成自己承担的工作任务，并符合服务对象的预期。职业态度也体现为专业化原则，专业志愿者在提供专业志愿服务时，要像对待付费客户一样去进行专业化的服务，体现专业化的社会价值。二是职业技能，指专业志愿服务需要专业与技能，通常是服务对象所欠缺而专业志愿者可以弥补并发挥自身特长与价值的技能。其中，专业性是本质属性，专业性来自职业分工所形成的不同职业之间的差别，也包含志愿服务管理优化意义上的专业性概念。其中，志愿者以职业专业人士为主，特别是社会中产阶层。他们不仅仅奉献爱心，更运用其专业技能让志愿服务具有更大的经济与社会效益。

4. 促进发展

专业志愿服务旨在促进客户发展及其行业建设，从而改善社会生态环境。在现代社会中，专业志愿服务打破阶层，让不同的人跨界、跨部门、跨地区和跨阶层共事，鼓励知识工作者积极有序地参与社会治理，促进社会融合与包容性发展。专业志愿服务瞄准社会问题，解决社会治理与发展问题，促进社会变革，放大和实现个体的专业价值，激发人类社会的共建、共融与共享机制。

三、专业志愿服务管理

案 例

美好社会咨询社（ABC）专业志愿服务体系

美好社会咨询社（A Better Community，ABC）成立10多年来，形成了管理咨询、诊断咨询、培训产品开发、调研报告4大业务体系，并在全国布局，不断打造各项在全国开展专业服务的核心能力。每年3个咨询季，每个咨询季为期3个月，在全国5个分社同步进行。对专业志愿服务咨询业务建立了3个标准步骤：立项、服务、评估。对组成咨询团队的专业志愿者结构和职责做了明确分工，在此基础上确立了3大基本要求：专业性、针对性和落地性。其专业化的服务管理体系，确保了专业志愿服务的质量和品牌，取得了较好的社会影响力。

ABC每年有3个咨询季，每个咨询季持续3个月的时间，分3个阶段，咨询流程如图1-1所示：

```
┌─── 01 ───┐   ┌─── 02 ───┐   ┌─── 03 ───┐
│   立项    │   │   服务    │   │   评估    │
│对非政府组织进行│   │根据非政府组织的咨询│   │ABC将咨询报告提交│
│审核，初步了解其│   │需求招募志愿者，组成│   │给非政府组织，并与│
│咨询需求，审核通│   │项目组并按计划书、中│   │客户共同完成项目质│
│过之后将进行立项│   │期汇报、后期汇报三个│   │量评估        │
│         │   │阶段向客户提供咨询 │   │          │
│         │   │服务        │   │          │
│用时：约半个月  │   │用时：约3个月   │   │用时：约半个月  │
└─────────┘   └─────────┘   └─────────┘
```

图1-1 咨询流程

ABC为每个客户配备8个人的咨询团队，他们来自知名咨询公司、企业及高校，每个咨询团队的人员构成如图1-2所示：

总监1名　　　　　　项目经理2名　　　　　　咨询师5名
工作10年以上　　　　工作3年以上　　　　　　工作不到3年
负责质量控制　　　　负责项目管理　　　　　　负责项目执行

图1-2 咨询团队

资料来源：http://theabconline.org/consulting-service/.

【点评】
实施专业志愿服务需要专业化管理，ABC由专业人士组成，形成了从服务产品开发、服务实施、服务管理到服务评估的专业管理体系。

专业志愿服务管理，是一套对专业志愿服务系统的规划、研发、实施和运营进行有效管理的方法，包括专业志愿服务制度规范制定、需求调研、服务项目开发、志愿者保障与激励、社会影响力评估等。专业志愿服务管理的核心思想是以无偿提供专业服务的志愿者和免费接受专业服务的用户（主要是非营利组织）为中心，促进跨界协作共创共享、共同进步与发展。从组织层面讲，专业志愿服务管理不是以组织为中心，而是以服务（项目）步骤为中心，明确专业志愿服务中各利益相关方的责、权、利，最终实现公共利益最大化。

专业志愿服务管理主要包括两部分内容：专业志愿服务项目管理、专业志愿者管理。

(一) 专业志愿服务项目管理

项目是在限定的资源及限定的时间内需完成的一次性任务，具体可以是一项工程、服务、研究课题及活动等。项目管理是指在项目活动中运用专门的知识、技能、工具和方法，使项目能够在限定条件下，实现或超过设定的需求和期望的过程。项目管理是对一些成功地达成一系列目标相关的活动（比如任务）的整体监测和管控，包括需求评估、项目开发、项目保障、进度计划和实施等。

专业志愿服务项目管理，本质上也属项目管理范畴，是指运用各种相关技能、方法与工具，为满足或超越项目有关各方对项目的要求与期望所开展的计划、组织、领导、控制等方面的活动。

(二) 专业志愿者管理

志愿服务项目的关键是志愿者参与，而专业志愿服务项目的主要特征是实施服务项目的人员是组织外部的且不领取任何薪酬的志愿者。因此，在项目管理中必须要将志愿者纳入重要的利益相关方，并进行适当的管理。

专业志愿者管理是支持和激励志愿者按照计划和标准实施专业服务，使其在达成服务目标的同时，获得志愿服务记录与各方认可，在服务中获得成长和发展的管理。

在专业志愿者管理中，项目负责人和志愿者的关系至关重要。志愿者的工作热情来源于他们的初心，因而工作合同和升职许诺都不能成为他们工作的重要动力。很多人最初都是带着十足的热情参加志愿工作，到后来却心灰意冷，退出志愿服务。所以要对志愿者进行适当的管理，建立志愿者管理体系。

志愿者管理虽然有别于全职员工管理，但岗位开发、动员招募、培训辅导、服务支持、评估与激励等重要步骤缺一不可。而且，志愿者管理需要管理者根据志愿者的特点和工作目标制订详细、明确的整体工作计划，说明工作意义，确立志愿者在服务中的角色及参与目的，并且在专业志愿服务中持续地支持、管理、认可、激励志愿者。

四、专业志愿服务的生态系统

专业志愿服务的生态系统包括三个层面：宏观志愿服务管理体系、中观志愿服务行业规范，以及微观志愿服务实施主体（见图1-3）。

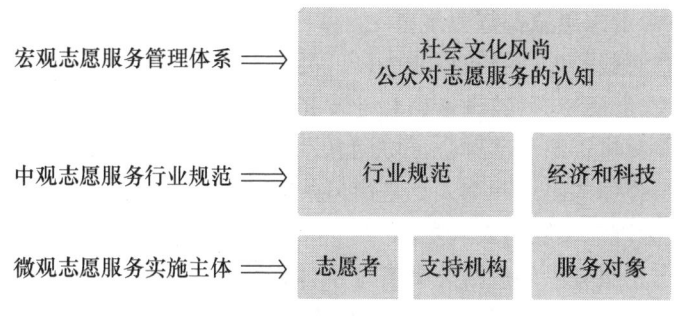

图 1-3 专业志愿服务的生态系统

（一）宏观志愿服务管理体系

《志愿服务条例》对我国志愿服务管理体系做了基本规定：

国家和地方精神文明建设指导机构建立志愿服务工作协调机制，加强对志愿服务工作的统筹规划、协调指导、督促检查和经验推广。

国务院民政部门负责全国志愿服务行政管理工作；县级以上地方人民政府民政部门负责本行政区域内志愿服务行政管理工作。

县级以上人民政府有关部门按照各自职责，负责与志愿服务有关的工作。

工会、共产主义青年团、妇女联合会等有关人民团体和群众团体应当在各自的工作范围内做好相应的志愿服务工作。

《志愿服务条例》规定，中国志愿服务管理体系（见图1-4）是由精神文明建设指导机构进行协调，国务院民政部门负责行政管理，出台相关政策与基础设施保障，县级以上人民政府有关部门和民政部门以及人民团体和群众团体各司其职，支持与促进志愿服务工作的体系。

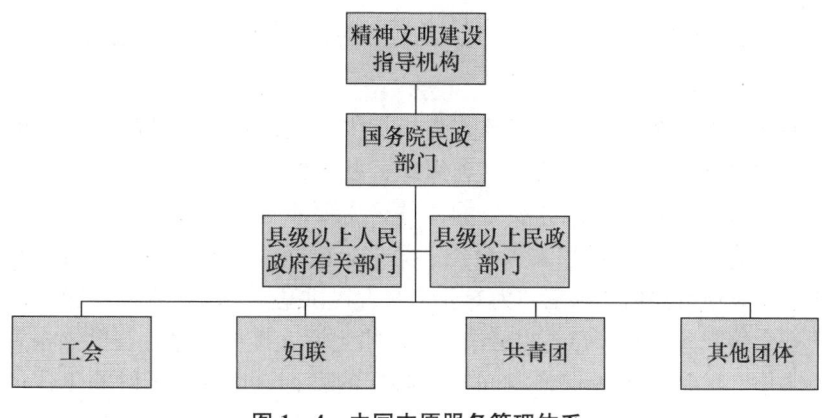

图 1-4 中国志愿服务管理体系

19

(二) 中观志愿服务行业规范

专业志愿服务如同服务行业一样，处在一个行业生态系统中，即国家法规和政策、经济与科技进步、行业支持机构、服务组织、志愿者与服务对象之间，通过资源流动融合，协助互动共建共享，共同扶持系统的平衡与发展。系统中的组织和个人都是命运共同体。

(三) 微观志愿服务实施主体

专业志愿服务主要包括三类实施主体：第一类是社会需求方，可以是有需要的个人、团体、组织或公益项目等；第二类是社会供给方，包括提供专业志愿服务的志愿者，以及提供专业人力资源参与志愿服务的机构，包括企业、高校及科研机构、医院等社会服务机构以及社会团体和社区等；第三类是提供服务的支持机构或者是自身组织专业人员开展专业志愿服务项目的专业服务组织，如企业相关部门和志愿者协会、专业服务组织、非营利组织和社区等，它们自身并不使用志愿者，而是通过组织或招募志愿者，为志愿服务项目提供运营管理、评估与认证等支持。不同主体的具体职能如表1-3所示：

表1-3　　　　　　志愿服务实施主体及其职能一览表

社会需求方 专业志愿服务对象	社会供给方 专业志愿者	支持机构 专业志愿服务组织
・提供并确认社会需求 ・接受专业志愿者服务 ・提供必要的保障与支持 ・接受服务并实施、改进 ・对专业志愿服务项目进行反馈	・提供专业技能及时间 ・遵守服务约定 ・向需求方提供具体服务 ・对专业志愿服务项目进行反馈	・社会需求评估 ・匹配专业志愿者 ・签署三方合作协议 ・专业志愿服务项目开发与管理 ・专业志愿者认可与激励

1. 社会需求方

专业志愿服务中的社会需求方是指提供并确认社会需求的机构，也是专业志愿服务的对象，包括非营利组织、社区组织和社会弱势群体。社会需求方是接受专业志愿服务项目的主体，主要职责包括：第一，提供需要专业志愿者解决的问题和服务岗位；第二，接受管理机构的管理服务和专业志愿服务项目评估；第三，为专业志愿者提供基本的服务保障，包括但不限于安全的服务场所、必要的工作设备、指定专人接待志愿者并提供相关支持与协作，项目相关人保证时间参与必要的咨询、培训、研讨等工作；第四，对专业志愿服务成果进行最终确认，并进行反馈，对志愿者进行认可。

2. 社会供给方

专业志愿者在专业志愿服务项目中扮演社会供给方的角色，提供个人的专业技能、时间进行志愿服务。他们是具有专业技能及职业资格的专业人士，主要来自专业服务企业和普通公司的专业岗位，也可以是来自高校、科研院所、新闻媒体、医疗和社会服务机构或者可以是独立职业工作者以及退休专业技术人员。

专业志愿者需要遵守志愿服务约定，以他们的专业技能按照专业志愿服务时间、岗位职责以及权益等方面的要求，向社会需求方提供具体服务，服务结束后对服务项目进行反馈。专业志愿者是个人人身与财产安全的第一责任人，对所提供的专业服务及其结果负责，有权决定专业服务项目的实施方案与过程。

通常来说，社会供给方提供的服务是基于一定服务标准的专业志愿服务。服务团队一般不少于3名专业志愿者，其中包括专业顾问——提供专业服务和解决方案，项目经理——负责项目管理与运营工作，等等。在时间方面，每个专业志愿者在项目中提供的服务时间要比体能型志愿者更长，通常不少于20小时，通过管理机构为服务对象提供专业服务，接受管理机构的管理与评估。

专业志愿服务项目是志愿者开展专业服务，管理者进行记录、测量和评估专业志愿服务的重要载体。由于志愿者从事的是非职业性、阶段性专业服务，需要项目化方式运营专业服务。专业志愿者需要具备专业技能或者职称，满足项目团队、服务时间以及权益等方面的要求。

3. 支持机构

支持机构是指提供专业志愿服务项目管理的机构。支持机构的主要作用在于管理志愿者与项目。比如，支持机构承担社会需求评估，进行专业志愿服务的项目开发与管理，匹配专业志愿者，签署专业志愿者与服务对象、服务机构三方合作协议，以及对专业志愿者进行激励和管理等职责。

通常来说，专业志愿服务组织指具有独立法人资格的合法组织，是专业志愿服务项目的支持机构。支持机构要求有专职人员负责专业志愿服务项目。首先，支持机构要评估社会需求并开发专业志愿服务岗位，进行志愿者招募与匹配。其次，支持机构负责对接匹配专业志愿服务供需双方开展项目活动，动员和筹措社会资源。再次，支持机构要对专业志愿服务项目进行监测评估并给予必要的支持，但不得干预专业志愿者对服务对象的专业指导意见及其决策，除非有违反法规或合同约定的行为。同时，支持机构对专业志愿者负有管理责任，包括但不限于项目情况及风险告知、必要的培训、志愿者服务记录与业务督导、志愿者认可与激励、项目成果反馈，协助志愿者在专业志愿服务中成长与发展。最后，支持机构对接受专业志愿服务的组织或群体进行成效跟踪评估，并有责任促进专业志愿服务项目持续地得到优化完善。

案　例

友成电商扶贫志愿服务

友成企业家扶贫基金会（简称"友成"）是一家致力于以社会创新方法解决社会问题的平台型慈善组织，在国务院扶贫办的指导下，于2015年起探索电商扶贫模式，"扶贫先扶智"，友成以贫困地区电商人才培养为核心切入点，开创"线上＋线下＋孵化"的电商扶贫持续赋能模式。友成作为专业志愿服务的支持机构，招募和组织专业志愿者为电商扶贫项目提供能力建设专业支持，包括构建全面系统的线上课程培训体系，录制线上课程，为受益人提供线上辅导，动员社会各界资源解决受训学员就业创业初期困难。

参与录制课程的专业志愿者导师有46位，能力专长分为5大类：(1) 国内顶级的扶贫研究专家，如国务院参事汤敏先生、中国社会科学院社会政策研究中心副主任杨团等；(2) 电子商务研究专家，如国务院扶贫办电商扶贫工作组首席专家暨中国社会科学院信息化研究中心主任汪向东、农业众筹联合创始人郭玮女士等；(3) 电子商务实战导师，如睢宁县电子商务协会会长王江先生、上海黑域电子商务有限公司创始人张红雨先生等；(4) 专业商业领域导师，如"倪老腌"品牌创始人倪向明先生、厦门守食文化传播有限公司杨天吉先生、全球孔明灯大王刘鹏飞先生等；(5) 专业培训师，如美国培训认证协会（AACTP）国际注册培训师康承禹女士、京彩爱（北京）教育咨询有限公司侯飞先生等。

友成电商扶贫项目在2015—2017年，线下培训11 899名学员，间接受益人59 495，女性受益人比例占63.5%。覆盖贵州、甘肃、江西、四川、河北5省57个县181个乡镇，其中国家级贫困县26个，省级贫困县30个。学员就业创业率达67%，就业创业后平均月增收500～3 000元，很多人还成为当地脱贫带头人。

资料来源：惠泽人i志愿大学专业志愿服务案例库（2018）。

【点评】

友成开发专业志愿服务岗位并进行有效动员，组织专家志愿者无偿授课，精准扶贫，有力提升了扶贫成效。

全球专业志愿联盟50多家支持机构的经验表明，专业志愿的价值从理念到机制的落地实施，必须具有专业管理的全程支持。基金会、政府、企业、社会资助、购买和公益创投专业志愿服务时，也需要投资支持机构，从而提高专业人才和公益慈善机构需求之间的供需匹配度和工作效率。专业志愿服务的支持机构是专业志愿运动的助推器，主要有三个功能：首先是供需匹配功能，通过定期调研和个案追踪，找到公益慈善组织的具体需求点，并动员、招募、储备和派遣对口的专业志愿者。其次是运营管理服务功能，支持机构的职责还包括通过设计项目，培训双方参与项目的人员，提供相应的工作方法工具，全程跟进项目，确保供需双方如期完成任务、实现目标，让专业志愿者安心做专业的服务。最后是客观评价与传播功能，支持机构以中立客观的第三方项目监理角色，征询后续反馈，评估项目成果，总结经验，并进行广泛的传播和扩大社会影响力，有利于专业志愿服务事业的发展。

第三节 专业志愿服务与非专业志愿服务比较

一、专业志愿服务与非专业志愿服务的共性

专业志愿服务是在传统志愿服务基础上演化的一种新型服务范式，它首先具有与非专业志愿服务相同的一般性特征，即公益性、无偿性和自愿性。

公益性主要体现在服务对象是具有公益性的非营利组织和社会企业，因为各种原因无法获得足够专业资源的社会变革机构或非营利机构，或者是为社会弱势群体提供福利。无偿性指志愿服务组织的非营利原则，其是针对服务对象来说的，服务中无须支付专业志愿者劳动报酬，但不排除志愿服务活动会产生必要的成本和开支。在具体服务中，参与专业志愿服务的各方均不得因为无偿使用专业志愿者而进行营利性活动，志愿者不得因为从事专业志愿服务而获得现金报酬或物质回报。自愿性指志愿服务的参与双方都自愿合作与开展服务。

二、专业志愿服务与非专业志愿服务的不同

与非专业志愿服务不同的是，专业志愿服务以其专业技能精准聚焦具体的社会问题。专业志愿服务的目标更加清晰，即为了公益慈善，有社会

责任的专业人士为某些特定的社会群体或部门解决特定的具体社会问题，推动社会变革，实现社会创新，建设一个更加公平的社会。

专业志愿服务不仅仅是基于志愿者的爱心和兴趣，更主要的是针对服务对象所呈现的社会问题进行分析诊断，群策群力和分工协作，尽量从多方面系统性地解决深层问题。因此，这就要求提供专业服务和社会需求的供需双方，基于各自意愿开展专业志愿服务项目。对于专业志愿服务的各参与方而言，任何人和机构不得强迫、欺骗和引诱各方实施专业志愿服务。

对比非专业志愿服务和专业志愿服务，可以发现，二者在组织方式、服务内容、专业要求、解决方案、帮助范围、服务类别、理念上有着显著的差别。与非专业志愿服务相比，专业志愿服务更加聚焦组织性、专业性和系统性要求（见表1-4）。

表1-4 　　　　专业志愿服务与非专业志愿服务比较一览表

类型 差异点	专业志愿服务	非专业志愿服务
组织方式	组织或长期需求	直接或即刻需求
服务内容	基础设施或领导力	额外的劳力
专业要求	专业技能	非专业技能
解决方案	系统性	局部性
帮助范围	组织与组织	人与人
服务类别	复杂	简单
理念	公益做好社会	慈善做好人

三、专业志愿跨界协作的社会化运动

非专业志愿服务主要是在一个点上工作，更多地聚焦服务对象个体或情境，主要提供关爱、助困和体力服务。而专业志愿服务主要是在一个面或者一个多维空间里工作，聚焦社会问题及服务对象困境背后的环境、成因和能力资源等，因此需要团队协作和系统化专业服务，有时需要链接更多的社会资源，动员更多的利益相关方，从而形成一种社会化运动，进行社会倡导与创新，进而有效解决社会问题。

由于全球化导致国际行为主体多元化，全球性问题需要政府、政府间组织、非政府组织、跨国机构等共同参与解决。在此期间，专业志愿服务的跨界机制被期待能够发挥重要的作用。在联合国所倡导的志愿服务发展战略中，专业志愿服务更能精准地解决社会议题，因此，聚焦全球共同的

社会议题，通过志愿者专业服务共创跨界解决方案将是今后国际协作的共同趋势。其中，社会组织对专业志愿服务的需求与日俱增，不仅在于专业志愿者提供了免费的人力资源、市场营销、战略规划、项目管理、IT应用、法律咨询等专业技能，也在于专业志愿服务网络可以为社会组织创新与可持续发展提供更多元而丰富的支持。

思考与讨论

1. 专业志愿服务与传统志愿服务有什么差异？
2. 专业志愿服务与志愿服务有什么关系？
3. 专业志愿服务的构成要素有哪些？
4. 试述专业志愿服务与非专业志愿服务的异同。

第二章
专业志愿服务的产生背景及发展

引 例

志愿者徐本禹的故事

2003年8月，徐本禹放弃读公费研究生的机会，来到不通水、不通电、不通路的贵州省大方县猫场镇狗吊岩岩洞小学当了一名义务支教老师。2004年8月，徐本禹来到更加破旧的大方县大水乡大石小学支教一年。2004年8月到2005年1月，徐本禹支教的故事被媒体报道后，很多好心人资助当地的贫困学生，改善当地的教学条件，这使大水乡的教学条件发生了翻天覆地的变化，而因此所发生的爱心传奇还在继续……

2005年9月，徐本禹返回华中农业大学读研期间，一直从事着他所钟爱的助学事业，并和志同道合的大学生一起成立了红杜鹃爱心社。多年来，红杜鹃爱心社为贵州近20所中小学建立了图书室，为山区贫困学生募集到100多万元的物资。

2007年1月，徐本禹作为中国青年援外志愿者来到津巴布韦进行为期一年的志愿服务。2008年8月，徐本禹又光荣地成为一名北京奥运会的志愿者。

【点评】

本案例中的志愿者徐本禹，从一个人进行志愿支教，到吸引更多好心人资助当地贫困学生和改善当地教学条件，进而改善了当地的教学环境与基础教育条件。不仅如此，他还成立志愿者组织红杜鹃爱心社，动员更多志愿者和爱心人士参与救助贫困学生，参与援外志愿服务和北京奥运会志愿服务，传递了志愿精神，显示了志愿服务的巨大社会影响力。

徐本禹的志愿服务经历，反映了一定时期中国志愿服务的发展历程。伴随着中国社会经济与科技的发展和时代的变迁，志愿服务也从简单到专业，从随意随时奉献爱心到专业化解决社会问题，并成为社会力量参与社会治理与创新的重要方式。志愿服务也承载着越来越多的历史使命。

第一节 专业志愿服务的产生背景

专业志愿服务是经济社会发展到特定阶段的产物。一方面，随着经济社会和科学技术的发展，专业领域出现了细分，越来越多的专业服务和训练有素的专业人士涌现，专业服务发展达到一定水平，成为国民经济第三产业的重要组成部分，为专业志愿服务的产生提供了土壤。另一方面，中国经济社会转型带来的社会问题也越来越复杂，需要更多领域的专业人士投身社会领域，参与社会治理与创新，解决社会问题。非营利组织和社会企业的发展也为专业志愿服务的出现提供了契机。此外，全球发展面临着更多的不确定性、不可持续性，社会问题全球化以及可持续发展为专业志愿服务的产生进一步提供了机遇和需求。

一、志愿服务的演化

志愿服务是基于人性和多样化的人类发展需求而兴起的社会利他行为，伴随着政治、经济、社会文化和科技进步而演变繁衍、自我更迭。

可查证的最早的组织志愿行动发生在1688年加拿大的魁北克，当时，"在肆虐魁北克的大火之后，公民创建了一个由志愿者组成的穷人办公室，为穷人提供资金、食物和衣物"。19世纪中后期，许多机构的兴起几乎与志愿行动同义，所有这些都是为满足处于危机中人们的需求而创建的。有些组织专门致力于解决具体问题，如"救世军"专注于未婚人士和酗酒，"基督教青年会"致力于改善男性的经济机会，"圣文森德保罗协会"为穷人和家庭老人提供志愿服务。这些组织伴随工业化带来的社会和阶级转变而发展。这一阶段的志愿服务以体能型志愿服务和扶贫济困为主，主要是基于传统慈善的邻里互助，关爱和照顾贫困与灾难中的人，体现人与人联

27

结、救济和互助的慈善理念。

20世纪下半叶，工业化革命、民权运动和第二次世界大战后的重建等，对志愿服务产生了深刻的影响。产业化兴起促进了志愿组织的发展，工业化技术和企业管理也使更多在职的专业技术人员参与到技能型志愿服务中，回应和解决当时城乡建设和发展等问题。组织化的志愿服务提升了志愿服务效率，体现了平等尊重的助人理念和兼顾效率的赋能理念。

人类进入21世纪面临着更多不可预测与不可持续的挑战，新的信息技术和人工智能的出现颠覆了传统商业模式，加速了企业和专业机构的社会化进程，也促进了企业社会责任和战略公益发展。企业员工和新经济人士开始关注社会问题，跨界参与社会协作，为公益组织和公益活动提供无偿的专业志愿者援助，这成为社会变革与创新的新生力量。专业志愿服务促进了经济社会的生态环境改善和社会问题的系统性解决，体现了社会新阶层参与社会治理创新与共享价值的善治理念。

从志愿服务的演化可以看出，志愿服务从个体的慈善行为，到组织化技术性的公益利他活动，再到跨界协作系统化变革与社会创新，在慈善基础上所形成的新公益范式，具有不同以往的社会功能和历史使命。专业志愿服务的出现，并没有取代传统志愿服务，而是伴随着人类的政治、经济和社会发展过程中出现的各类生存与发展问题，以及科学技术和社会创新自发进行相应的改变而出现的新型志愿服务范式，具有自我完善的功能。志愿服务也由此成为更加具有多元性、多样性、包容性、创新性与可持续性的社会力量，成为社会发展的重要组成部分。

二、专业服务催生专业志愿服务

专业志愿服务与专业服务具有密切关系，是一种具有自愿和无偿性的专业服务，是在传统志愿服务基础上演进的新型服务范式。那么，什么是专业服务？

案　例

企业财务咨询

某集团公司快速发展，融资规模不断加大，导致融资财务成本过高，难以满足集团战略发展需求。某财务咨询公司针对该集团对资金管理的

> 诉求进行专业咨询服务，结合集团资金管理现状，从资金预算、融资、结算、运用、风险等维度强化集中管理，完善集团资金管理体系；设立结算中心或建立集团财务共享中心作为集团今后的资金管理模式；结合下属单位因所在业务板块、行业、所有制和规模等的不同可能会导致的资金特征，因地制宜，对下属单位进行分类管理；同时，依据集团对资金管理的诉求，对原有资金管理组织机构、岗位设置及职能分布进行调整优化，并再造资金管理制度步骤。通过提供专业咨询与解决方案，该集团公司的融资规模和财务管理得到了改善，这也促进了该集团的发展。
>
> 资料来源：http://www.china-co.com/casenote_593.html。

专业服务，是指某个组织或个人，应用某些方面的专业知识和专门知识，按照客户的需要和要求，为客户在某一领域内提供特殊服务。其知识含量和科技含量都很高，是已经获得和将要继续获得巨大发展的行业。

专业服务是由有专业资格的人提供的，具有建议性质，重点在于解决问题。专业服务的主要领域包括法律服务、财会服务、审计服务、广告设计服务、科学研究服务、技术测量服务、市场/社会调查服务、管理及咨询服务、信息科技相关服务等。专业服务业是第三产业的重要组成部分，是为了满足多样化社会需求而产生的现代社会分工。

专业服务具有以下五个特征：

（1）是少数专业人士提供的知识和科技含量较高的特殊服务；

（2）供需双方是委托代理关系，以契约或签订服务协议的方式固定下来；

（3）服务是组织与组织之间、个体与个体之间的直接接触；

（4）服务与消费同时进行；

（5）供需双方在提供服务和消费过程中同时获得新利益。

专业服务不仅直接创造经济价值，而且有利于推动经济结构调整和产业优化升级，促进经济社会协调发展；在维护市场经济秩序、实现社会公平正义等方面发挥着不可替代的作用，扮演了"市场经济的润滑剂"和"社会管理的助推器"角色。

小资料

中国专业服务业概览

国家统计局2019年2月28日发布的《中华人民共和国2018年国民经济和社会发展统计公报》显示，我国第三产业增加值的GDP占比再创新高，达到52.2%。其中，与专业服务相关的产业（如信息传输、软件和信息技术、商务服务等）的增加值为56 858亿元，GDP占比为6.3%。

我国香港地区是亚太地区首屈一指的专业服务中心。据香港特别行政区政府统计处2017年5月12日发布的数据，2015年香港专业服务及其他工商业支持服务业增加值为2 872亿港元（占香港本地生产总值的12.3%），比2014年增长5.1%，提供就业岗位52万（占总就业人数的13.8%），比2014年增长2.7%。该行业稳健增长，反映了2015年香港专业及商业活动的兴旺发展。

专业服务的发展具有以下五个趋势：

（1）智囊化。以综合性研究为主，专业人员具有多种知识结构。

（2）独立化。专业服务个人或组织独立于政府或企业之外开展专业咨询与服务活动。

（3）多元化。专业服务内容由单一性向多样性发展，服务个人或组织的身份也呈现多元化。

（4）网络化。专业服务机构之间、国家之间、不同领域和区域之间的互联互通网络式发展，有利于专业服务信息交流与沟通，提升服务质量与影响力。

（5）系统化。专业服务不只是针对某一问题或领域，而是跨领域、跨部门和跨专业，运用现代科技与通信手段形成专业服务系统。

当从事专业服务的人员和社会专业人士看到非营利组织因为缺少专业人力资源而又无力购买专业服务，组织生存与发展面临重重困难时，他们中有人自愿且无偿地为非营利组织提供专业服务，扶持社会公共服务和社区发展，由此开创了专业志愿服务的全新机制。

三、中国经济社会转型需要专业志愿服务推动社会创新

改革开放 40 多年来,中国特色社会主义进入了新时代,中国经济已由高速增长阶段转向高质量发展阶段,社会主要矛盾已经转化为人民日益增长的美好生活需要和不平衡不充分的发展之间的矛盾。转型中的中国处在新的历史交汇期,面临着更多的不确定性和更为特殊的挑战。比如:我国开始步入老龄化社会,人口出生率持续下降;城市化加速,结构失衡问题与发展不平衡加剧;城乡和东西部地区养老、医疗、教育和公共服务发展不平衡;环境与气候的恶化加剧了疾病和自然灾害的发生,给人们的生活和工作、经济的可持续发展带来了威胁;新技术革命蓬勃发展,人工智能、大数据、物联网、基因技术在服务人类的同时也挑战着人类道德伦理和社会秩序;人民对美好生活的追求也呈现更多新要求并更加多样化,新的社会阶层人士对社会治理和社会参与提出了更高的需求。尽管我国经济总量已经跃居世界第二,但是慈善捐赠和志愿服务依然排名不高。随着中国国际影响力的提升与全球化的发展,中国已成为出境旅游和定居的大国,发展越来越多地受到日益复杂的国际利益关系和地缘政治的影响。

在这样的历史转型时期,问题复杂多样,需要政府、企业和非营利部门携手应对。而专业志愿服务,正为企业和专业人士参与社会创新提供了机遇与路径。

案 例

IT+公益,探索公益的无限可能

中国信息技术公益联盟由腾讯志愿者协会、深圳市恩派非营利组织发展中心、腾讯云、中国开发者社区(CSDN)、瓶行宇宙(Bottle-Dream)五方联合发起,是由通过IT方案解决社会问题的企业、社会组织以及个人组成的支持性平台。联盟倡导更多IT企业参与公益事业发展,推动IT与公益跨界合作,挖掘IT解决方案的新空间和新用户,为公众提供更便捷的公益参与方式,创造高效和可持续的社会问题解决方案。腾讯志愿者、中国信息障碍联盟、完美代码等以IT专业志愿者为特色的自组织,主动为弱势群体,如聋哑人、盲人,开发适合他们的产品,

使他们的生活更便利。同时，专业志愿者也和社会组织合作，帮助解决组织发展中的特定需求，比如为腾讯公益平台上的项目完善传播方案。

资料来源：惠泽人 i 志愿大学专业志愿服务案例库（2018）。

【点评】

本案例显示，互联网大大降低了产品和服务的提供者与其用户之间的连接成本，而专业志愿者把 IT 与公益联结起来，把公益带入了"零边际成本"时代。同时，互联网技术的突飞猛进，越来越多的新兴组织打破围墙，广泛协作，成为"无边界组织"。"强大的技术后台＋灵活的在地志愿者团队"模式可帮助公益组织在"小而美"的基础上快速规模化复制。更重要的是互联网的底层价值观与公益组织不谋而合，"以人为本""多元共融""公平正义"在互联网技术的帮助下可淋漓尽致地实现。

中国经济的快速与不均衡发展，导致诸多社会问题加剧，如老龄化与城市化进程中迫切地需要社会治理与服务创新。而与此同时，中国改革开放 40 多年取得的辉煌成就之一就是大大提升了人们的受教育水平，专业型人才已经成为中国各个产业的重要生产力。他们中的大多数人都有意愿参与志愿服务，但因为缺少志愿服务渠道和保障，难以参与到社会服务中。因此，中国经济社会转型需要专业志愿服务推动社会创新。

四、非营利组织、社区组织和社会弱势群体的发展需要专业志愿服务赋能

案 例

**专业志愿团队为公益组织规模化赋能，
促进留守儿童心灵成长**

北京歌路营教育咨询中心是一家关注留守儿童成长教育的非营利服务机构，这一机构在 2013 年调研了全国 10 省 102 所农村寄宿制学校，发现一个大的问题——农村寄宿学校将近 10 万所，基础教育阶段寄宿生达 3 276 万，近 60% 是留守儿童。其中，有 63% 的儿童有孤独感，65.7% 的儿童有较严重的抑郁情况。而政府和学校缺乏应对经验，欠缺针对农村寄宿生问题的解决方案。

歌路营的核心团队成员都具有心理学和教育学背景，他们在查看国内外关于寄宿和留守儿童的资料后发现，所有的数据和研究结果都指向了一个不利的结论——从学业、心理、卫生、健康各方面的状况来看，留守的孩子比不留守的孩子差，而寄宿又留守的则是"差中之差"。歌路营针对农村寄宿生的心理特征和需求，由专业少儿编辑和教育心理工作者开发、播音主持人录制了共计300万字的睡前故事，命名为"新一千零一夜"。学校只需在每间宿舍安装一个3~6W的小喇叭，借助学校原有的电脑，让值班老师在每天睡前按顺序播放一个故事。"睡前故事"一经播放就受到孩子们的强烈喜爱，老师们也发现孩子们听故事时很快就能入睡，睡前管理压力大大降低！学校播放了一个月左右后，孩子们的变化非常明显。一年后的评估结果更令人兴奋，孩子们在负面情绪、阅读能力、写作水平、同伴关系、归属感等多项指标方面显著改善。2014年，该项目获得各学校的好评，并且得到了一些基金会和地方教育局的支持，产品需要规模化推广。然而，歌路营面临传播、筹款、学校推广、学校运营、产品开发等严峻挑战，其声望和收入不足以吸引有经验的人加入，而自己内部的老员工在新技能和业绩考核的巨大压力下流失。

在关键时刻，歌路营得到中国社会创新投资合作伙伴SVP等机构的支持，召集到有经验的商业人士以专业志愿服务方式帮助梳理机构战略规划。于是，机构战略就此转型，愿景修改为"让每个寄宿留守儿童健康成长"，使命确定为："依靠创新方式，采取儿童视角，着力心理教育和课后教育，创造农村寄宿留守儿童喜欢的新校园场景。"主要任务是聚焦于农村寄宿留守儿童的成长教育问题，用信息化等手段，通过为寄宿留守儿童提供睡前故事、音乐、心理、学科等专业教育内容/产品，以及为师资（志愿者）提供专业的培训，弥补农村寄宿制学校教育的缺陷，提升教育质量，增加弱势学生群体享受优质教育的机会，并将推广目标定位为5年3000~5000所农村寄宿小学。在评估内外部资源后，歌路营决定还是借鉴成熟的商业经验发展，首先从产品规模化尝试，包括关联合作和授权许可，一方面寻找适合的伙伴联合推广，另一方面寻找具备独立筹款能力的合作方，授权它们享有一定限制范围内的品牌使用权，在一定区域内独立推广。在直销方面，主要利用互联网，发动志愿者、受益学校、利益相关方来直接申请。

2017年，北京歌路营慈善基金会在北京市民政局注册，并获得慈善组织认定。截止到2018年6月，"新一千零一夜——农村寄宿留守儿童睡前故事"已经覆盖4 707所学校，每天为超过131万的学生提供相关内容。歌路营期待至2020年，可以为至少12 500所学校超过300万名农村寄宿留守儿童提供专业的服务。

资料来源：惠泽人i志愿大学专业志愿服务案例库（2018）。

【点评】

公益组织的好服务、好产品，需要借鉴市场化商业模式进行推广，组织自身也需要专业能力建设。而这些，正是具有丰富市场营销和管理经验的企业专业人士的专长，他们以专业志愿服务方式向公益输入好的模式，从而帮助公益模式扩大，让更多的服务对象受益。这也因此实现了企业及其员工的专业价值和社会影响力，成为社会治理创新与共创共享的好范式。

在中国，致力于社会公平发展和社会服务的非营利性社会组织已有80多万家，另外还有近百万家未正式注册登记的志愿服务组织每年活跃在社会基层社区，它们肩负新时代社会建设与社会治理创新的重任。然而，在行业发展、组织能力、专业人才和资金与政策保障方面，社会组织都依然处在初级发展阶段，它们大多规模较小，专业技术和资源不足。虽然它们能够更为敏锐地发现社会问题并创新解决方案，但由于缺乏商业模式与渠道资源，常常难以将好的服务产品规模化，而企业专业志愿服务以其商业优势技术为社会组织雪中送炭，为社会组织赋能，从而让更多的社会弱势群体受益，增加了社会福祉。

五、全球经济社会发展需要专业志愿技术创新

案 例

平台＋专业志愿服务，打造困境儿童素质教育新方式

网易乐得公益基金会围绕扶贫、济困、救孤、恤病等进行了深入的调研，最终将"助力公益发展"和"救助有特殊困难的少年儿童"作为

重点发展领域。由此，网易乐得公益基金会以"资助＋公益平台建设＋员工志愿服务"的复合公益模式为引导，开展了丰富的项目实践。企业内部，搭建网易乐得公益课平台，为公益行业提供公益知识传播平台。基金会负责组建企业员工志愿服务团队，将基础志愿服务与专业志愿服务相结合，践行网易"网聚人的力量"，推动实现企业内部人人可公益的环境。外部资助专业公益机构，与志同道合的社会组织伙伴共同执行项目，将员工志愿服务和企业捐赠相结合。此复合公益模式将行业资源的拓展与志愿服务发展有机结合。

在公益平台方面，基金会已组建20余人的专业志愿服务团队开发乐得公益课平台，力求通过互联网课程消除区域间信息鸿沟，让困境儿童拥有便利的获取知识的途径。平台一期课程内容包括艺术素质教育、防灾知识普及、心理健康教育、环境保护等方面，乐得公益课的志愿者团队以互联网企业项目的标准来执行乐得公益课项目，产品、设计用户研究、前台搭建、后台搭建、QA的项目人员配备齐全，项目总投入志愿时长750小时，成功搭建了以小程序方式呈现的国内首家公益类在线知识平台。同时，乐得志愿者与专业社工机构开展相关的困境儿童素质教育活动，为打工子弟学校开展纸影艺术课，指导小朋友用手头的画笔和彩泥一起创作故事，并通过戏剧的方式演绎出来。网易乐得公益基金会还向学校捐赠了"音画梦想"艺术教育课程费用。通过此类活动，打工子弟学校的孩子得到了艺术的熏陶，在学习和体验的过程中学会欣赏美、创造美，并且发掘出孩子们的个人潜力，让每个人在体悟艺术的过程中认识世界、认识自己。

资料来源：惠泽人 i 志愿大学专业志愿服务案例库（2018）。

【点评】

"企业＋基金会＋员工志愿服务"已经成为当前越来越多企业履行社会责任、参与社会治理创新的新模式。乐得应用互联网技术，以员工专业志愿服务方式为公益组织提供解决方案，并捐赠了课程费用，使得公益艺术教育可持续发展。

企业利用其核心业务技术，组织有专长的员工与社会组织及其所服务的社会弱势群体一起进行跨界协作，开发公益平台为社会服务，从而弥补了公益性社会服务的技术短板，增加了社会弱势群体获得平等发展的机会。

进入21世纪以来，世界发展充满了不确定性、不稳定性、不可预测性和不可持续性，在《2020年全球可持续发展目标报告》中，联合国从以下几个方面描述了21世纪世界发展面临的主要挑战[1]。

（1）贫困与健康问题。国家和地区依然存在不公平，农村地区妇女在生育中的死亡率比城市地区高，最贫穷的20%人口的儿童5岁前死亡率仍然比最富裕的20%人口高。

（2）社会不平等问题。女性面临基于性别的不平等、歧视和暴力。全球有2.65亿儿童失学，其中22%为小学适龄儿童，农村儿童依然不能公平地获得优质教育。

（3）经济发展不公平与不可持续问题。全球约有40个国家的男性收入比女性高，高出12.5%；全球性别工资差异达23%，并缺乏决定性行动进行改善。发展中国家绝大多数家庭（占总人口的75%）生活在收入分配比20世纪90年代更加不平等的社会中。

（4）脆弱的城市社区和环境问题。目前有8.83亿人住在贫民窟，大多数在东亚和东南亚；90%的城市居民呼吸着不符合安全标准的空气，420万人死于空气污染问题。

2015年9月，世界各国领导人在一次具有历史意义的联合国峰会上通过了《变革我们的世界：2030年可持续发展议程》，该议程涵盖17个可持续发展目标（Sustainable Development Goals，SDGs）[2]，于2016年1月1日正式生效。联合国呼吁各国政府和国际社会联合起来建立可持续发展机制，并将志愿服务发展纳入可持续发展进程中。在接下来的15年内，各国将致力于消除一切形式的贫穷，实现平等，应对气候变化。

> **小知识**
>
> **什么是可持续发展？**
>
> ● 可持续发展指在不损害后代人满足其自身需要的能力的前提下满

---

[1] https://www.un.org/sustainabledevelopment/zh/.
[2] SDGs包括：消除贫困，消除饥饿，良好健康与福祉，优质教育，性别平等，清洁饮水与卫生设施，廉价和清洁能源，体面工作和经济增长，工业、创新和基础设施，缩小差距，可持续城市和社区，负责任的消费和生产，气候行动，水下生物，陆地生物，和平、正义与强大机构，促进目标实现的伙伴关系。参见：https://www.un.org/sustainabledevelopment/zh/.

足当代人的需要的发展。

- 可持续发展要求为人类和地球建设一个具有包容性、可持续性和韧性的未来而共同努力。
- 要实现可持续发展,必须协调三大核心要素:经济增长、社会包容和环境保护。这些因素是相互关联的,且对个人和社会的福祉都至关重要。
- 消除一切形式和维度的贫穷是实现可持续发展的必然要求。为此,必须促进可持续、包容和公平的经济增长,为所有人创造更多的机会,减少不平等,提高基本生活标准,促进社会公平发展和包容性,推动自然资源和生态系统的综合和可持续管理。

可持续发展目标的独特之处在于呼吁所有国家,包括穷国、富国和中等收入国家,共同采取行动,促进繁荣并保护地球。可持续发展目标强调,在致力于消除贫穷的同时,需促进经济增长,满足教育、卫生、社会保障、就业机会和环境保护等社会需求并应对气候变化。UNV 在 2018 年发布的《世界志愿服务状况报告:联结社区的纽带》中指出,在当前全球不可持续发展的严峻挑战下,志愿服务是推动和平与发展的全球性财富,是实现全球可持续发展目标强力且跨领域的执行手段,也是社区构建新的韧性模式的重要纽带。

案 例

中国青年海外志愿服务计划

中国青年海外志愿服务最早起源于党政主导、共青团和商务部于 2002 年发起实施的"中国青年志愿者海外服务计划"(简称"海外计划")。通过公开招募、自愿报名、集中选拔、集中培训和分别派遣的方式,选派青年志愿者到亚洲、非洲、拉丁美洲等 22 个国家开展为期半年至 2 年(一般为 1 年)的志愿服务。服务领域集中在汉语教学、体育教学、医疗卫生、信息技术、农业技术、土木工程、工业技术、经济管理、综合培训、社会发展和国际救援等多个方面。服务单位包括学校、医院、政府机关、农场、科研院所等。

自 2002 年到 2016 年，共向 22 个国家派遣了海外青年志愿者 695 人，按照平均每人每年志愿服务 1 800 小时①核算，海外计划青年志愿者大约贡献 125.1 万小时，按照人工成本替代法②核算经济价值约为 2 377 万元。就志愿服务所产出的社会效益而言，不仅为当地带去了专业技术和直接服务，还促进了当地卫生教育事业及其他专业技术的发展，传播了中国志愿精神，促进了中国对外合作关系的发展，增强了信任，树立了中国更加负责任的国家形象，并且开辟了援外工作新途径，培养了大批国家优秀青年人才等。

【点评】
全球志愿服务运动越来越受到世界各国的重视，我国政府已将 SDGs 全面纳入中国发展规划之中，并承诺支持"一带一路"沿线发展中国家共同实现联合国 2030 年可持续发展目标。本案例从中国专业志愿服务走出去延伸到全球视角，以联合国可持续发展目标为导向，聚焦全球共同议题，将中国青年海外志愿服务作为促进联合国可持续发展目标和人类和平发展的国家战略。海外志愿服务对组织化、专业化、法治化和国际化都提出了更高的要求，因此中国志愿者要"走出去"首先需要练好专业内功。

结合中国积极参与全球社会治理和"一带一路"倡议，全球发展的需求也为中国专业志愿者走出去和传播中国志愿精神提供了历史性机遇。

第二节　专业志愿服务的发展

一、国际专业志愿服务的起源与发展

现代意义上的志愿服务是人类进入工业社会后逐步形成和发展起来的，发源地是工业革命后的欧美等西方国家。近代志愿服务默默地陪伴着

---

① 13 名志愿者 24 000 小时，第 7 批广州援塞志愿服务队顺利归国。核算海外志愿服务时间=24 000 小时/13 人=1 846 小时，取整数为每人每年平均服务时间为 1 800 小时。

② 笔者根据国际劳工组织志愿服务成本替代法进行核算：2002 城镇平均工资值为 12 422 元，2016 年城镇平均工资值为 67 569 元，取两者平均值为 40 000 元，折算工作日每个小时平均工资为 19 元。

人类经济社会发展前行,并随着科技进步和社会变迁,演化出多样化并存的新生态模式。志愿服务主要是个人奉献爱心,以体能型志愿服务为主。20世纪工业化时代,志愿服务组织如雨后春笋快速发展,人们将工业生产专业技术应用于志愿服务,更有效率地去解决经济社会困难,这一阶段技能型志愿服务开始出现。

21世纪以来,人类面临不可持续发展的严峻挑战,全球社会与各国政府加强对志愿服务的支持,跨国、跨区域、跨界和跨专业地运用新科技,采用多样化新模式,创新性地解决社会问题。当前,志愿服务已经成为具有多样性、包容性和可持续发展性的全人类共有的财富资源。与此同时,在全球社会创新浪潮的推动下,Pro Bono已然成为专业志愿服务的代名词。专业志愿服务,可追溯到19世纪中叶,最早尝试专业志愿服务的行业是医疗救助领域。1863年,国际红十字会(Red Cross Society)成立,并在战场上开展人道主义医疗救助,强调以志愿精神进行救死扶伤。1942年美国广告委员会(Ad Council)的成立标志着Pro Bono在广告服务领域开始萌芽,首次召集广告业专业人士以志愿服务方式,为城市中的无家可归者免费做公益广告设计。而大规模开展专业志愿服务运动则出现在美国法律界,由政府推动。比如,1962年美国总统约翰·肯尼迪呼吁律师们在法庭上利用他们的专业技能为民权而战,并推动成立了民权律师委员会(Civil Rights Council),由私人律师通过专业志愿服务对受到歧视和贫困人员进行法律援助。到20世纪70年代,法律援助已在全美范围内变得非常普遍了。此后,这种由专业人士贡献专业才能的志愿服务逐渐从法律界传播到会计、IT工程、公关、设计等各个领域,而服务对象大多也是志愿组织,以及政府有关社会事务管理部门。

20世纪70年代,随着企业社会责任(corporate social responsibility, CSR)概念的兴起,企业主动发起的员工志愿者活动成为专业志愿服务的重要推动力。在此期间,企业视慈善活动为履行社会责任的方式,员工也视志愿服务为履行公民责任的方式。越来越多的企业逐渐发现专业志愿服务在提高员工技能、降低员工离职率等方面的独特价值,因此,专业志愿服务成为能够为企业、员工和公益组织创造共同价值的重要工具。

作为全球正在兴起的一项社会运动,Pro Bono扮演着搭建中产阶层与社会服务的桥梁的角色,具有鲜明的国际化和跨文化的人类共同价值特征。一篇斯坦福大学社会创新评论(SSIR)文章援引了CECP 2015年报告,75%的美国大公司都在推动各种企业公民活动,既包括传统的企业捐赠和企业志愿服务项目，也包括新的举措例如影响力投资和基于专长的志愿服务，同时指出在企业公民项目序列中，增长最快的是基于专长的志愿服务。根据CECP 2017年报告，尽管在所有非现金捐赠项目中，在美国本土的发展速度被"机动作息时间"超越，基于专长的志愿服务仍然位居增长速度的第二，且仍然受到大公司的青睐，非现金类捐赠所占比重从2014年的14%提高到2016年的26%；在国际范围内，这些公司提供Pro Bono的比例从2015年的22%提高到2016年的30%，成为大公司在国际上非现金类捐赠中增长最快的领域。

案 例

联合国志愿人员组织（UNV）简史

UNV是联合国以志愿者精神为基础建立的世界性志愿者组织，致力于和平与发展事业。通过各种努力，如加强社会对志愿者精神的认可、与合作伙伴共同努力、将志愿者精神融入全球可持续发展规划中，在世界范围内动员更多的志愿者为和平与发展事业做出贡献。

1962年3月，在一个国际会议上由17个国家联合发起成立国际志愿服务组织（the International Service for Volunteer Service，ISVS），之后转为联合国志愿人员组织。1970年联合国正式成立联合国志愿人员组织（United Nations Volunteers，UNV）。

1971年，UNV派遣首批35名国际志愿者为贫困地区提供扶贫志愿服务，1976年12月16日，联合国决议加强青年参与国际发展志愿服务，派遣285名志愿者在52个发展中国家工作。1985年12月17日，联合国大会决议将12月5日定为"国际志愿者日"，呼吁各国政府提高对国内外志愿服务重要贡献的认识。

1992年，UNV首次参与了联合国和平行动，派遣了700多名UNV志愿者参与联合国柬埔寨高级特派团，在冲突后极端困难的情况下，进行有效选举登记工作。1993年，志愿者参与了联合国莫桑比克维和特派团，为士兵重返社会提供庇护、教育和支持。1997年2月，联合国确定2001年为国际志愿者年，并指定UNV为历史性运动的全球领导者。

2000年，UNV在线志愿服务正式启动，2001年，联合国历史上首次在经社理事会上就"志愿服务在促进社会发展中的作用"进行了实质性讨论，并做出决议：志愿服务被认为"是任何旨在减贫、可持续发展和社会融合战略的重要组成部分，特别是克服社会排斥和歧视"。2004年12月，印度洋海啸，132名UNV志愿者为灾区提供了紧急救援协调员、心理学家、教育专家、城市规划者、项目官员和社区发展专家志愿者。2008年，联合国残疾人志愿者被纳入UNV动员框架，包括在地和在线志愿服务。

2011年，UNV发布《世界志愿服务状况报告：全球福祉的普世价值》。2015年，联合国发布《变革我们的世界：2030年可持续发展议程》；同年，UNV发布《世界志愿服务状况报告：转型治理》。2018年，UNV发布《世界志愿服务状况报告：联结社区的纽带》。

2017年UNV再次转型，为适应世界和平发展的变化格局，重塑其区域性本土化岗位架构，加强了与联合国成员、联合国机构、社会组织、学术界、私人部门等合作，帮助实现其目标。

资料来源：http://www.arcgis.com/apps/MapJournal/index.html?appid=ed74eaf4650341cdad6a0f7df2b5bd10.

UNV是联合国系统内最大的直接向发展中国家输送各种行业高、中级专业技术志愿人员的专业志愿服务机构。1971年中国恢复了在联合国的合法席位之后，中国政府就积极参与UNV的全球性活动。1981年，UNV在中国设立办公室，外经贸部中国国际经济技术交流中心是联合国开发计划署和UNV在华发展业务的官方合作机构。UNV是推动各国通过志愿服务发展并与国际沟通的重要力量，也催生了中国国际志愿服务事业的发展。目前，每年服务于全球各地的UNV志愿者有7 700人左右，他们来自130个国家和地区。

回顾UNV的历程可以看到国际专业志愿服务的发展趋势：组织化、专业化、技术化，并表现出对国际社会面临的共同难题的关注和有效解决问题的能力。UNV也进一步提高了各国专业志愿服务参与国际事务的意识和能力。

在UNV成立之前，英国红十字会于1909年成立了志愿援助分支机构VAD。VAD志愿者以及许多其他国家红十字组织的志愿者在第一次世界大战期间，为欧洲和中东地区的士兵和平民提供人道主义服务。到了20世纪中叶，海外志愿服务主要由与特定事业直接联系的人员开展，志愿服务也是以短期为主。正式的国际志愿者组织有1951年成立的"澳大利亚国际志愿者人员组织"、1953年美国成立的"国际志愿服务机构"、1958年英国成立的"海外志愿服务社"(VSO)、1961年美国肯尼迪政府成立的"和平志愿服务队"(Peace Corp),这些组织更广泛地推动了海外志愿服务行动。

20世纪开启的国际志愿服务运动,主要是以国家为主导,派遣专业志愿者援助发展中国家。它是经济社会全球化的组成部分,也是志愿服务从社会的慈善关爱服务走向世界的专业化公益服务的助推力量。

二、专业志愿服务在中国的发展

我国最早的专业志愿服务产生在发达地区。经过30多年的发展,专业志愿服务组织的规模不断扩大,专业志愿者人数不断增加,发挥的作用也在逐步深化。经过对相关文献的梳理,我国志愿服务的发展可以划分为社会专业化志愿行动与官方制度化推动与行业组织发展两个阶段。

(一)第一个阶段:社会专业化志愿行动(1987—2013年)

第一个阶段是从1987年到2013年,此阶段酝酿期较长,以社会发起的专业志愿服务为主,这一阶段又可以分为三个部分:一是1987年开始到1995年北京世界妇女大会召开之前,主要在沿海大城市出现专业志愿服务;二是1995年到2008年初,以西方国际援助为主支持下的社会志愿服务的专业化发展;三是2008年到2013年,汶川地震和北京奥运会兴起的全民志愿浪潮。

1. 志愿服务萌芽期(1987—1995年)

改革开放率先在广东沿海城市开始,我国较早开始的专业志愿服务始于1987年在广州由中学老师开办的中国第一条志愿服务热线电话"中学生心声热线",为青少年的成长进行咨询辅导。1988年成立的中国管理科学院妇女研究所(1996年更名为北京红枫妇女心理咨询服务中心)被认为是我国早期的专业志愿服务组织之一。该机构从20多年前就开始招募具有教育、医学和社会工作背景的专业志愿者接听热线电话,免费解答女性心理问题。在中国,法律行业同样也是专业志愿服务的先锋队。1994年,在共青团中央的指导下,中国青年志愿者协会成立,并在各地团委的组织下成立了分支机构。从1993年到2003年,中国青年志愿者协会开展了大量的基础管理工作,迄今为止青年志愿者行动许多重要的规范性文件和行动标准,如《中国注册志愿者管理办法》等都是在这期间制定推出的。而至今依然具有影响力的青年志愿服务项目,如中国青年志愿者扶贫接力计划、"保护母亲河行动"、大学生暑期"三下乡"社会实践活动、中国青年志愿者海外服务计划等都起步于这十年,极具中国特色的"一助一"长期结对、持续接力扶贫等活动方式和机制都在这期间定型。较大规模地运用专业志愿服务的项目可能是JA中国（青年成就中国），仅2010年到2011的一个学年内，就有8 000多名专业志愿者参与，他们大多是来自企业的专业技术员工。JA中国从1993年进入中国以来，就开始广泛地与企业合作发动员工志愿者给在校生讲授理财、就业准备、创业准备等方面的课程。

2. 志愿服务创新期（1995—2008年）

1995年9月初，联合国第四届世界妇女大会在北京召开，全球妇女类非营利和公益慈善组织汇聚北京，在为期10天的会议期间，举办多场不同类型的会议论坛、培训交流等活动，在中国掀起了志愿运动浪潮。受到大会影响，一些参会的知识女性开始参与到妇女发展、法律援助、扶贫济困、儿童教育、助残助老、社区服务和环境保护等多个社会议题的专业志愿服务中，并得到国际社会的支持。到21世纪初，国内一大批专业志愿服务组织陆续出现。

1996年，全国妇联的《农家女》杂志社创办了"打工妹之家"，服务于进城务工的农村妇女。2003年，惠泽人承接了北京市司法局的社区矫正司法改革试点工作，组织100多名专业志愿者心理咨询师为社区服刑人员和相关者进行心理矫治和社会康复帮扶，开创了中国政社合作机制下的社会专业力量参与模式。2005年，红丹丹教育文化交流中心开始发起给盲人讲电影的"心目影院"项目，一些电台、电视台的主持人或者播音系的大学生运用自己的播音技能服务盲人。

3. 志愿服务快速发展期（2008—2013年）

2008年，南方冰雪灾害、"5·12"汶川大地震和北京奥运会等，激发了全国人民的志愿服务意识，数以百万计的志愿者在2008年井喷式地投入到志愿服务中，有力地推动了当代中国的志愿服务事业。如果把奥运志愿服务项目看作一个高度组织化、专业化的自上而下的志愿服务项目，那么汶川抗震救灾志愿者更像是一个完全自发的自下而上的社会运动。2005年启动的奥运会志愿者行动计划和国家大力宣传倡导志愿服务，首先使志愿者这个概念植入社会，播下了社会广泛参与志愿行为的种子，而汶川大地震客观上为我国志愿运动的全面兴起提供了空间和舞台。2008年汶川大地震发生后，全国各地共有300多万名志愿者参与救援，这成为中国志愿服务发展历程中的重要里程碑。尽管后来相关研究也提出，汶川大地震志愿服务救援中也暴露了一些问题，但是在此之后中国涌现出众多的专业志愿者救援队伍。

2008年底，ABC成立，该组织全部由专业志愿者组成，通过整合职业人士与高校学生等优质资源，为公益组织提供专业志愿咨询服务。2010年，美国公益法研究所率先将 Pro Bono 的概念引入中国法律界，通过在北京、上海等地与国际国内顶尖律所合作召开专业志愿服务圆桌会议，倡导律师提供无偿公益法律服务，同时尝试搭建律师无偿公益法律服务信息交换平台，由国内及国际知名律师事务所为国内的 NGO 提供免费的法律援助[1]。2010年底，惠泽人在 BSR、HP、南都公益基金会支持下开发了中国 Pro Bono 项目；2011年，惠泽人和英特尔、爱立信、百度、HP、AMD 等知名企业联合发起成立了 ICT 专业志愿者联盟，推动了中国专业志愿服务行业的建设与发展。

（二）第二个阶段：官方制度化推动与行业组织发展（2014年至今）

第二个阶段是以2014年党的十八届三中全会通过的《中共中央关于全面深化改革若干重大问题的决定》为标志，中央成立全面深化改革领导小组，中国从社会管理步入社会治理。党的十八届三中全会提出"支持和发展志愿服务组织"，中国志愿服务联合会正式成立。由此，中国志愿服务步入制度化与专业化建设新时代。

这个阶段的发展主要包括两个方面：一是制度化生态系统，二是行业化专业机构。

（1）随着2017年《志愿服务条例》的出台，志愿服务制度体系逐渐构建，我国志愿服务生态系统建设发展加速，志愿服务发展的外部政策法律环境得到改善。

随着我国志愿服务事业蓬勃发展，无论是志愿者数量，还是志愿服务内容都呈现出快速发展的态势，志愿服务的实践中也面临一些问题。比如，志愿者被当作免费劳动力，其正当权益难以得到有效保障；志愿服务具有无偿性和公益性，但是志愿服务活动涉及组织和管理成本无人承担；日常生活中志愿者积极性与激励措施缺失；等等。其实，以上问题在一定程度上也体现了我国社会层面对志愿服务的认知还不够深入，尤其是对专业志愿服务缺乏专业理解。近年来，志愿者与志愿服务组织作为社会治理的重要力量，得到社会各界的普遍认同，获得党和政府的高度重视。

2016年，中央全面深化改革领导小组第二十四次会议进行了关于志愿服务的讨论。会后由中央宣传部、中央文明办和民政部等八部门联合印发的《关于支持和发展志愿服务组织的意见》明确提出，到2020年，基本建

---

[1] http://www.chinadevelopmentbrief.org.cn/org0/active-2507-1.html.

成布局合理、管理规范、服务完善、充满活力的志愿服务组织体系。

2017年，在《中华人民共和国慈善法》为志愿服务发展提供了法理依据的基础上，国务院正式公布《志愿服务条例》，其中明确了国家鼓励和支持国家机关、企业事业单位、人民团体、社会组织等成立志愿服务队伍开展专业志愿服务活动，鼓励和支持具备专业知识、技能的志愿者提供专业志愿服务。2017年是我国志愿服务发展里程碑式的一年，相关政策法规的出台，推动了志愿服务事业的发展，使得志愿服务成为社会治理与社会建设的重要内容。与此同时，《志愿服务条例》也为专业志愿服务的发展起到了保驾护航的作用。

作为我国志愿服务制度环境建设的重要内容，《志愿服务条例》的制定和颁布体现了以习近平同志为核心的党中央"四个全面"战略布局在志愿服务领域的具体实践，体现了国家层面为志愿服务法制化构建了系统化保障。《志愿服务条例》的颁布也意味着志愿服务作为我国社会主义精神文明建设基础设施，将会发挥重大作用。

案 例

《志愿服务条例》中的专业志愿服务

第十六条　开展专业志愿服务活动，应当执行国家或者行业组织制定的标准和规程。法律、行政法规对开展志愿服务活动有职业资格要求的，志愿者应当依法取得相应的资格。

第二十三条　国家鼓励和支持国家机关、企业事业单位、人民团体、社会组织等成立志愿服务队伍开展专业志愿服务活动，鼓励和支持具备专业知识、技能的志愿者提供专业志愿服务。

【点评】

《志愿服务条例》不仅清晰界定了国家志愿服务管理机制，结束了多头管理，而且前沿性地把专业志愿服务纳入条款中，推动了志愿者专业化发展。

开展专业志愿服务活动，应当执行国家或者行业组织制定的标准和规程。法律、行政法规对开展志愿服务活动是有职业资格要求的，志愿者应当依法取得相应的资格。

从志愿服务的专业化角度来看，《志愿服务条例》的出台具有以下作用：

一是《志愿服务条例》的出台契合我国社会与时代发展背景，保障了志愿服务各方权益。在民众志愿热情不断提升，以及当前我国在教育均衡、基层社区治理、环境保护、卫生医疗、助老助残、弱势群体保护等诸多领域对志愿服务需求不断高涨的背景下，《志愿服务条例》的出台为公益事业的发展提供了更丰富的人力资源，为民众的参与提供了更多志愿服务机会。此外，《志愿服务条例》的出台，一方面体现了培育和践行社会主义核心价值观、促进社会文明进步的思想，另一方面也回应了我国社会发展及志愿服务事业中面临的挑战。总体而言，《志愿服务条例》通过整合社会资源、规避责任和风险等方式对志愿者个体与志愿者组织进行有效的保障。

二是《志愿服务条例》的出台在政策层面鼓励了专业志愿者和志愿服务组织的服务行为。《志愿服务条例》明确了志愿服务的协调管理机构和不同部门职责，理顺了志愿服务可能存在的多头管理现象。与此同时，《志愿服务条例》还明确了政府、社会、学校和家庭等的职责界限。在政府层面，《志愿服务条例》明确县级以上政府应当制定促进志愿服务事业发展的政策和措施。例如，要求县级政府应当将志愿服务事业纳入国民经济和社会发展规划，合理安排志愿服务所需资金，促进广覆盖、多层次、宽领域开展志愿服务；依法通过购买服务等方式，支持志愿服务运营管理，并依照国家有关规定向社会公开购买服务的项目目录、服务标准、资金预算等相关情况。此外，公务员考录、事业单位招聘可以将志愿服务情况纳入考察内容。有了政策和资金的保障，专业志愿服务活动就具备了撬动更广泛社会资源的可能性。在笔者看来，《志愿服务条例》中明确了统一协调机构、规范志愿服务活动、保障志愿者和志愿服务组织权益等柔性规定，既增强了志愿服务的可操作性，又通过制度激励措施调动志愿者的积极性，有效促进了专业志愿服务的发展。同时，《志愿服务条例》的颁布实施还有助于学校、家庭、社会组织在志愿服务领域形成合力、有序发展。

三是《志愿服务条例》的出台有助于现代化社会专业志愿服务中柔性管理理念和志愿精神的传播。《志愿服务条例》通过大量使用倡导性条款，切实体现了志愿服务的理念。《志愿服务条例》中倡导性条款的内容贴近生活中志愿服务、参与时间和服务要求千差万别的需求。比如，对于志愿服务活动，志愿者既可以参与志愿服务组织的活动，也可以自行开展活动。再如，对于长期志愿服务来说，系统注册与签订协议非常重要，但现实生活中也存在大量一次性志愿服务活动，志愿者并没有在特定系统进行注册，或者签订服务协议。理论上，签订协议是最佳的做法，但是实践中，也存在着偶然性或者一次性服务不签订协议的情况。从另一方面来说，假设条款规定了强制性签订协议，那么这一规定对于临时性志愿服务来说，可能会产生一些不必要的行政和管理成本。有关这一点，也可能出于将志愿服务排挤出去的考虑，抑或是为了规避一些风险，相关志愿服务组织方取消了志愿服务活动的开展。因此，倡导性条款对于志愿服务活动来说，具有天然一致性，与奉献、友爱、互助、进步的志愿服务理念一脉相承。由于专业志愿服务需要专业技能和系统服务，倡导性条款对于专业志愿服务的推广和激发更有意义。

（2）行业支持型专业志愿服务组织的建立，以及与国际专业志愿服务的接轨意味着中国专业志愿服务开始走向快速发展阶段。

专业志愿服务机构推动了专业志愿服务行业发展。

案例

中国首个专业志愿服务基金会

2013年起每年10月下旬，惠泽人等机构联合相关合作方连续发起举办了中国专业志愿服务周全球联合行动，迄今已成功举办了六届，推动了专业志愿服务在中国的实践。2014年，ICT专业志愿者联盟又联合了爱立信、宝马基金会、友成企业家扶贫基金会、公平中国基金、英特尔、惠泽人、《华夏时报》、中国公益研究院等机构共同发起成立了中国专业志愿服务联益会，并得到陈香梅公益基金会"专业志愿基金"、中国公益研究院、南都公益基金会等机构的支持，力图搭建专业人士与公益组织之间的对接与匹配平台，为公益组织输送专业的志愿者，满足专业人士的志愿服务需求和公益组织的发展需求。

在惠泽人和友成企业家扶贫基金会的孵化下，2016年12月6日，中国专业志愿服务联益会8名成员共同发起了北京博能志愿公益基金会，致力于专业志愿服务行业体系建设，通过搭建中国专业志愿服务平台，开发与国际接轨的标准及认证，资助行业研究倡导与专业志愿服务项目，倡导并激励专业志愿者参与社会治理创新等。该基金会的另一特色是通过众筹方式联合了100名专业志愿人士作为创始成员联合创建，旨在切实解决社会服务机构和社会企业的专业人才匮乏问题，同时推动中国专业志愿服务参与全球社会创新浪潮。作为北京市民政局批准设立的慈善组织，该基金会也是国内第一家由志愿者创办的专注于推动专业志愿服务的非公募基金会。该基金会聚焦两个核心业务：

一是专业认证。开发行业标准，通过专业志愿服务认证平台"菠萝之家"、"i will"专业志愿服务标准品牌认证、认可和激励专业志愿者。

二是志愿创投。设立专业志愿者基金账户，为专业志愿服务项目筹措资金，整合国际及国内社会资源，资助和支持专业志愿应用性智库研究、非营利组织和社会创新机构的能力建设、青年与企业员工参与的社会创新项目，倡导和激励社会新阶层人士在相关领域实现其社会影响力。

【点评】

北京博能志愿公益基金会的成立，对中国专业志愿服务生态系统的建设有着重要意义和价值，成为推动志愿服务管理体系的重要组成，将推动中国专业志愿服务从萌芽初创期开始走向快速发展期。

在现代社会中，经济越发展，分工越细化，专业门槛和服务要求也就越高。专业志愿服务对加速社会经济活动及空间分布形态的发展和演变具有巨大的作用。一个社会的文化程度越高，就越需要精神层次高的志愿服务，越需要专业的志愿服务。志愿服务作为现代社会文明进步的重要标志，体现着一个国家的软实力。从这个意义上来说，《志愿服务条例》如同居民社会生活中提供公共服务的精神基础设施，通过规范各方权益，保障了志愿者与服务对象的权益，以及专业志愿服务的顺畅运作。在《志愿服务条例》的保障下，有了行业专业机构的支持，我国志愿服务事业的发展必将实现新跨越和大发展。

回顾中国专业志愿服务的发展历程，中国专业志愿服务已经历了萌芽探索期和初创成长期，正在迈向快速发展阶段，并逐渐步入未来机遇期。经过40多年改革开放的快速发展，如何更好地推动专业志愿服务有效地解决社会问题和社会创新，如何在未来的发展过程中扩大专业志愿服务的影响力和普及程度，如何保障专业志愿服务项目的质量与效果，都是专业志愿服务快速成长过程中需要逾越的障碍。作为一个有效解决公益组织发展与关注社会问题的志愿服务形式，专业志愿服务本身就具有较大的价值。只有吸引专业志愿者理性、有序地助力公益慈善机构，只有当专业志愿服务的程序规范、效果经得起考验，只有服务的社会价值可以量化体现并纳入国民经济统计体系,专业志愿服务才能实现其真正的社会价值。专业志愿者既有持续的学习能力,又有开放的思维模式,同时在某一领域取得一定成就且具有独特的视角,能够更多地参与专业志愿服务之时,正是我国专业志愿事业快速发展之际。伴随着全球和中国社会创新运动的开展,中国专业志愿服务正在呈现加速发展趋势,越来越多的企业、社会组织和专业人士参与到专业志愿服务中来。

思考与讨论

1. 简述志愿服务发展与演进的三个阶段。
2. 志愿服务演进的原因是什么?其意义何在?
3. 如何理解中国专业志愿服务发展的进程?

第三章
专业志愿服务的功能和意义

引 例

北京奥运会媒体运行专业志愿服务

根据《国际奥组委人力资源技术手册》，奥运会赛会志愿者主要包括两类：专业志愿者和非专业志愿者。专业志愿者是指具备专门知识、技能或特定资格条件才能上岗服务的志愿者，比如从事语言翻译、能源保障、医疗急救、媒体运行等专业服务的志愿者，他们是赛会志愿者的重要组成部分，对赛时志愿服务水平起到决定性作用。

例如，2008年北京奥运会需要媒体运行专业志愿者2 800人，服务新闻运行和广播转播协调人员20 000人。为此，北京奥组委媒体运行部于2005年开始实施《媒体运行专业志愿者培养实施方案》，并与北京地区重点高校，如北京大学、清华大学、中国传媒大学等合作，定向培养相关专业大学生。

媒体运行专业志愿者的主要工作领域有：

（1）主新闻中心。主新闻中心是赛时媒体运行的总部，也是5 600名注册文字/摄影媒体记者工作的主要场所。其运行所需的媒体运行志愿者主要在主新闻中心访客卡办公室、主服务台、文字记者工作间、残奥会信息服务台和新闻发布厅为媒体提供接待、咨询等服务。

（2）场馆媒体中心。场馆媒体中心的主要职责是为在场馆采访的注册文字/摄影媒体记者提供所需要的服务和设施。其运行所需的媒体运行志愿者主要在各竞赛场馆混合区、新闻发布厅、文字记者工作间和媒体看台区为媒体提供接待、咨询及其他帮助。

（3）摄影记者服务。其职责是为摄影记者提供报道所需的设施和服务。主要在各竞赛场馆的摄影记者工作区、摄影点、主新闻中心摄影工作区为摄影记者提供接待、咨询、物品递送、设备存放等服务。

（4）奥林匹克新闻服务。这是由奥组委负责运行的"赛时通讯社"，人员由工作在主新闻中心和各个场馆的文字信息采集人员和编辑人员组成，负责注册媒体所需的奥运会新闻信息的采集、编辑和发布，以方便媒体记者报道奥运会。奥林匹克新闻服务所需的媒体运行志愿者主要在各竞赛场馆从事赛事新闻采编、成绩公报发送等工作。

（5）媒体记者服务。主要是协调奥组委相关部门，为媒体记者提供注册、住宿、交通、餐饮、收费卡等方面的服务。媒体记者服务所需的志愿者主要在主新闻中心交通服务台、住宿服务台、注册服务台、收费卡服务中心及机场、媒体注册中心、媒体酒店、媒体村等场所为媒体记者提供注册、住宿、交通、收费卡协调和咨询接待等服务。

（6）国际广播中心。国际广播中心是赛时广播电视运行的大本营，主转播商和各持权转播商都集中在这里进行电视转播工作。其运行所需的媒体运行志愿者主要在国际广播中心主服务台、残奥会信息服务台、访客卡办公室、会议室等场所为转播商提供接待、咨询服务。

与媒体运行这样的专业志愿服务一样，北京奥运会共有77 119名奥运会志愿者，他们在61个业务领域热情地提供各类服务。另外，在550个城市服务站点上，还有100多万城市和社会志愿者在奥运会期间提供城市志愿服务。正是他们的热情参与和周到服务，确保了奥运会的成功。

资料来源：http://news.cri.cn/gb/17844/2008/08/19/882s2200931.htm.

2008年北京奥运会媒体运行志愿者首先在赛会媒体运行的六个方面确保提供保障性服务，志愿者们的无私奉献和专业服务赢得了各方赞誉；志愿者通过严格培训和演练以及大型赛会的专业服务，自身的专业取得进步，中国也培育出一批媒体运行的专业人才；志愿者所表现出来的志愿精神和专业技能，产生了良好口碑和巨大的国际影响力。而支撑奥运志愿者出色服务的是北京奥组委志愿者工作部和北京团市委的专业化志愿者管理，正是因其高效的社会动员与志愿者招募、严格的培训与规范化运营保障，吸引了来自全球的112万人报名，而参与到赛会、城市和社会服务的志愿者超过147万人，创下历届奥运会之最[1]。北京奥运志愿精神极大地推动了中国志愿服务事业的发展。

---

[1] http://news.cri.cn/gb/17844/2008/08/19/882s2200931.htm.

专业志愿服务不仅仅体现在志愿者的服务价值上，更具有多重的社会经济功能和意义。本章将重点讨论专业志愿服务在哪些方面能够发挥其独特的功能，以及有哪些因素可以更好地实现专业志愿服务价值及其深远的影响力。

第一节　专业志愿服务的功能

志愿服务涵盖了个人、组织、社区、国家和全球层面，因此其功能主要体现在多个方面，如个体功能、经济社会功能、社会治理功能、政治功能、文化教育功能等。而专业志愿服务由于具有多部门、多领域、多专业的跨界协作和社会创新性，因而其功能可能在各个方面都有发挥。本书重点讨论专业志愿服务在经济社会、社会治理和文化教育方面的功能。

一、经济社会功能

（1）社会资本是一种人与人的信任关系，通过这种社会关系可以"免费"得到资源，取得经济效益。根据林南教授的社会资本理论，社会资本根植于社会网络和社会关系之中，可带来增值和资源，这种增值功能不仅体现在货币、财产等物质资本上，也体现在人力资本以及声望、信任、规范等社会资本上。这种资本不仅是嵌入社会关系中的资源，而且也用于人们获取各种效益。

在传统意义上，社会资本被理解为一个纯粹的经济学概念，20世纪末以来的研究中，社会资本被赋予了更多的社会学和政治学内涵；但是近年来又成为经济学领域中一种新的"社会投资"概念，许多企业派遣员工参与志愿服务，以得到更多的社会信任和美誉度，从而建立更好的客户关系和公司品牌，以利于公司的产品营销。

> **案　例**
>
> **因志愿而合作**
>
> 小红与小力是在志愿服务中相识的志友，他们在志愿服务之外又成为生意上的合作伙伴。他们对所服务的志愿者协会心怀感激，因为志愿

服务让他们看到彼此的诚信并建立信任关系,大大降低了生意风险和交易成本。

【点评】
一般的商业交易,不仅需要交易双方谈判签署合同,也需要支付定金或者分次支付货款,其交易成本和时间成本都比较高。而专业志愿服务可以使商业人士在无经济利益的情境下,认知一个人的诚信和专业技能,从而建立相互信任的社会关系,这有利于他们在志愿服务之外,以更低的交易成本进行商业合作。

(2)公平市场价值是专业志愿者为社会贡献的GDP。虽然目前我国的志愿服务劳动产值尚未纳入GDP统计之中,但是其经济价值非常可观。根据中国志愿服务指数调研推算,2017年度中国志愿者贡献专业志愿服务时间约4.32亿小时,按照专业服务市场平均价格150元/小时进行测算,专业志愿者所贡献的服务价值约相当于648.41亿元,占当年中国GDP总量的0.8%[①]。

(3)促进公益行业发展和就业是专业志愿服务的直接功能。非营利组织作为公益行业的重要组成部分,根据民政部2018年的数据,我国正式注册的社会组织已经达到81.7万家,社会组织就业人数980.4万,而且还在快速增长之中。专业志愿服务有力地促进和支持了社会组织的可持续发展,从而吸引更多人就业。

(4)社会投资一般是指为产生社会效益和较低或者零财务回报,而向具有社会效益的行为主体提供并使用现金和非现金资本的投资行为。社会投资者以不同的方式来衡量投资产生的预期社会和财务回报。他们为了持续解决社会问题,创造更大的社会影响,往往愿意接受较低的财务回报。社会投资中的非现金投资是指管理技术、专业人力资源、产品渠道网络等的投资;而其中的专业人力资源的投资,是指许多社会投资者通过派遣企业专业员工为非营利组织无偿提供技术和专业服务来提升社会效益。例如,跨国公司英特尔、IBM、HP等,都利用其专业员工为公益组织和公共管理部门提供无偿的专业志愿服务,

---

① 中国志愿服务联合会. 志愿服务蓝皮书:中国志愿服务发展报告(2017). 北京:社会科学文献出版社,2017.

用以改善社会经济环境。专业志愿服务是企业进行非现金社会投资的重要法宝之一。

（5）企业人力资源发展是指企业派遣员工参与志愿服务，可以提升员工领导力和自身竞争力，从而促进企业人力资源的可持续发展。

2011年，英国的一项慈善与企业员工忠诚度的调研发现，让员工做志愿服务会提升他们对雇主的忠诚度和自豪感，而让他们从事与员工业务相关的专业志愿服务，会提升他们的专业竞争力和生产力。服务业生产率提高1个百分点将使英国GDP增长170亿英镑。当前已经有一些企业内部制定了员工志愿服务假期制度，即由公司支付薪酬给员工，每个员工可享受1~5天不等的志愿服务假期，以方便员工利用上班时间去参与社会志愿服务。

（6）企业可持续发展，即企业通过员工从事与其核心业务相关的专业志愿服务，以达到市场开发、品牌推广、客户关系维护、业务产品设计和改善的目的，促进自身的可持续发展。例如，有公司鼓励员工利用公司互联网平台优势和业务专业去开展相关的专业志愿服务，让公益更加有效，由此实现社会效益与企业效益的共赢。

案 例

专长服务社会

IBM是一家利用人工智能技术、云计算、区块链、物联网助力各行业重铸商业模式的智能型跨国公司。2008年，IBM成立了企业服务队（Corporate Service Corps，CSC），秉承"专长服务社会"的理念，旨在通过优秀员工以志愿者的方式参与到跨地区、跨国界的社会服务项目当中，为当地社区发展无偿提供急需的专业技能和服务。CSC选拔不同专业和管理背景的人员组成咨询服务团队，用专业帮助公益组织发展，通常关注经济发展、环境挑战、教育资源、人才培养等普遍性问题。

在履行企业社会责任方面，与其他企业单纯地捐钱捐物不同的是，IBM还选择捐赠"人力资本"。企业公民事务负责人认为："通过对社会负责任，我们更加容易吸引并留住最优秀的人才，这关系到你如何保持强大。"

【点评】

企业通过员工开展专业志愿服务，实现了企业、员工和社区共赢的三重效益，即对社会做贡献，提升公司的口碑和拓展公司的业务，吸引和保留优秀员工并培养其领导力，在产生社会公共利益的同时，也提升了企业经济效益，促进商业经济的公平与可持续发展。

二、社会治理功能

（1）公众参与。公众参与是指在社区发展活动的制定和决策过程中，那些受决策影响的人，尤其是边缘群众和弱势人群，能够有效地参与。这是来自"参与式发展"理论的一个概念，"参与"本质上是赋权，即对参与和决策发展援助活动全过程的权利的再分配。参与式发展的过程就是赋权的具体实现过程，参与完全建立在"平等协商"的基础上，对社区以及对传统的社会弱势群体亦即目标群体的参与发展干预过程的赋权，使社区及目标群体自觉地参与发展，实现发展干预的可持续性。

志愿服务是公众参与社会事务和社会治理的重要方式之一。参与不仅是自身的目的，而且是在社会群体中分享资源、权利和责任，也是政治资源的整合和系统转型的过程。参与式治理强调利益相关人的权力和责任，特别是公众通过参与与政府建立良性互动合作关系，鼓励公众参与公共事务，增强政府与公共行政机构、公众和其他社会主体（如媒体、学校、私人领域）的协商与合作。

参与是根据社会需求解决社会问题而提供无偿的公益服务，专业志愿服务是公众积极参与社会治理的最佳实践过程。特别是在社会转型和碎片化的社会里，公众普遍和积极参与是培育社会资本的重要渠道，对建设一个有凝聚力的社会是非常必要的。

（2）联结和社会动员。中国经济正在发生深刻变化，新时代人们的自主意识和社会参与的诉求更加强烈和多元，传统的自上而下的社会动员方式也需要更加开放和社会化。志愿服务的平等参与和以人为本的积极文化，恰恰适应并满足了公众参与的需求，并且通过服务实现人与人的联结，扩大社会关系和社会网络，促进更多人积极向善地参与社会公益行动，使人们更加团结，社会更具有凝聚力。

(3) 促进社会公平和善治。党的十六届六中全会通过的《中共中央关于构建社会主义和谐社会若干重大问题的决定》提出:"以相互关爱、服务社会为主题,深入开展城乡社会志愿服务活动,建立与政府服务、市场服务相衔接的社会志愿服务体系。"志愿服务以困难群体为主要服务对象,针对他们的多样、特殊的实际需求,可以提供政府无法提供又无力从市场购买的服务,有利于促进社会保障体系的建设,有利于促进社会公平正义和和谐稳定。在社会主义市场经济条件下,资源主要靠市场调节的同时,来自商业或主流社会的精英和中产阶层人士,无偿向服务于社会弱势群体和社会保障的非营利组织提供专业服务和技术支持,这种专业志愿服务运用非市场的整合、配置资源手段,使社会资源更加合理、公平地分配。而专业志愿者在促进社会公平与融合发展的同时,也能够通过亲自接触社会问题,协助非营利组织、政府和企业更加有效和及时地回应社会需求,从而促进社会善治。

三、文化教育功能

(1) 志愿服务作为实践育人的有效载体已经为越来越多的人所认知、认同。一些发达国家和地区,不仅将服务教育作为基础教育的内容,而且将志愿服务经历作为学生升学、就业的重要考核指标。我国也已经将志愿服务纳入大学生社会实践课程中,并且在中学也开始推行成人预备期志愿服务,要求学生在16~18岁期间至少完成48小时志愿服务,通过志愿服务,培养青少年的社会责任感和奉献精神。

(2) 志愿文化的核心是以人为本的志愿精神。志愿精神是一种具体化或日常化的人文精神,其在日常生活和行为层面的实际呈现就是志愿服务。志愿精神兴起的社会心理基础与中国现代化发展阶段相关,反映了社会成员高层次社会需求、自主公共服务意识的增强,也体现了社会对价值合理性的追求。志愿服务及其蕴含的志愿精神,既是古老的,也是先进的;既是过去、现在有的,也是未来大有前途、应大力发展的;既是中国的,也是世界的。志愿服务是人类共同的文明成果,符合中国先进文化的发展方向[1]。在新时代,专业志愿服务精神因为有更多的跨界多元性协作,更具包容性和竞争性,成为当前社会创新的驱动力。

---

[1] 廖恳. 论志愿服务的社会功能及其形成. 中国青年志愿者网,2012-03-30.

第二节 专业志愿服务的意义

专业志愿服务是因社会需求而兴起的公益、无偿和自愿的专业服务。当今世界经济社会发展面临诸多挑战，专业志愿服务也是公众参与社会服务、共同应对挑战的重要路径。

一、专业志愿服务促进全球可持续发展目标的实现

案 例

UNV 在线志愿者

UNV 的在线志愿者服务通过互联网将发展组织和志愿者联系起来，并为其在线合作提供支持。它为发展组织提供了一个涵盖丰富知识和资源的人才库，强化了发展组织的能力。此外，它还为全世界的志愿者提供了更多的为发展和实现千年发展目标服务的机会。如果你对成为联合国志愿者有兴趣，你可以首先成为一位在线志愿者。

在线志愿者服务帮助超过 1 000 个非营利发展组织（包括社会组织、政府机构、学术机构和联合国机构），获得来自 182 个国家的 12 000 位志愿者的帮助（2007 年的数据显示，60% 为女性，40% 来自发展中国家）。

(1) 提供专业技术知识（如为废弃物处理、合同撰写等提供建议）；

(2) 支持项目和资源管理（如项目规划、志愿者管理）；

(3) 为知识内容管理做贡献（如数据收集、数据库建设）；

(4) 促进宣传和网络建设（如新闻稿写作及翻译、管理在线讨论组）。

【点评】

联合国重视志愿服务在执行 SDGs 方面的作用，并充分运用现代信息技术手段，促进志愿服务与信息化的融合，进一步提升了志愿服务的参与度、影响面、社会效益。

进入21世纪以来，全球化使得各国相关性更加紧密，而战争与自然灾害、经济危机、不平等与贫困、环境恶化等系统性威胁越来越严重。联合国17个SDGs为志愿服务促进可持续发展提供指引和标准。UNV认为，志愿服务可以成为另一个强大的、跨部门执行SDGs的手段。志愿精神可以帮助扩大和动员群众，让人们参与国家规划和实施可持续发展目标。志愿者组织可以通过为政府和公众之间的互动提供具体和可扩展行动的新空间来帮助本地化实施新议程。志愿者通过倾听包括被边缘化群体和弱势群体的声音，增强其专业知识和技能，这对建立本地SDGs至关重要。志愿者组织可以作为公众参与的中介，对政府战略和举措进行重要的补充，并与社区自愿行动联系起来。志愿服务与国家和全球发展息息相关，联合国将志愿服务纳入了关键性全球发展目标议程中。2015年12月，联合国大会第七十届会议决议通过"将志愿服务纳入和平与发展工作：下一个十年及其后的行动计划"，确认志愿服务是减贫、可持续发展、健康、教育、青年赋权、气候变化、减少灾害风险、社会融合、社会福利、人道主义行动、建设和平，尤其是消除社会排斥和歧视等各领域战略的重要组成部分。

UNV在2015年《世界志愿服务状况报告：转型治理》中从国家和全球治理的角度指出，在全球可持续发展进程中，阻碍发展的关键因素是：缺失有效且可靠的治理，从而削弱了社会公众参与和社区发展所做的努力。而志愿者可以通过以下三方面工作来改变：

一是增强民众特别是弱势群体的联系和话语权，从而动员更多民众和社会团体参与社会治理。

二是建立跨界协作网络，联结更广泛而多样的社会民众，发现新的机会和资源，为解决发展问题提供专业技术、精力、时间以及积极的社会行动，使发展更具有包容性和有效性。

三是志愿者与政府、社会组织共同努力，确保对利益集团和有权势者实施问责，并对政策和法律施加影响，敦促制度响应广大民众的需求。

二、专业志愿服务助力中国转型期社会治理创新

案 例

专业志愿者和社会组织倡导社会力量有序救灾并主导制定行业规则

2008年汶川地震救灾之后，一批专业志愿者发起并成立专业救灾社会组织。在地震、台风、龙卷风等灾害救援中，一些大型的全国性基金

会不断总结实践经验，逐步建立"救灾大本营"的概念，开始协调救灾，组织专业志愿者和社会组织发挥了很大的作用。中国慈善联合会救灾委员会 2016 年 6 月 13 日在京宣布成立，包括单位和专业志愿者个人在内共有 53 个成员。其职能是引导、支持和整合慈善组织、企业等各类慈善力量高效、理性地参与救灾，建立常态化的社会力量防灾减灾备灾机制，建立社会防灾备灾体系，搭建慈善救灾信息沟通平台，开展防灾减灾知识宣传教育和技能培训等。救灾委员会在灾害发生地建立"社会救灾协调服务平台"，负责召开协调会，吸引各个救灾组织、当地政府部门参加。当地政府清楚各个救灾组织的工作任务，协调解决困难。同时，当地政府的需求也能及时请专业的救灾组织对口帮忙解决。这种协调中心和例会的模式，促进了社会力量有序救灾。

2018 年 1 月，《社会力量参与一线救灾行动指南》正式发布，该指南由民政部救灾司指导，由多家社会组织发起。该指南旨在贯彻落实《民政部关于支持引导社会力量参与救灾工作的指导意见》，健全社会力量一线救灾工作机制，促进协调社会力量高效有序参与救灾工作，以期进一步提高社会力量一线救灾工作整体水平。该指南首批发起单位是中国扶贫基金会。联合发起单位包括中国社会福利基金会、中国妇女发展基金会、中国红十字基金会、中国青少年发展基金会、深圳壹基金公益基金会、基金会救灾协调会、北京蓝天救援队、厦门曙光救援队、浙江省公羊会公益救援促进会、北京师范大学风险治理创新研究中心、青岛西海岸新区"山海情"志愿救援联盟、北京绿舟应急救援促进中心、甘肃彩虹公益服务中心、盘州市义工联合会、韶关市乐善义工会、攀枝花市援助少年儿童志愿者协会等近 20 家社会组织和志愿服务组织。该指南从社会组织自身参与救灾的视角出发，通过多家社会组织自发讨论形成行业普适性共识，共同制定社会组织救灾步骤及行为准则，为规范社会力量有序参与救灾提供有效指导和参考。其内容的制定，是依据以社会组织得到政府和社会认可的优秀工作经验为基础，并对其中具有可操作性、可推广性的内容进行提炼，形成社会组织救灾工作规程的最大公约数。该指南一方面关注推动社会力量参与救灾工作的规范性，另一方面关注从行业自觉、行业自律的角度来推动行业发展，从而达到与政府救灾工作相契合的目的。

资料来源：惠泽人 i 志愿大学专业志愿服务案例库（2018）。

【点评】

2008年汶川抗震救灾促使一批救灾志愿者走上专业救灾志愿服务之路，他们在一些社会组织的支持下建立联盟和行业组织，有效补充了我国在防灾救灾和紧急救援方面的社会力量。他们深入社区开展防灾减灾、普及救援的知识和技术，为人们保障生命财产安全带来更多的知识。

2008年也被称为"中国志愿者元年"。从汶川地震救援和北京奥运会中走出来的一些志愿者，在经历了激情、责任与奉献之后，已经成长为志愿服务事业专业组织的领军者，而每年有近亿名志愿者活跃在学校、社区、社会服务机构和各类公益服务与活动中，他们已经成为中国新时代推动经济建设、社会与环境可持续发展的重要生力军。

案　例

中国志愿医生行动

2017年3月，首都医科大学宣武医院神经外科凌锋教授联合北京大学人民医院胡大一教授，发起成立了由医疗专家组成的中国志愿医生团队，通过"义诊、扶贫、救灾、援外"等方式，精准支援贫困地区医疗机构建设，救助弱势病患群体，积极推动医疗援外工作。同年6月，中国医师协会医师志愿者工作委员会与中国志愿服务联合会、中国志愿服务基金会、北京凌锋公益基金会联合启动了"中国志愿医生行动"。

中国志愿医生正在实施着一个伟大的计划：到2020年，他们将利用自己的业余时间，走遍全国804个贫困县，并免费为当地患者进行诊治。每个中国志愿医生，都是利用自己的假期时间奔赴在需要他们的路上。他们免费诊治、手术，调研贫困县当地病情，为地方医生提供培训平台，构建跟贫困县医生的联络圈……这一系列举措的目的就是：给地方留下一个走不了的医疗队。

中国医师协会医师志愿者工作委员会组织全国38个学科医生参与中国志愿医生队伍，截至2018年，已注册医生1 191人，其中277名医生已经通过认证并参与了全国15次志愿医生行动。国家卫健委发文支持，将中国志愿医生团队纳入医疗扶贫队伍。

第三章 专业志愿服务的功能和意义

【点评】
　　职业医师利用个人时间无偿下乡送医和培育本地医务工作者，不仅以他们的生命热情和关爱为贫困地区送去温暖，而且用其自身专业医术缩小了城乡医疗差距。

　　近年来，专业志愿服务在我国逐渐兴起。一些医务和法律工作者、院校师生、专业机构在职人员、自由职业与退休的专业人士，以他们的专业技能或职业专长无偿服务社会，他们不仅聚焦社会问题，而且也推动中国志愿服务事业迈向一个崭新阶段。2017年12月1日我国正式实施的《志愿服务条例》将"专业志愿服务"纳入规范，其中第二十三条规定："国家鼓励和支持国家机关、企业事业单位、人民团体、社会组织等成立志愿服务队伍开展专业志愿服务活动，鼓励和支持具备专业知识、技能的志愿者提供专业志愿服务。"

　　党的十九大报告指出："经过长期努力，中国特色社会主义进入了新时代，这是我国发展新的历史方位……我国社会主要矛盾已经转化为人民日益增长的美好生活需要和不平衡不充分的发展之间的矛盾。"[1] 新时代的民生诉求已不再满足于吃饭、穿衣问题，而是普遍要求公平正义与全面提升生活质量，公众对教育、就业、分配、社会保障、安全、环境、健康等方面的诉求都在持续上升。概言之，民众对"幸福生活"的追求升级，公众参与也从奉献爱心的简单体能型参与，发展到实现个体社会价值的专业化智能型参与，在服务中实现社会价值，共建共享更加美好的社会。

　　新时代如何创新社会治理，让民众既有获得感又乐于参与，是我国在治理能力层面面临的巨大挑战。要让社会治理真正成为"人人参与、人人尽力、人人享有"的开放共享模式，必须要有广泛的民众参与。从本质上来说，专业志愿服务就是社会治理方式的一种，特别是具有专业技能和新理念的新社会阶层人士，通过志愿服务与弱势群体在一起，体现出人与人的平等与关爱。同时，志愿部门在中国依然处在初步发展阶段，公益慈善组织缺少专业人才，无论是数量还是质量都未能满足中国经济社会转型发展的巨大社会需求，而中国潜在的专业志愿者，无疑可以发挥出独特的作用。

---

[1] 习近平. 决胜全面建成小康社会　夺取新时代中国特色社会主义伟大胜利：在中国共产党第十九次全国代表大会上的报告. 人民网，2017-10-18.

中国在全球经济发展与社会治理中发挥着越来越重要的作用。志愿服务如何能够伴随着企业和公众"走出去",实现中国志愿精神和志愿服务促进可持续发展的功能,需要社会各界组织机构、专业人士积极参与。志愿者与当地政府、社会组织共同努力,对政策和法律施加影响,他们在地区、国家和国际各层面改善治理方面贡献了自己的时间、精力和技能,使发展更具包容性和有效性。

三、专业志愿服务让生命更有意义

案 例

一位世界 500 强副总裁的支教故事

郑雪飞是西门子公司副总裁,拥有超过 12 年的大型跨国企业管理经验,2017 年他成为美丽中国支教志愿者教师,去教育资源匮乏地区支教两年。

在谈到为什么去志愿支教时,他说:"我一直是个幸运儿,从小到大都在关键时候遇到好老师。我想,等我老了,也有那么几个学生说,他们因为我而获得了启发和成长,我的一生将是多么富足。所以当老师成为我的梦想。高考时,一心为着心仪已久的北师大而拼搏。后来在班主任和全体家族成员的极力劝阻下,我放弃了师范专业,选择了热门的电子信息工程。沿着这条轨迹,我进入了让人羡慕的世界 500 强西门子。十年间,我从工程师一路升任至副总裁,也进入西门子全球高级人才库,成为未来的高级管理人员重点培养对象。事业蒸蒸日上,一切都那么美好,但我的内心却有一种越走越远、越走越迷失的感觉。我也逐渐意识到,在没有内心强烈欲望的支撑下,我很难走得更高更远。"

显然,现在的职业规划已经不仅仅是为了生存,而是为了活着的意义。

资料来源:http://www.meilizhongguo.org/contents/281/1931.html.

【点评】

每个人在其一生的发展中,除了家庭和职业,还需要更多的渠道去实现个人价值或心愿。专业志愿服务,为现代人寻找更好的自我、实现更大的社会价值提供了一个路径。

据中国志愿服务发展指数调研,专业志愿服务能够在三个方面帮助提升人力资源的价值:一是满足个人兴趣爱好,实现内心的自我,有机会去寻找更有意义的工作和生命内在的价值。二是拓展和建立更加友善的朋友圈，实现人们的社会归属感。三是激发创新力和增加专业的价值，通过志愿服务不仅能更好地产生社会价值，同时也能够延展和提升专业能力和职业经验，拓展职业发展机会和空间。

四、专业志愿赋能公益组织，提升社会经济效益

> **案 例**
>
> **专长服务社会**
>
> 2017年7月，IBM的企业服务队走进银川，这是第37支服务中国的志愿者团队，由来自6大洲、10个国家、具备不同专长及实战经验的14位IBM优秀员工组成，为银川当地企业与社会组织提供一个月的专业咨询服务，助力宁夏的社会经济发展。
>
> 宁夏非物质文化遗产发展协会（简称"非遗协会"）在宁夏的生态移民战略背景下开展精准扶贫工作，通过在5个村镇建立帮扶培训站点，为约300名移民妇女培训掌握非遗文化手工制作技艺，实现"不离乡、不离土、居家就业"，改善她们的家庭生计。然而，在逐渐扩展品牌以帮助更多移民妇女的过程中，非遗协会面临着需要进一步扩展销售渠道、建立适应电子商务和国际市场的团队和工具等挑战。IBM的企业服务队深入非遗协会内部并走访了生态移民帮扶站点，通过召开研讨工作坊和进行了一系列的客户访谈，探讨适用的IT技术手段和实施方法，同时制定了营销策略和发展路线图，对各类产品的销售进行数据分析，最终给出了针对线上线下销售渠道的多样化建议、具体操作方法及工具支持。项目成果将有助于非遗协会拓展合作机构，有望让移民妇女手工技能培训的覆盖规模超过1 000人。
>
> 非遗协会负责人表示："企业服务队为我们带来的是创新思维与合作的方法，这将帮助我们在社区传承传统文化，实现造血式精准扶贫，帮助乡村妇女实现增收。"
>
> 【点评】
>
> 精准扶贫需要社会多元主体的协同合作。本案例中，IBM专业志愿者弥补了公益组织专业人才的不足，发挥了他们的专业特长，推动了非遗协会专业化发展进程，达到了造血式精准扶贫效果。

专业志愿服务主要是通过或者直接服务于社会组织，有效弥补了公益

组织人力资源和组织技能的不足,在改善社会服务和社区发展的同时,也代表社会公众监督和反馈组织运营规范,并给予精准的解决方案和改进措施,促进公益组织自身的治理结构、管理步骤、市场营销、项目运营等专业化建设,从而提升公益组织在社会服务方面的经济效益与影响力。专业志愿者是公益组织和行业不可或缺的人力资源,是守护公益使命的天使。

五、专业志愿服务精准解决社会问题

案 例

一名专业志愿者的精准救灾信息服务

2008年5月的汶川地震救援是郝南参加的第一次救灾志愿行动,他很快就觉察到灾区中存在救助信息阻塞的问题,"几乎所有志愿者都在往一线扑,或是徘徊在成都市内寻找去灾区的机会,闲逛之余只能搬搬物资。而后方的大量援助因为没有引导,积压滞留在全国各个城市"。"那个时候谁都想帮助别人,大家目的高度统一。然而救灾需要信息,救灾的人要了解需求,需要一个中介、一个枢纽和协调中心。"意识到这个关键问题,郝南加入了"(成都)市红会5·12特别行动小队",成为灾害信息员,负责收集处理整个灾区的地图和道路信息、物资类型数量、车辆道路和需求人数的匹配关系、人与人的关系、组织与组织的关系,同时摸索着信息和资源的匹配方法。郝南的努力成果非常显著,效率最高的时候,一分钟就可以把一车桌椅协调到汉旺镇的几所小学里,也可以通过几个电话让政府的抗震指挥中心调一大批药材给驻扎都江堰的铁军医疗站。

2010年4月14日,青海玉树地震。郝南在"5·12志愿者信息QQ群"和"5·12北京志愿者之家"征集到第一批志愿者,他们在西宁建立前方联络站,并将成都和北京作为后方,开始信息协调工作。2010年4月16日,郝南在北京对第一批后方信息志愿者进行了培训,初步确定了信息处理的步骤以及发布格式。4月17日凌晨发布第一期简报。4月23日发布最后一期简报,共发布简报8期。经标准化处理的单条信息和救灾简报在各个救灾QQ群发布。此外,通过QQ群和西宁联络站有效地进行了多次物资、运输协调,在QQ群进行志愿者指引,救灾后期组织了4次跨机构线上救灾工作深度讨论。4月21日，小组定名为卓明。4月22日发布的信息和简报中，即开始采用"卓明4·14地震援助信息小组"的签名。

卓明经过几年的实战发展总结，逐渐形成一套完善的灾害情报应急措施，从灾害的确认、受灾情况的核实、确认以及发布都有明确的实施方法。卓明志愿者小组分工明确，以互联网为载体，通过互联网协作的方式，组织志愿者们有条不紊地进行各自的工作，从而在灾害发生后的最短时间内整理出最具有价值的专业化信息。灾害信息志愿者团队的这种工作方式被称为"网络众包"。

"卓明地震援助信息小组"长期是未注册的纯志愿者组织，志愿者们可以坐在家里或单位办公室里借助手机和电脑参与灾区救灾。他们系统化地收集、处理、传递灾情数据、次生灾害风险、灾区地形及人口分布、民族宗教、风俗习惯、路况信息、天气预报、援助动态、政府应对及相关政策、物资需求、物资运输渠道和接收点、社会组织行动等相关信息，为有关组织和个人提供决策依据。

卓明的信息收集处理技术和协调能力在实际救援行动中不断完善。信息功能主要包括：救灾信息的收集、挖掘、分类、核实、跟进、整理、发布、传播、定向传递等，救灾简报编辑、发布，全景式汇总、分析、报道灾区信息。协调功能主要包括：将救灾资源与救灾组织行动协调对接，为其他救灾相关组织提供咨询服务，促进各救灾组织间互通交流。

为提高灾害信息志愿者的专业性，卓明开发了系列培训课程："信息员工作步骤初级培训""中国民间救灾现状概况""卓明灾害信息搜集""灾后2小时——信息采编的需求和可能""灾后2小时——灾情快速研判的信息依据""应急响应实战模拟演练——步骤讲解""应急响应实战模拟演练——分组演练"。

2014年，郝南创办卓明灾害信息服务中心，该中心只有少量专职人员负责筹资，大部分专业性工作仍然依靠志愿者采用"网络众包"的方式完成。卓明与多数社会救灾组织建立了行动伙伴关系，并多次为多个一线团队提供行动参考建议及信息服务，解决救灾信息不对称问题。

资料来源：惠泽人i志愿大学专业志愿服务案例库（2018）。

【点评】

一名志愿者根据在救灾现场发现的关键问题，经过专业研发与服务，创办专业社会组织带动更多的专业志愿者，有效解决了救灾信息不对称的问题。由此可以看到，专业志愿者更能聚焦具体问题，并采取专业化手段有效解决社会问题。

与非专业志愿服务不同的是，专业志愿服务以其专业技能精准聚焦具体的社会问题。志愿服务不单是基于志愿者的爱心和兴趣，更主要的是针对服务对象所呈现的社会问题进行分析诊断，群策群力和分工协作，尽量多方面和系统性地解决深层问题。因此，专业志愿服务的成效及其所产生的社会影响力会更大。

人类正面临不可持续发展的严峻挑战，进入21世纪以来，联合国制订了千年发展目标，为志愿服务促进社会发展提供了目标方向。全球化发展促进了志愿服务的演进与多样化，专业志愿服务成为全球社会治理、中国社会转型和人类社会可持续发展的重要方式。由此也提出专业志愿服务与经济社会和全球治理的关系，强调服务的专业化、协作性，聚焦变化的成果。

思考与讨论

1. 专业志愿服务如何促进人类社会可持续发展？
2. 专业志愿服务具有哪些社会治理功能？
3. 专业志愿服务对中国社会治理创新的意义是什么？

第四章
专业志愿服务的实施主体及利益相关方

引 例

灾害救援中的志愿行动及多方协同参与
——"iWill 志愿者联合行动"集群化抗疫专业志愿服务

2020年1月初,新冠肺炎疫情在武汉蔓延,从1月18日起,一直密切关注武汉疫情形势的几名北京资深公益人积极联系京鄂两地的公益伙伴和来自政府、社会组织、科研院所的朋友,于22日成立了第一个志愿者联合行动工作群。1月23日凌晨1:00武汉正式宣布封城,凌晨1:20,由北京博能志愿公益基金会联合北京市社会心理工作联合会、北京惠泽人公益发展中心、卓明信息中心和专家学者,以及湖北省资深志愿者等共同发起的"京鄂 iWill 志愿者联合行动"项目正式启动。

联合行动聚焦社区抗疫和社会心理救援,采用"三师三群三线联动"模式运作,即将"三师"(社工师、医师、心理咨询师)等多种专业志愿者基于不同分工,围绕疫情防控目标和社区抗疫需求,通过组建"三群"(大中小三级微信群)形成的抗疫志愿者"三线"(一线志愿者直接服务疫情社区,二线志愿者负责项目平台运营管理,三线志愿者开展疫情和抗疫行动研究与指挥)志愿服务社群,通过集群化联动,为当地政府有关部门、志愿者组织和社区提供志愿者管理、物资和信息对接、社会心理救援等在线专业志愿服务。

"京鄂 iWill 志愿者联合行动"形成的"集群化"抗疫平台模式,于2020年3月起,随着疫情在全国和全球的蔓延流行,被北京、吉林、黑龙江、河北、陕西、海南、印度、菲律宾、澳大利亚、欧美等多地区和国家的海内外华人的十多个 iWill 抗疫救援志愿服务项目所借鉴。

自 2020 年 1 月 23 日启动到 7 月 18 日期间，共有 2 000 多名 iWill 专业志愿者在线直接服务受疫情影响严重的地区的居民和华人留学生等超过 12 万人，无偿捐赠专业志愿服务时间 15.37 万小时，按照最低平均公平市场服务价值 100 元/小时标准核算，志愿者贡献服务价值为 1 537 万元。

"iWill 志愿者联合行动"如今已完成从项目到平台化的升级，在新冠肺炎疫情常态化背景下，不断实践、复制、推广、创新专业志愿者参与风险治理的有效机制，并发挥重要作用。

资料来源：朱晓红，翟雁. 专业志愿服务在风险治理中的实践：以"iWill 志愿者"联合抗疫行动为例（2021）.

【点评】

"iWill 志愿者联合行动"案例的特殊功能在于搭建了一个政社学多方联动的专业志愿服务有机平台机制，从而在面对疫情突发流行的紧急时刻，能够快速有效动员社会多方专业力量，并通过建制化、社群化平台运营，构建项目的网络架构，形成了通过对志愿者的分类分层的敏捷化管理，实现聚焦受益对象的点面结合的线上精准服务的非接触式抗疫模式。在当前疫情防控常态化形势下，志愿者已经成为社区抗疫的重要有生力量，iWill 集群化平台运营模式让志愿者更加专业有效地参与疫情紧急救援与防控工作，发挥了专业志愿服务在突发公共卫生事件中不可或缺的功能，为专业志愿者及志愿服务组织参与国家和地方风险治理提供了渠道。

自 2008 年以来，我国志愿者和志愿服务组织成长迅速，在专业化提升以及救灾协同机制建立的进程中，不仅有志愿者的身影，还有更多的专业志愿服务相关方共同参与其中并且发挥着各自的专长和作用。各级政府积极鼓励和引导社会力量参与应急救灾；社会组织大力动员和组织社会力量有序救灾并主导制定行业规范；应急救灾的专业化团队大量涌现并成长迅速；企业通过基金会的联合救灾平台捐款捐物并提供创新技术；社会公众葆有志愿热情并越来越理性地对待灾害救援；媒体则客观报道并引导舆情；受灾地的群众不仅开展自救互助，还积极发动本地化的志愿行动。

第四章　专业志愿服务的实施主体及利益相关方

第一节　利益相关方理论及其应用

专业志愿服务的利益相关方及其理论，是我们认知和理解专业志愿服务生态系统的基础，通过不同案例可以分别了解专业志愿服务的各个实施主体以及其他利益相关方，正是这些相关方，与专业志愿服务的实施主体共同构成了专业志愿服务的主体生态链。

利益相关方理论可以成为专业志愿服务领域现象与问题、趋势与方向的解释框架，有很实际的应用前景。利益相关方理论经由ISO26000《社会责任指南》①的颁布与推动，已从企业社会责任领域延展到包括社会组织乃至政府在内的所有组织，在志愿服务组织范畴内尚有很大的应用性研究空间。本节将结合理论梳理专业志愿服务所涉及的行业生态链，并对专业志愿服务的利益相关方进行概要介绍。

一、利益相关方理论及其在专业志愿服务领域的应用分析

（一）利益相关方理论简介及评析

"利益相关方"的概念最早由斯坦福大学研究所提出，1984年美国学者弗里曼的《战略管理：利益相关者管理的分析方法》一书，将利益相关方定义为"能够影响一个组织目标的实现，或者受到一个组织实现其目标过程影响的所有个体和群体"，并提出了利益相关方管理理论。此后随着相关研究的兴起，学者们从不同角度对利益相关方进行分析界定，仅定义就有30多种，相应的理论也各有侧重。在综合研究各种利益相关方定义及理论的基础上，利益相关方经由ISO26000的推动终于在国际层面达成了一致。该标准认为，利益相关方是指"与组织的决策和活动有利益关系的个人或团体"，这一定义的生成本身就前所未有地广邀各利益相关方共同参与开发，来自99个国家的400多位专家组成6个工作组，兼顾了发达国家和发展中国家，并在区域和性别上保持平衡，广泛的利益相关方参与确保了其权威性和可接受性，该定义被公认适用于所有类型的组织，包括志愿服务组织在内的社会组织。

利益相关方的核心内涵以及所强调的均是多元性，将所有的利益相关

---

① ISO26000《社会责任指南》是国际标准化组织（International Standard Organization, ISO）于2010年颁布的适用于所有组织的社会责任指南。

方看成整体或进行同质研究并无实用价值，因此，利益相关方的分类及其方法就成为研究的重点。目前国际比较通用的是多维细分法和米切尔平分法。多维细分法简单而言，就是对利益相关方从多个维度进行不同的细分界定，比如弗里曼是从拥有不同资源的角度进行的分类，从利益相关方所产生影响的方式来划分；惠勒是从相关群体是否具备社会性等双重维度将利益相关者分为四类。本文所采用的是多维细分法的变种。而米切尔平分法则是将利益相关方的界定与分类结合起来，从不同方面对利益相关方进行评分，再根据分值来划分利益相关方的类型，更具备可操作性。鉴于现行的分类方法基本都是基于企业角度开发的，对于更加广泛的社会组织等相关方而言，仅具备方法论上的参考价值。

利益相关方的理论及方法研究都尚处于前期发展阶段，存在许多方面的不足和巨大的发展空间。首先，虽然国内外很多研究者都对利益相关方的界定和划分阐述了各自的看法，但大部分都只是停留在探讨和假设阶段。从涉及的诸多利益相关方来看，孰轻孰重无法确知，到目前为止还找不到某种理论和方法能够定量衡量众多利益相关方的权重。其次，利益相关方的理论研究和实践应用尚无法对接，仅在理念层面接纳度较高，如何从理论中生成可操作的模式并应用于实践，或者如何从实践中提炼出可推广的模式并上升到理论，这两方面都还有待开发和研究。最后，现有的利益相关方研究大多围绕企业，集中在商业领域，关于社会组织包括志愿服务组织以及更加多元化的利益相关方理论论述基本处于空白，因而具有较大的研究空间。

（二）利益相关方理论在专业志愿服务领域的应用前景分析

专业志愿服务领域非常适合从利益相关方的视角进行研究。

其一，专业志愿服务具备多元相关方，研究样本众多；志愿服务本身自带利他视角，参与各方更易于同向而行；而专业志愿服务又强调专业性，适合研究与理论同步；加之专业志愿者中不乏专家学者资源；因此，利益相关方理论在专业志愿服务领域的前景值得期待。

其二，专业志愿服务也需要相关研究，从现有的志愿服务组织以及志愿服务项目而言，很多主体缺乏利益相关方的概念和理念，对资助方的诉求、对社会公众的反应，甚至对志愿者的感受都没有从相关方的视角予以体察和重视，非常需要甚至迫切需要相关基础理论的指导。

其三，利益相关方理论及其方法在专业志愿服务领域更易于被应用，志愿服务组织不存在商业机构的排他性利益竞争，志愿服务本身又注重服务对象的利他视角，更接纳多方诉求，相关方理论的方式方法更易被接受和应用于实践,也更易于从实践中得到反馈。

其四,在专业志愿服务的诸多主体中,选取若干有研究价值的相关方进行分析求证,有可能突破现有利益相关方在研究方面所遇到的瓶颈,并且可以肯定的是,如果有朝一日这一领域的相关研究能够充分展开,必将为利益相关方的总体研究体系做出突破性的贡献。

其五,如果在专业志愿服务领域开展相关研究,将比现有的利益相关方研究更适合创新,也更易于出研究成果,特别是在实证研究方面。如果能结合实践把利益相关方理论运用于专业志愿服务领域,将有利于指导专业志愿管理,提升专业志愿服务效能。

二、专业志愿服务的利益相关方概览及行业生态链

案 例

万家无暴

湖北省监利县蓝天下妇女儿童维权协会(简称"蓝天下")是专注于妇女儿童权益保护的公益机构,成立于2014年。

湖北省监利县家暴问题较为突出,每年报警100余起,妇联接求助50余起,通常的结果是受害人得不到有效帮助。2011—2016年,监利县因家暴引发命案11起,死亡11人,还有更多的人自杀。受传统观念影响,警察认为家暴是家务事,未能依法处置,妇联无能为力,法院、民政局、司法局认为与己无关。在此背景下,蓝天下于2015年3月自主开发的反家暴项目"万家无暴"已形成一套建立反家暴工作联动机制的公益产品,在县域内,通过家暴预警系统及时发现家暴受害人,志愿者及时回访,协调公安机关、妇联、法院、民政等部门为受害人提供心理援助、法律援助、咨询指导、免费鉴定、安全庇护等综合服务,改变了家暴受害人求助无门的窘境,也有效遏制了家暴的蔓延。

蓝天下发起人万飞是一名专业志愿者,他的本职工作是监利县法制大队长,他带领由12名法律职业者、8名二级心理咨询师、5名社会工作师组成的蓝天下志愿者团队,为项目提供志愿服务时间超过2 000小时,完成了"触目惊心"的调研报告。万飞根据专业志愿服务实践编写了

《关于办理家庭暴力案件工作规范》，并将《关于进一步重视家庭暴力案件办理工作的函》一并交县妇联主席。县妇联主席持调研报告拜访公安局领导，文中列举的公安机关不作为案例令领导高度重视，迅速批复相关部门开展工作。万飞随之在自己主管工作范围内，组织一线民警培训，让全局依法开展反家暴工作。

蓝天下又和妇联、法院、民政局、司法局等建立协同工作机制：蓝天下建立家暴预警系统，及时收集家暴信息；建立工作平台为受害人提供及时的帮助，制止侵害扩大化；和妇联、公安局共建了反家暴鉴定中心；和妇联、民政局共建了反家暴庇护所。

万飞利用业务专长，建议荆州市公安局出台"荆州市公安机关办理家庭暴力案件工作规定"，建议监利县人大法制委员会举行"预防和制止家庭暴力"调研。相关文件让反家暴相关责任主体领导明确了单位职责，有力推动了当地反家暴工作。湖北省妇联社会服务中心主任、社会工作师邹义均多次指导蓝天下负责人万飞及其管理团队项目设计、项目管理、项目评估，"万家无暴"项目在实践中不断优化，通过公益创投，获得了湖北省妇女儿童发展基金会持续资助，经口碑传播加网络传播，得到社会各界支持和好评，项目实施费用得到了保障。

资料来源：惠泽人 i 志愿大学专业志愿服务案例库（2018）。

【点评】

"万家无暴"有效整合了政府、社会力量，不仅倡导和影响有关政策出台，而且促成体制内司法资源与体制外公益机构合作，有效地遏制了监利县的家暴问题。

专业志愿服务涉及诸多的利益相关方，与企业管理有所不同的是，专业志愿服务涉及公共利益，因此其主要的相关方并不是来自机构内部，而是机构外部——社会各界的志愿者、资助方、企业、社区、政府等。按照前文所介绍的多维细分法的逻辑框架，我们先将志愿者服务的利益相关方按照重要程度分为实施主体（核心相关方）、其他利益相关方。实施主体部分包括专业志愿者、专业志愿服务组织、服务对象，其他利益相关方则包括但不限于政府、企事业单位、社会组织及基金会、高校及科研机构、评估机构、社会公众、媒体以及社区等。其他利益相关方与实施主体共同构成了专业志愿服务的生态链（见图 4-1）。

第四章　专业志愿服务的实施主体及利益相关方

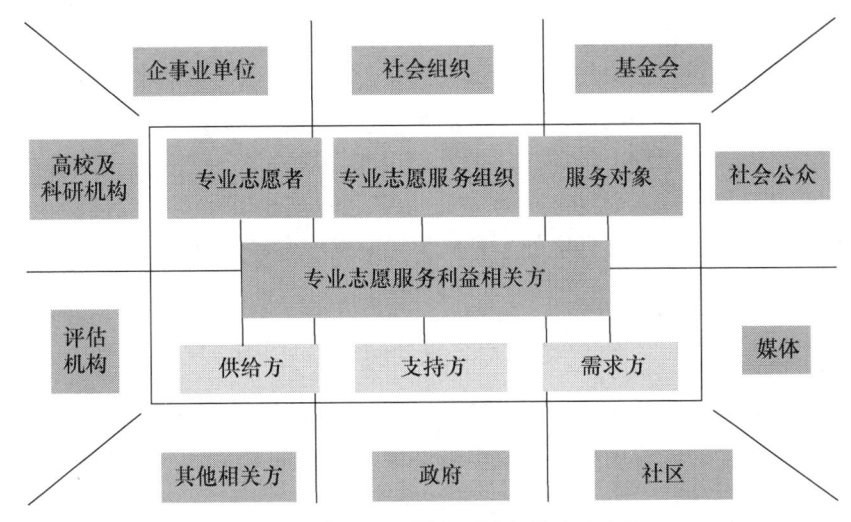

图4-1　专业志愿服务利益相关方示意图

如前所述，专业志愿服务由提供专业志愿服务的社会供给方——专业志愿者、专业志愿服务的管理实施机构——专业志愿服务组织（支持方）、代表专业志愿服务对象的社会需求方三个合作方构成。这三方即专业志愿服务的实施主体，它们构成了专业志愿服务的要素，也就是专业志愿服务所必需的最基本的主体，它们是专业志愿服务的核心相关方。这其中的每一个核心主体又有各自的相关方，比如专业志愿者，主要来自企事业单位、政府、高校及科研机构，那么政府、企业以及高校也就成为专业志愿服务的相关方，而且还构成叠加相关。以政府为例，不仅其机关单位是专业志愿者的来源，政府作为管理部门也直接影响和决定着整个公益行业以及志愿服务的发展，政府管理社会创新所依托的社区又是专业志愿服务的实施领域；社区的专业志愿服务很多是通过社会组织开展的，而社会组织既是志愿服务的实施主体和支持机构，也是专业志愿服务的需求方和受益对象，同时还是专业志愿者的来源机构。由此可见，专业志愿服务有着众多的相关方，其相互之间有着多元的交叉关系和相互作用。经由多维细分法的梳理，专业志愿服务的其他利益相关方包括政府、企事业单位、社会组织及基金会、高校及科研院所、评估机构、社会公众、媒体、社区以及其他相关方。它们与实施主体共同构成了专业志愿服务的利益相关方体系。

从专业志愿服务的整体生态环境而言，在部分环节已经逐渐形成生态链，比如企业所创立和主导的专业志愿服务，美国的Taproot基金会已经

73

从中总结出八种模式并且面向全球发布了白皮书；政府所主导的专业志愿服务模式也在一些国家和地区发挥着越来越大的作用，影响到生态链中下游的更多环节。本书的后续章节将对这些模式进行详细的介绍，但是就整体而言，专业志愿服务目前仍处于前期快速发展阶段，很多模式依然在不断创新并且逐渐完善之中，各利益相关方之间仍在不断发生对接、互动、融合、共创，整个生态环境处于开放的快速发展态势之中。

第二节 专业志愿服务的实施主体

如前所述，专业志愿服务的实施主体包括服务对象、专业志愿者、专业志愿服务组织，它们分别是专业志愿服务的需求方、供给方、支持机构，也是专业志愿服务的核心相关方。本节将结合实际案例，对专业志愿服务的实施主体进行重点介绍。

一、社会需求方——服务对象

传统志愿服务的服务对象往往是弱势群体，专业志愿服务与之相比，需求方的受益范围有了极大的扩展，不仅从弱势群体中的个人延伸到整体，还将为弱势群体提供服务的社会组织纳入专业志愿服务范畴内。近年来一些国家的专业志愿者也有为政府公共管理部门和社会企业等社会变革组织提供专业志愿服务的，通过提升其专业性，扩大获益面，提高服务效能，让更多的弱势个体获益并进而达成弱势群体的社会整体改善。

本书所界定的专业志愿服务的社会需求方主要是指提供公益慈善类的非营利组织、社区自组织或公共事务管理部门（在此统称为非营利组织），也就是专业志愿服务对象。需求方要提供需要专业志愿者解决的问题并进行确认，接待专业志愿者服务，提供必要的保障和支撑，接受专业服务并实施改进。此外，需求方还需要对专业志愿服务项目进行反馈。

案 例

甘肃兴邦社会工作服务中心

甘肃兴邦社会工作服务中心创始于2005年，是一个集社会组织能力建设、城乡社区发展、教育扶贫于一体的综合性社会服务机构。该机构以民族地区驻校社工和民族地区贫困学生综合支持项目为特色，以富有兴邦特色的能力建设课程和服务，发挥支持型、平台型社会组织功能，促进省内初创社会组织的成长和发展。自成立以来，该服务中心实施了100余个公益项目，取得了良好的社会效益，得到社会各界的好评。其在发展过程中，得到过英国海外志愿服务社与惠泽人等支持机构派遣专业志愿者无偿提供战略规划咨询和相关专业能力建设，使组织保持稳健成长。

资料来源：惠泽人 i 志愿大学专业志愿服务案例库（2018）。

【点评】

西北地区本土非营利组织在早年发展中面临多重挑战，正是在国内外支持机构和专业志愿者的帮助下，像甘肃兴邦社会工作服务中心这样的社会组织有了较好的发展，并成为当地支持机构，对区域性社会发展起了重要的作用。

专业志愿服务的经典模式就是由来自各行各业的专业人士组成专业志愿服务团队，为非营利组织提供战略、筹款、运营、人力资源、财务、营销传播以及项目管理等方面的专业服务，非营利组织作为服务对象成为直接的需求受益方。由于这些社会组织往往服务于弱势群体或为其解决各方面的问题，因此专业志愿服务的间接受益方包括了更为广泛的社会群体。

在此专业志愿服务的进程中，往往会带动其他相关方，包括社会企业及政府部门，还会通过政府公共服务议题惠及社区及乡村，推动社会改善乃至触发社会创新。专业志愿服务对象自身的改变和发展，以及对服务需求和效果的反馈和评价，推动了社会问题的解决，体现了社会公众利益。从志愿服务受益者的角度而言，专业志愿服务的服务对象可以扩展为整个社会需求方。

二、社会供给方——专业志愿者

专业志愿者在专业志愿服务项目中扮演社会供给方的角色，他们提供个人的专业技能、时间进行志愿服务。专业志愿者对所提供的专业服务及其结果负责，有权自主决定专业志愿服务项目的实施方案与过程。同时，专业志愿者需要遵守服务约定，向社会需求方提供其所需要的专业志愿服务。

案 例

最佳个人实践奖获得者的志愿创新之路

2018 年度的专业志愿服务最佳个人实践奖已不是张正明第一次获奖。在最初参加惠泽人为企业培训专业志愿者的课程开发项目中，张正明联合中国传媒大学艺术学部设计思维创新中心的税琳琳、宋戈及来自企业的郑铮一、杨桂英、贺远超、张树金等组成了专业团队，发挥设计思维专长，与惠泽人员工及企业员工共同组成专业志愿者团队，一起用了 5 个多月的时间去挖掘企业专业志愿者的需求，从需求中找到影响志愿者参与志愿服务的因素，识别公益服务与课程设计的关键要素，并且产生出新的课程概念。这个专业志愿服务项目包括 5 次工作坊及 5 次线上或线下的项目辅导。在共创工作坊中，张正明所带领的设计思维导师团队利用引导技术等专业知识帮助志愿者团队建立专业能力，志愿导师们发挥各自专业特色分工合作，对团队在项目中遇到的方法工具或者细节问题进行专业辅导，成功创新出升级版的专业志愿者培训课程并应用于实践。该项目获评 Asia Pro Bono Rally 专业志愿服务最佳实践奖。

在此基础上，张正明又进一步创建了"设计思维公益教练群"，这个群既具有志愿性又具有专业性，是由认同专业志愿服务精神及有意愿采取创新专业工具的志愿者所组成的。张正明利用微信群将这些志愿者组织起来，群员可在微信群中自由发起公益项目，自由地组织项目团队进行专业志愿服务。张正明也会利用线上进行专业知识的分享，帮助团队成员持续改善自己的专业能力。通过微咨询模式以及共创工作坊模式，大家一起用自己的专业做公益，推动并倡导专业志愿精神，借由培训、工作坊引导、团队教练与设计思维创新项目，不断实践、反思、精进自己的设计思维教练技能。张正明与他所带领的专业志愿团队从成立以来已经完成了 10 余个专业志愿服务项目，并且建立起新形态的专业志愿者组织形式。

资料来源：惠泽人 i 志愿大学专业志愿服务案例库（2018）。

【点评】

作为一名普通的志愿者，怎样才能成长为专业志愿者？又怎样才能参与或者发起专业志愿者团体呢？本案例可以形象地说明专业志愿者是怎样炼成的。

从案例经验中可知,成为专业志愿者,最重要的是要将自己的专业特长匹配到项目以及服务对象的需求中去,并且根据需求不断提升与创新,以体现出专业性所带来的成效。当然,志愿精神与服务精神是所有志愿者都需要具备的,专业志愿者首先从属于志愿者范畴,要成为专业志愿者,需要具备专业技能或者职称,满足项目团队、服务时间以及权益等方面的要求。比如在时间上,专业志愿者服务时间通常不少于 20 小时/年,而且专业志愿者大多通过管理机构,也就是志愿服务组织为服务对象提供专业服务,并接受管理机构的管理与评估。志愿者们可以通过不断的学习与提升,逐渐成长为专业志愿者。

具有专业职称、专业技能资质或 5 年以上专业从业经验者、在校专业学生,可以从事专业志愿服务。相关调研指出,目前我国的专业志愿者来源及构成主要是大学生、企业管理者和技术人员,以及政府机关事业单位群团组织中的公务人员,其中比较突出的特点是教育程度较高,体现了专业志愿服务的专业性特征。然而,并非具备专业知识就是专业志愿者,就像从事志愿服务但不一定是专业志愿服务一样,专业志愿者的核心要素是应用其所具备的专业技能提供了专业化的志愿服务。而且专业志愿服务通常不是个人一次性的临时服务,多以项目化有组织的方式开展,需要系统性的专业管理。由专业志愿者所组成的团队,被称为专业志愿者团体。因此,专业志愿服务的提供者除了专业志愿者个人外,还有专业志愿者团体。

案 例

维德中心法律专业志愿服务的社会化推广

维德中心是一家 5A 级的社会组织,创办于 2013 年 7 月,是由一群公益律师本着志愿精神自筹资金、自发创办的全国首家法律援助"超市型"平台,也是国内第一家为律师提供免费法援服务平台的倡导型社会公益组织。维德中心响应国际律师协会在全球的专业志愿服务倡导,要求"每一位自愿加入维德的律师要保证每年办理不少于一个公益案件,或者不少于 30 小时的法律志愿服务时间"。

最初,维德中心的服务对象主要是弱势群体,维德中心先后开展了职业病志愿援助项目、夹心层法律援助项目、社区矫正导师制项目、霸王条款歼灭战项目、构建和谐劳动关系项目。这些项目的服务效果都很好,获得了较好的社会反馈，也得到政府的认可和大力支持。可是，由于服务对象主要局限于弱势群体，并没有预想中足够多的委托人，竟然出现了僧多粥少的情况，大量律师志愿者为不能履行够每年30小时的承诺而苦恼。

　　维德中心的新战略导向是致力于与普通民众建立更充分的连接，使其感受专业志愿服务的成效，从而提高法律援助的整体能力水平、社会影响力，让"法律为每一个人服务"。2016年3月，维德中心与共青团深圳市南山区委员会合作推出了服务青年创新创业的"青云计划"公益项目；2016年11月启动"反家暴"基层法律能力建设项目；原有的社会组织法律体检项目也向线上服务拓展，2016年，与上海复恩社会组织法律服务中心合作开发《社会组织法律体检自查清单》，分线上和线下两种模式为十多个省市的数十家社会公益组织提供了免费的法律自检服务及专业法律咨询。针对服务对象方面遇到的问题，维德中心团队进行了战略反思，推出了专业志愿服务的升级版，重新定位了目标群体，与社工组织合作，与社区联结，扩大了法律服务对象和服务范围，一举突破了制约瓶颈，取得了跨越式发展。2017年，在深圳市福田区社会建设专项资金的支持下，维德打造了全新的品牌公益项目："法润福田"普法讲师训练营和"社区普法精品超市"，并在短期内就取得了显著的成效和较高的社会影响力。

　　资料来源：惠泽人i志愿大学专业志愿服务案例库（2018）。

【点评】
　　以专业志愿服务中非常有代表性的法律服务为例，维德中心咨询案例形象地体现了专业志愿服务对象的延展和扩大，以及科学制定战略对实施项目的重要性。

　　维德中心搭建了社会专业志愿服务平台，充分利用社会资源和律师专业志愿者，增加了社会弱势群体免费获得法律机构服务的机会，为政府法律援助提供了有力的补充；同时，也让法律专业人士有机会参与公益法律实践，在社会公平正义发展进程中贡献自己的专业力量。

　　在典型的专业志愿服务项目模式中，专业志愿者团体通常由3名以上的专业志愿者组成，其中1名承担着项目经理的职责，负责专业志愿服务项目运营及专业管理工作，其他志愿者根据各自的专业特长，分工负责志愿服务的其他工作。与非专业志愿服务相比，这种组织化运营更加体现了专业志愿服务的规范性与可持续性，因而也更能保证专业志愿服务的成效。

三、支持机构——专业志愿服务组织

专业志愿服务最重要的主体特征是志愿服务项目的专业管理机构，即专业志愿服务组织，包括支持机构以及支持性组织。相较于传统志愿服务中志愿者直接服务于受助对象的简单直接模式，专业志愿服务的专业性体现在对需求和供给的专业化匹配，并由专业的管理机构来承担。比如，承担社会需求评估，进行专业志愿服务的项目开发与管理，匹配专业志愿者，签署专业志愿者与服务对象、服务机构三方合作协议，以及对专业志愿者的激励和管理等职责。其职责是找到需求与最佳的供给匹配，设计符合需求方与供给方共同需求的项目，对参与各方进行撮合，开展培训并提供各种专业服务工具，使服务更加高效；其自身定位为第三方角色，通过开展评估与反馈，不断改善优化项目，提升其专业性。ABC 就是一家这样的优秀机构代表，而英国的 Career Volunteer（CV）则是国外的成功案例。

> **案 例**
>
> **CV 旗舰项目入围英国 ABP 协会的专业志愿服务优胜奖**
>
> CV 致力于把大量的企业专才引入社会组织，帮助他们提升能力，更好地服务于终端的受助群体。其旗舰项目 SMaRT（Senior Managers Recruited as Trustees）入围了英国 ABP 协会的专业志愿服务优胜奖，帮助企业在其未来领袖后备队、高级经理层级选拔专业志愿者，对其进行培训之后派遣其到非营利组织担任高层管理职位，如理事、专业委员会以及顾问成员，并开展长期的专业志愿服务。CV 这个王牌项目之所以获奖并赢得口碑，要归于其对企业以及非营利组织的了解和匹配质量的全程保障机制。从识别需求、设计岗位、招募到派遣和持续支持，CV 都进行专业化的辅导。SMaRT 项目为企业培养了领袖人才，使非营利组织提高了专业能力，使志愿者个人提升了成长空间，体现了专业志愿服务支持机构的重要作用和价值。
>
> 资料来源：北京博能志愿公益基金会《专业志愿国际案例集（2017）》。
>
> 【点评】
> 专业志愿服务的支持方需要熟悉并了解专业志愿供需双方的需求、现状、特点，同时，要满足双方的需求，实现专业志愿服务效能的最大化。CV 的成功之处在于，通过 SMaRT 项目为企业培养了领袖人才，使非营利组织提高了专业能力，使志愿者个人提升了成长空间，实现了多方共赢的目标。

目前国内的支持机构与国际有所不同，更具有多元性及本土特色，北京市志愿服务联合会按照支持内容将其划分为三类：志愿服务能力建设支持性组织、志愿服务运营保障支持性组织、国际志愿服务支持性组织，主要包括志愿服务联合会和协会等专业社团，志愿服务基金会和研究会，官办事业单位和"枢纽型"社会组织，共青团、妇联、残联等群团，地方社会组织服务中心和孵化器，民办专业支持机构，以及一些企业和其他专业机构等。

案 例

北京市"枢纽型"社会组织——北京市志愿服务联合会

北京市志愿服务联合会（原北京市志愿者联合会）成立于1993年12月5日，是由团市委发起，经市民政局核准登记，热心志愿服务事业的社会各界人士自愿结成的联合全市各部门、各系统、各领域志愿者组织的"枢纽型"社会组织。依照《北京市志愿服务促进条例》，北京市志愿服务联合会负责指导全市志愿服务工作的开展。

组织宗旨：弘扬志愿精神，传播志愿理念，倡导良好社会风气，健全社会服务体系，促进社会和谐建设。

组织目标：关爱他人，服务社会，深入开展符合实际、贴近民生的志愿服务活动，建立与政府服务、市场服务相衔接的社会志愿服务体系，推进社会主义和谐社会首善之区的建设。

六项基本任务：一是大力宣传志愿服务精神，引导社会各界积极参与志愿服务工作；二是为大型社会活动、社区建设、公益事业、抢险救灾和经济建设提供广泛的志愿服务；三是为有特殊困难及需要帮助的社会成员提供志愿服务；四是规划组织志愿服务行动，指导分会、团体会员、个人会员开展工作；五是考核、评比相关志愿者组织开展的志愿服务活动；六是开展与国内外志愿者组织和团体的交流与合作。

【点评】

北京市志愿服务联合会是中国群团性"枢纽型"社会组织，承担重大和政府主导的志愿服务项目与活动，并通过政府购买和志愿服务小额资助，促进志愿服务组织和事业发展。

另外还有一些社会组织可以承担专业志愿服务支持机构的职能，包括基金会、行业组织、平台组织以及"枢纽型"社会组织。其中一些综合性的拥有更多资源的组织可以成为专业志愿服务支持机构，其自身不直接开展志愿服务活动，而是发挥平台功能作用，帮助志愿者和志愿服务组织或其他使用志愿者的公益组织进行对接与匹配、资源整合、资金支持、能力建设、项目开发和管理、服务质量监控评估、研究倡导和其他专业支持性服务。

专业志愿服务支持机构具备更加全面的支持专业志愿服务的职能，不仅作为中介方对接专业志愿者与社会组织，还包括资金资助以及运营支持，并且通过连接政府、企事业单位、社会各机构等更广泛的相关方进行资源整合。

第三节 专业志愿服务的利益相关方

本节在介绍了专业志愿服务实施主体的基础上，延伸到更为广泛的相关方，以从各个维度加深对专业志愿服务的理解，也是其专业性的体现。专业志愿服务的其他利益相关方包括但不限于政府、企事业单位、社会组织及基金会、高校及科研机构、评估机构、社会公众、媒体以及社区等，它们相互衔接，组成了专业志愿服务的生态链，共同构成了专业志愿服务的生态环境。

一、社会组织

社会组织是专业志愿服务的使命守护者，在生态链中发挥着重要的、决定性的作用。管理大师彼得·德鲁克指出，社会组织的第一要义就是其使命！解决社会问题、促进社会公平、参与社会创新、推动社会发展是社会组织存在的价值，而专业志愿服务的公益性、公平性、非营利性与社会组织完全契合。传播慈善理念、守护志愿精神，正是社会组织的使命所在。

社会组织中的两类特定组织在专业志愿服务的发展中更是起着关键性的作用，其一是志愿服务组织（以社会服务机构形式存在），其二是基金会和其他类型的支持性组织。

案 例

泰山小荷公益志愿服务

泰安市泰山小荷公益事业发展中心（简称"泰山小荷公益"），成立于2011年8月8日，是在泰安市民政局正式注册的非营利性社会公益组织，主要致力于助学、助老、环保等公益项目。

曾被评为"山东省优秀志愿服务组织"，连续3次被评为"泰安市优秀志愿服务组织"，连续4年获得由国家民政部举办的"中国公益慈善项目交流展示会"参展资格。目前泰山小荷公益已建成比较完善的组织体系，党支部团支部发挥组织领导核心作用，带领广大志愿者奉献爱心，积极参与公益活动奉献社会，能够顺畅接受社会捐赠，财务透明，自我设计策划运作公益项目达10个，如关注服刑人员未成年子女的"彩虹村"助学、关注白化病患者的"月亮家园"、援建村小图书阅览室的"爱悦读"等公益项目。

资料来源：http://www.xiaohegongyi.com/.

【点评】

泰山小荷公益是由当地志愿者自愿发起、自我组织、自筹资金开展志愿服务项目活动的志愿服务组织，成立多年来开展了大量的受当地民众认可并积极参与的志愿服务活动，每年动员500多名志愿者，现已经成长为当地比较成熟的志愿服务组织。

志愿服务组织是专业志愿生态链中参与面最广、作用最为关键的相关方。志愿服务组织拥有大量的志愿者资源，是专业志愿者的大本营，跨界而来的专业志愿者们往往也是通过志愿服务组织对接服务对象；志愿服务组织可谓天然适合做专业志愿的中介机构和支持机构，可以更加有效地撮合供需两方并达成更好的专业志愿服务成效；志愿服务组织同时也是专业志愿服务的受益方，在专业志愿服务所带来的专业性提升方面，志愿服务组织可谓近水楼台先得月，其自身的专业性也往往能得到促进和发展。在专业志愿服务生态链中，志愿服务组织还起着使命引导和使命守护的重要作用。志愿服务组织往往是以社会服务机构的形式登记成立的，也有采用其他法人形式存在的。

案例

南都公益基金会——支持社会公益

南都公益基金会成立于 2007 年 5 月 11 日,是一家经民政部批准成立的全国性非公募基金会,业务主管单位为民政部。南都公益基金会原始基金 1 亿元人民币,来源于上海南都集团有限公司。其使命是支持社会公益,即南都公益基金会关注转型期的中国社会问题,资助优秀公益项目,推动社会组织的创新,促进社会平等和谐。

公益活动的业务范围:(1)资助公益慈善项目;(2)扶植优秀非营利组织;(3)组织培训、论坛、国际交流等活动。

核心价值观:公共利益为上——以公共利益为至上追求,不谋求任何公司或个人直接或潜在的利益;行业发展为先——积极回应行业的关键问题和紧迫需求,机构服务于行业发展;社会立场为本——立足社会立场,支持社会公益组织的创新;杠杆作用为佳——追求资助资金的社会效益最大化。

资料来源:http://www.naradafoundation.org/category/10.

【点评】

南都公益基金会致力于支持公益行业发展,建设公益生态系统,促进跨界合作创新。作为资助型基金会,其主要捐赠人为企业,通过基金会职业专业化团队运作,进行社会影响力投资,从而实现资助资金的社会效益最大化。

基金会作为公益慈善行业生态链的上游,具有资源整合的优势,其资助方的定位对行业中下游的公益组织及其所开展的公益项目具有放大辐射的作用,最易于推动专业志愿服务生态链的形成。基金会在社会组织中具有资源平台优势,更易于整合跨界资源,在专业志愿服务发展中具有诸多优势,期待其与志愿服务组织形成互动,在专业志愿服务发展的未来发挥出类似航母的作用。

二、企业

企业是专业志愿者最为重要的来源,企业的专业志愿者不仅具备专业知识,还拥有更加重要的管理经验,更加符合社会组织在项目管理以及机构运营方面的专业提升需求,因此能够更加充分体现出专业志愿服务的成效。企业作为专业志愿服务主体所能发挥的作用有：其一是培养、鼓励、支持自己的员工参与专业志愿服务；其二是资助专业志愿服务组织及项目，或通过公益创投和影响力投资，支持专业志愿组织以及行业发展；其三是通过企业战略公益，参与甚至引领专业志愿服务创新。在企业参与专业志愿服务的这几个层次上，IBM已经做出了表率。

案 例

IBM 以专长服务社会

IBM以"专长服务社会"为理念，将志愿服务体系分为三个层次：第一个层次是员工利用个人业余时间提供社区服务，已经开展"工程师进校园""玩转公益数据""为爱设计""安全陪伴"等志愿活动，其中"爱心献社区"项目与中国各地公益组织合作。第二个层次是IBM的企业服务队，其通常关注经济发展、环境挑战、教育资源、人才培养等普遍性社会问题。IBM选拔不同专业和管理背景人员组成咨询服务团队，用专业帮助公益组织发展。第三个层次是由IBM高管组成经营服务团队，开展专业志愿服务项目，如"智慧城市大挑战"，为城市整体发展提供战略高度的建议和指导，推动政策和社会治理方面的创新。

资料来源：惠泽人i志愿大学专业志愿服务案例库（2017）。

【点评】

IBM作为智能专业服务公司，将其专业所长用于企业员工的志愿服务中，通过三个层次的志愿服务体系，发挥不同层面志愿者的专长，实现了从微观到中观再到宏观的系统性服务效果，促进了社会创新。

放眼国际，在全球专业志愿服务发展历程中，企业已经做出了卓越的贡献。法国的PBL和美国的Taproot基金会很早就联合发布了题为《专业志愿服务的商业价值展示》的报告，后来Taproot基金会又筛选梳理出更多具有代表性的企业专业志愿服务案例，包括员工带薪外派到非营利组织工作、为非营利组织结对提供教练与督导、标准化团队配合、与业务战略一体化等八个企业专业志愿服务模式，并且开启了全球专业志愿案例分享的先河。在其他主体仍在探索开拓之际，企业的专业志愿服务已经积累并提炼出行之有效的发展模式。在可预见的未来，企业作为专业志愿服务的重要主体，仍将被期待有更多的跨界创新。

三、政府

在国际志愿服务典型案例中，政府主导成为其中有代表性的模式。著名的美国总统肯尼迪"为民权而辩"，催生了当代法律行业的专业志愿文化，美国政府对 Pro Bono 的政策支持，营造了一个专业志愿服务市场；英国政府则发挥公共财政的作用，向致力于解决社会问题的公益机构"激励苏格兰"提供了主要收入；在法国巴黎的拉德芳斯区，区政府辖区的公共管理机构发挥政府职能，提供财政以及组织方面的支持，在专业志愿服务的发展中承担了主体作用。

案 例

民政部新增慈善事业促进和社会工作司

2018年12月31日《民政部职能配置、内设机构和人员编制规定》正式实施，其中第四条列出民政部设下列内设机构："慈善事业促进和社会工作司，拟订促进慈善事业发展政策和慈善信托、慈善组织及其活动管理办法。拟订福利彩票管理制度，监督福利彩票的开奖和销毁，管理监督福利彩票代销行为。拟订社会工作和志愿服务政策，组织推进社会工作人才队伍建设和志愿者队伍建设。"

该司设立的重大意义在于：一是贯彻落实习近平新时代中国特色社会主义思想的重要举措。党的十八大以来，国家颁布出台了《慈善法》《志愿服务条例》。党的十九大要求完善慈善事业制度，推动志愿服务制度化，慈善社工事业承载了更加重要的使命责任。二是动员社会力量有序参与、发展壮大慈善社工事业。随着我国经济发展水平的提高，慈善事业的发展前景更加广阔，人民群众对社会服务的需求更加旺盛，也提出了更高的要求。慈善事业、志愿服务、社会工作、福利彩票，都是动员社会力量、加强社会治理、提供社会服务、解决社会问题的重要制度安排。

【点评】

中国志愿服务管理的顶层架构不断完成，民政部新设慈善事业促进和社会工作司更加明确了志愿服务管理的责任，为中国志愿服务事业发展奠定了更加坚实的基础。

在我国，政府在各方面都起着主导和决定性的作用，相较于国际专业志愿服务中的政府推动模式，中国政府能够在更多的方面起到更加重大的作用。《慈善法》出台后，《志愿服务条例》于2017年颁布并实施，民政部等八部门印发了《关于支持和发展志愿服务组织的意见》，提出了2020年志愿服务组织发展目标，列出了19项支持和发展志愿服务组织的举措，包括鼓励专业人才加入志愿服务组织、开展志愿服务活动；鼓励招募、使用专业志愿者，提升志愿服务组织专业能力；鼓励银行、会计师事务所、律师事务所等专业机构为志愿服务组织提供免费的资金证明、审计、法律咨询等专业志愿服务；提升志愿服务供给与需求的有效匹配；支持志愿服务组织承接政府公共服务项目；扶持示范性志愿服务组织的发展；鼓励志愿服务方式方法创新；承诺向志愿服务组织开放更多的公共资源。在专业志愿服务发展方面，期待中国政府能够在政策引领、财政支持、税收优惠、产业扶持、社会激励、公众倡导等方面发挥更加到位的作用，在专业志愿服务发展方面体现出中国速度和中国特色，在国际专业志愿服务中也彰显大国责任担当。

四、高校及科研机构

案　例

河北农业大学扶贫志愿服务队

河北农业大学利用其农业技术专业，组建李保国扶贫志愿服务队26支，有师生志愿者953人。服务队自成立以来，每年完成农业技术推广、民生调研等问卷2.5万余份，发放政策宣讲、科技普及材料等1.6万余份，捐赠图书、文体用品、衣物3万余件（册），举办专家讲座、科技大集百余场，"一对一"指导农民，帮扶儿童近万人。高校师生成为全省脱贫攻坚的重要专业力量。

资料来源：北京博能志愿公益基金会的志愿者扶贫案例（2019）。

高校是专业志愿者的"人才库"。根据《中国专业志愿服务报告（2018）》的数据，志愿者中教育程度在大专和本科以上的占70.3%，在校大学生占36.5%。在专业志愿者队伍中，大学生可谓主力军。在北京2008年奥运会中，专业性较高的10万赛会志愿者主要由大学生组成，他们提供了语言翻译、观众指引、礼宾接待、物品分发、交通运输、安全保卫、医疗卫生、竞赛组织支持、场馆运行支持、新闻运行支持等1 600万小时的专业志愿服务，2022年的冬奥会又有1.8万余名冬奥志愿者以及9 000多名冬残奥志愿者以高水准的赛会服务赢得了相关各方的广泛赞誉。大学生们除了有志愿服务的青春热情外，普遍具备专业知识基础，从事志愿服务可以说自带专业性，并且具有较强的学习能力。他们更需要在专业志愿项目中进行历练以快速成长，而不是在泛化的基础志愿服务中浪费掉专业优势。因此，高校的专业志愿服务以及对学生的志愿教育和引导更应加强专业化导向。

在专业志愿服务的相关方中，高校也是参与最多的主体，除了学生军之外，教师（包括但不限于高校）也是专业志愿服务中非常重要的知识团体，历来在志愿服务中发挥着重要的影响力，一些资深的教授、专家、导师还被尊为"专家志愿者"，他们所参与的环节，往往都是志愿服务专业性最强的部分，专业志愿服务理论方面的研究成果也期待在他们中间产生。与教师和学者相关的，还有高校及科研机构以及其他研究机构，特别是作为独立第三方的评估机构是专业志愿服务中不可或缺的主体。

案 例

"新雨计划"项目创新升级扩大服务面

维德中心的"新雨计划"将服务对象与服务范围扩大为青少年普法教育，在项目的开发、实施和推广中，进行了广泛的社会资源动员和跨机构的协作：深圳市律师协会、深圳市法学会、广东省未成年人保护委员会协助招募志愿律师；北京大学国际关系学院、深圳大学、深职院等高校进行"新雨计划"调研；福田区司法局提供资金支持，福田区教育局、共青团委员会及其他政府部门对接教学资源，协助"新雨计划"进校园；维德中心负责"新雨计划"志愿律师培训及课件研发，培训及开发过程中还引入专业团队引导师以及专家志愿者等社会资源。"新雨计划"项目在启动的两年内，先后培训了638名志愿律师进入52所中小学522个班级，讲授超过1 200堂法律课，受益人数超过60 000人次，而且已被引入广东以外的四川、上海、山东等多个地区并深受欢迎。

资料来源：惠泽人 i 志愿大学专业志愿服务案例库（2018）。

【点评】

借助"新雨计划"的成功经验，维德中心进行了老项目的升级和新项目的开发，将服务延伸到公众普法以及行业支持，满足了更多的需求方，取得了良好的社会反响，机构也得以发展壮大。"让法律为每一个人服务"，是维德中心向所有法律专业工作者的呼唤。维德中心通过扩大专业志愿服务对象，将获益面推广到了整个社会公众。

独立第三方评估又称社会评估，通常是由资深专家学者按照专业化的评估标准及步骤独立进行，因此具有较高的公信力。但凡较好的专业志愿服务项目，评估都是不可或缺的专业性环节。评估不仅适用于外部专业机构，一些成熟的项目在前期设计的时候就往往包含了评估环节，由内部和外部评估专家联合进行，较好地保证了项目的专业性。从今后的发展趋势来看，评估机构对于专业志愿服务将发挥更大的作用，甚至应被列为重要的独立相关方。

五、社会公众

社会公众是包含面最广的志愿服务相关方，志愿者之于社会公众，就像上善之水归于海洋；社会公众是所有专业志愿者的来源地，同时也是专业志愿服务最终的需求方；而且，社会公众也是志愿服务项目的大众评审团。真正优秀的项目不仅最终要获得社会公众的广泛认可，而且最终要做到让最广泛的社会大众受益。

但是对于专业志愿服务，目前大多数公众还不完全了解，这需要有一个社会倡导的过程，也是专业志愿服务组织应该重视和强化的方面。志愿服务的本质和终极目标，其实就是以社会力量服务于社会公众，专业志愿服务的特点是有一定的认知门槛，但是一旦了解，所获得的认知度是很高的。因此，志愿服务组织应通过更加广泛的宣传倡导，提高公众的认知及参与度，不仅推广专业志愿服务本身，也动员广大公众参与到社会治理中来。2008年北京奥运会举办期间，100万社会志愿者、40万城市志愿者、20万啦啦队志愿者在极短的时间内就创造了世界志愿服务之最，令我们看到了未来专业志愿服务在社会大众中巨大的发展潜力。

> **案　例**
>
> **"自然之友"的公众倡导活动——"野鸟会"**
>
> "自然之友"是一个公众知晓度较高的志愿者组织,其"野鸟会"项目是一个很好的通过专业志愿者团队带领公众参与环境保护的案例。"野鸟会"最主要的活动就是组织公众野外观鸟,平均每次 15 人,由专业志愿者带领,每年组织的活动不少于 150 次。历经 20 多年的公众引导,如今国内的观鸟组织已经如雨后春笋蓬勃发展,志愿者们的观鸟足迹甚至已经冲出亚洲走向世界。"国外参加观鸟群体的主要是退休的老年人,但中国的中产阶层中,城市白领和政界学界人士均已开始了环保意识的启蒙阶段。"观鸟爱鸟正在新阶层人士中变成一种"高尚时髦"的公益活动。"野鸟会"本身是一支纯志愿者组织,其专业性体现在志愿者团队成员各有专长,公众活动管理也带有专业性,还产出了专业研究成果,但其形式以及效果却是大众化的,这给其他一些领域的专业志愿公众倡导活动提供了示范。
>
> 资料来源:惠泽人 i 志愿大学专业志愿服务案例库(2017)。
>
> 【点评】
>
> 社会蕴藏着极大的志愿服务潜力,关键在于如何唤醒、激发、引领专业人士为社会提供志愿服务。"野鸟会"的成功案例告诉我们,只要提供一个平台,就可以把潜藏于社会的各界专业志愿力量发动起来,服务社会。

六、社区

社区在社会转型发展进程中已经变得越来越重要,而今后将会变得更加重要。"社区"这一概念最初的内涵不仅有地域性特征,而且还包含着共同的社群归属感,包括邻里守望的情感联结,这与志愿服务互助自助有着内在的契合性。在社会转型的特定发展时期,原有的地域及阶层归属被打破,新的社群正在建构的过程中,甚至发展到"网络社区",在此多元转型的变迁中,"社区"这一概念承载了诸多的内涵,不仅是政府管理社会创新的基础单元,也将成为公众参与社会治理的平台渠道,并且也是今后专业志愿服务的主阵地。

案 例

鸢都义工创新"四社联动"的中国特色乡村扶贫模式

在山东省国家贫困县临朐北黄谷村,鸢都义工公益服务中心通过专业志愿服务项目,创新了"四社联动"的特色乡村扶贫模式,即社区、社会组织、社区志愿者和专业社工合力"四社联动"推动社区改善;通过开展以"黄谷生机"为主题的系列专业志愿活动,服务于当地的留守人员,对困难群众自身能力建设开展专业支持。仅一年多的时间,北黄谷村的面貌就焕然一新,外来游客络绎不绝,社区服务一应俱全,群众满意度显著提升,实现了农村社会生态的综合治理。

资料来源:惠泽人i志愿大学专业志愿服务案例库(2018)。

【点评】

和国际上的成熟案例相比,国内的社区专业志愿服务属于"小荷才露尖尖角",但是也出现了创新亮点。山东鸢都义工公益服务中心作为社会组织,以项目化、平台化运作,通过培育社会组织、增强社区教育、改善社区人居环境等实践了社区职能。

七、媒体

志愿服务和其他公益活动一样,凡是涉及"公(众利)益"的都离不开媒体传播,同时这也是公益组织自身透明度建设的需要,所以媒体(包括传统媒体、新媒体乃至融媒体)是专业志愿服务以及包括志愿服务在内的公益慈善活动不可或缺的相关方。但是,对志愿服务组织以及大多数的公益组织而言,媒体传播都是其弱项和短板,专业性需要很大的支持和提升。

案 例

《公益时报》

《公益时报》是由民政部主管、中国社会工作联合会主办的第一份全国性、综合性公益类报纸。自创办以来,始终以传播公益理念、弘扬公益精神为己任,倾力打造公益领域的信息交流与合作平台,为推动中国公益事业与社会精神文明的发展努力做出积极的贡献。其办报理念：传递最先进的公益思想，传播最智慧的散财之道，传达最大多数人的呼声，传承最荣耀的公益精神。

资料来源：http://www.gongyishibao.com/index.html。

针对草根公益组织这一普遍存在的专业短板，一家叫"创我在"的社会化互联网公司通过专业志愿服务项目创新，利用企业资源对公益行业开展传播能力建设，包括信息管理、智能筹款工具及传播培训，并为公益组织领导人提供传播专业化咨询以及教练服务。该公司通过"创我在"和"创意传媒"两个创新性传媒项目，为公益机构提供免费的智能联系人管理系统，同时提供业内传播和相关的筹款培训支持。其培训方法是用IT新技术通过线上进行裂变式传播，体现了专业性技术创新。

媒体本身也在经历着更新迭代，新媒体特别是微博、微信等平台的兴盛，乃至融媒体的发展趋势，都深远地改变着传播的形态和维度，传统的媒体格局也随之而变。传播改变世界，技术改变传播。对于新技术的专业化发展未来而言，"互联网＋公益"将为专业志愿服务带来无限可能。

八、专业志愿服务的其他相关方

除了上述所列举的相关方之外，专业志愿服务还有许多直接间接的相关方，如事业单位、社区退休人士，再如协会商会等行业组织就成为该行业领域内专业志愿服务的相关方。从各有特色的志愿服务相关方案例可以进一步感受到在宏观层面，如此广泛的相关方共同构成了开放的专业志愿服务生态环境。

比如"蓝天下"反家暴项目，动员了警察、心理咨询师、法律工作者等专业志愿者，协调了公安机关、妇联、法院、民政部等相关部门，为家暴受害人提供心理援助、法律援助、免费鉴定、安全庇护等综合服务，有效遏制了家暴，又通过基金会的资助以及公益众筹将"万家无暴"项目模式推向全国。

再如2009年前后引入中国的"国际义工旅行"，通过政府官方或专业机构，派遣具有一定专业技能的志愿者（义工）前往海外受助国家，一边开展专业志愿服务，一边旅行和体验当地的社会环境生态。欧美等国家的义工营已经非常普遍、成熟和专业，近年来进入中国后，已经在沿海地区商务差旅活动较多的白领专业人士和旅行爱好者之间引发追捧，其所涉及的相关方已延伸至海外。

案 例

腾讯的"互联网＋公益"

腾讯公司及其发起设立的腾讯公益慈善基金会，合力推动互联网与公益慈善事业的创新融合，共同缔造"人人可公益，民众齐参与"的公益新生态。腾讯云的"社会程序员"专业志愿服务项目在业内率先推出"云＋公益"计划，为公益组织提供免费云服务、云镜像、IT公益培训、专业技术志愿者等4大专业服务。"筑德基金"等进行公益价值传播和倡导。"为村开放平台""腾讯立体救灾"等项目在乡村发展、教育、扶贫、紧急救灾、员工公益等多个领域探索互联网与公益的结合。"微爱"的"非营利组织＋"计划是帮助公益组织发展的立体成长体系。

腾讯公益的平台型产品已包括腾讯月捐平台、腾讯乐捐平台、"益行家"、腾讯公益网，通过"互联网＋"推动人人可公益的生态建设。2015年启动的"99公益日"，更是开创了为公益行业、公益组织全面赋能的社会化创新模式。2017年9月7日—9日，腾讯公益平台共动员1 268万人次主动捐出8.299亿元善款，为6 466个公益项目贡献出力量。这其中倾注了腾讯专业志愿者大量的心血，其所涉及的相关方可以说遍及全社会。

资料来源：惠泽人i志愿大学专业志愿服务案例库（2018）。

【点评】

腾讯的"互联网＋公益"模式，充分利用其平台，以公益筹资作为联结社会各界相关方的桥梁，用信息技术助力公益慈善事业，得到广大社会的关注、参与和捐赠。

专业志愿服务因为瞄准社会问题，需要联合更多的相关方进行社会协作与跨界多边合作，因此，学习了解并关注各利益相关方，搭建好共建共享的合作机制，是专业志愿服务成功的关键点之一。

第四章 专业志愿服务的实施主体及利益相关方

思考与讨论

1. 专业志愿服务包括哪些实施主体，相互之间有什么关系？
2. 你认为本章所列举的利益相关方哪几个比较重要，为什么？
3. 结合实践，谈谈专业志愿服务的支持机构应该如何服务于其他利益相关方？

第五章
专业志愿服务的伦理与标准

引 例

志愿者的"道德优越"

一位接受一对一捐助和支教帮扶的农村留守儿童,被志愿者要求每月至少写一封信给捐助人,汇报学习和生活情况,如果不遵守写信要求,就会停止每月的捐助和志愿者的学习辅导。

几个城市家庭带着未成年子女驱车到农村献爱心,为贫困家庭捐赠旧衣和书包。他们要求接受捐赠的人员和儿童与他们合影时,用双手捧着那些接收的旧衣和书包。

某企业专业志愿者在为非营利组织提供培训,到现场之后发现教室条件简陋,认为"有失专业身份"扬长而去。

【点评】

志愿者个人因为服务社会而承担相应的社会责任,这是公益伦理。然而,一些志愿者在从事志愿服务时,依然按照个人价值意愿行事,不仅没有履行基本的平等尊重原则,而且用无偿服务和捐赠对服务对象进行"道德绑架"。这显然违反了志愿精神和公益伦理。

通过上面的案例可以发现专业志愿服务的伦理价值与服务标准,以及在实践层面服务于伦理规范的重要性。为此,需要深入理解专业志愿服务的伦理和标准,以及专业志愿服务标准及实践。通过学习专业志愿服务伦理,可以梳理清楚专业志愿服务的三个要素之间的关系,把握专业志愿服务标准概念、体系及实践,掌握专业志愿服务标准体系的应用及价值。

第一节 专业志愿服务伦理

一、专业志愿服务伦理的内涵

联合国前秘书长安南指出,"志愿精神的核心是服务、团结的理想和共同使这个世界更加美好的信念"。可见,志愿服务本身就属于伦理范畴。志愿服务伦理也是社会伦理的重要组成部分,是调节志愿服务行动中主体间关系的行为规范和准则。有学者认为,志愿服务伦理是指志愿服务相关人员在致力服务过程中,立身处世、律己律人之"有所为与有所不为"所应遵守的行为规范和道德标准。根据万俊人等人的研究,志愿服务伦理包括五个原则:一是社会公益优先的价值原则。公益是所有志愿服务最高的,甚至是唯一的价值目标。二是服务社会和他人的道义原则。服务社会、关爱和帮助他人的行为必然是基于普遍社会道义的伦理行为。承诺社会责任、伸张和维护社会道义,是志愿服务工作的伦理本质。三是团结友爱、相互关爱的原则。志愿服务的社会心理情感基础是公民之间的同胞认同。四是无偿利他、扶危济困的原则。志愿服务是无偿的,其服务对象总是社会弱势群体或者是重大紧急的社会公共事务。五是志愿参与、感恩回应的原则。长远来看,志愿服务要长期持续发展,需要的是人人积极参与以及良好的社会氛围。以上五个原则相互渗透、相互支持,共同构成了比较完整的体系。通过以上原则可见,志愿服务以志愿精神为价值取向和动力源泉,与为人民服务有着内在关联和一致性。促进社会和谐、推进民主政治、建设先进文化、改善人民生活是志愿服务对"为人民服务"时代内涵的有力彰显和精神弘扬。

然而,现代意义上的专业志愿服务与传统具有朴素志愿思想的助人和利他行为有着本质的不同,相比而言,现代意义上的专业志愿服务具有更高的价值理念和价值支持系统。

专业志愿服务伦理与传统志愿服务相比,不仅包括志愿者的个人与社会伦理,还包括专业价值、规范和原则,不仅看重志愿精神的传播与人文关爱的传递,而且也强调专业助人与非职业化工作中的职业伦理。伦理不仅协调专业志愿服务所有主体与利益相关方之间的关系与边界,还引导社会公众和各界了解、认可与接纳专业志愿服务,促进志愿服务等公共政策与精神文明建设，吸引更多的专业机构和专业人士参与志愿服务并贡献更大的社会经济价值。

《志愿服务条例》规定了志愿服务的七个原则（五个"应当"、两个"不得"）："应当遵循自愿、无偿、平等、诚信、合法的原则，不得违背社会公德、损害社会公共利益和他人合法权益，不得危害国家安全。"这七个原则很好地诠释了志愿服务伦理基本原则。

二、专业志愿服务中的伦理关系

伦理是指在处理人与人、人与社会相互关系时应遵循的道理、准则和行为规范。专业志愿服务伦理包含三个层面：一是志愿者个体与志愿者组织的伦理关系，二是志愿服务对象与志愿服务组织的伦理关系，三是志愿者个体与志愿服务对象的伦理关系。

专业志愿服务通常涉及多个利益相关方，其核心主体有三个：专业志愿者、志愿服务对象、专业志愿服务组织。外围相关方主要有志愿者的家庭成员与职业所在机构、志愿服务管理部门和资助方、社会公众（见图5-1）。志愿服务对象，即志愿服务所指向的对象，既可以是个人，也可以是机构。专业志愿者个体，指自觉自愿提供专业志愿服务的自然人。

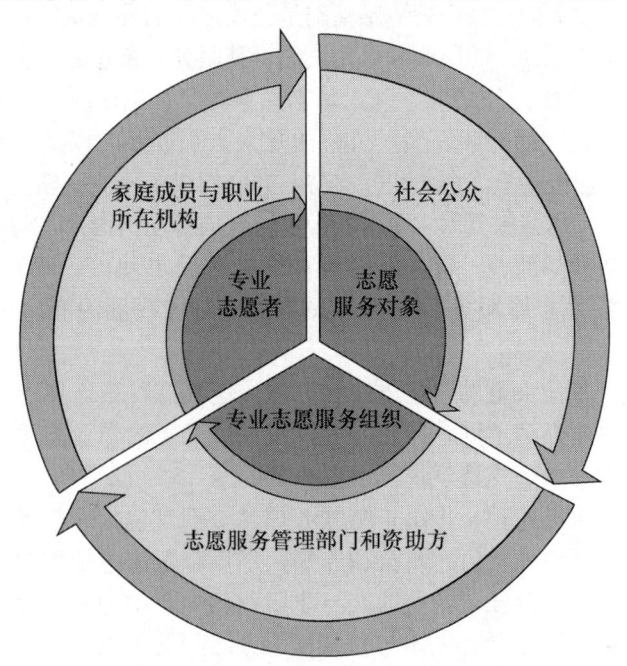

图5-1 专业志愿服务主要的利益相关方

第五章 专业志愿服务的伦理与标准

专业志愿者与专业志愿服务组织伦理关系的确立在于专业志愿者对社会公益活动基本道德价值的认同，以及专业志愿者无私奉献的公益之心与专业技术理性分析之间的整合。专业志愿者对社会的责任心和服务社会公益的意识，通过专业志愿服务组织得到了实现，专业志愿服务的过程可以满足专业志愿者个体的人生价值追求和社会理想追求。在此关系中，需要探索确认专业志愿者和专业志愿服务组织的相互信任机制，要求双方坦诚、认真、理性、专业地实施某一志愿行为。具体而言，专业志愿服务组织应该完善内部管理制度，树立良好的社会公益形象，吸引挖掘更多的专业人士参与志愿服务。此外，专业志愿服务组织也应该加大管理、培训和督导力度，为兼具善良愿望与专业技能的志愿者个体提供有效和畅通的参与渠道。

在专业志愿服务的提供过程与活动中，志愿者个人和志愿服务对象之间有时候能建立直接的关系，有时不产生直接关系。然而，他们之间的伦理关系是确定的。伦理关系的建立来自道德价值的普遍性和道德规范使用范围的可拓展性。专业志愿服务的价值实现不能缺少专业志愿服务组织的中介作用，最终实现也依赖于志愿者个人和志愿服务对象之间的帮扶与服务关系。志愿行为必须基于志愿服务对象的需要进行匹配，满足志愿服务对象的需求，否则这种伦理关系就不会成立。为建立合理关系进行的调研是必需的，志愿服务对象应该把志愿者提供的帮助用于自身的生存和发展，才能实现志愿者个人的愿望和要求，最终体现专业志愿服务伦理。在两者的关系中，本着平等和互信的原则进行协商与对话，任何一方都不应抱有道德上的优越感。除此之外，专业志愿服务还包括包容协作和专业至善的伦理。包容协作是指无论其年龄、性别、种族、信仰、文化程度、职业、职位、贫富及专业技能如何，人人都应平等地参与，尽己所能、各取所长地相互协作。专业至善是指专业是一种人格，聚焦解决问题和改善生活，为公共利益创造价值。专业是一种积极态度，专业志愿服务不因为无偿而降低服务水准。专业也代表发挥科技、创意等各类专业技能作用来帮助服务对象和服务社会，更大地提升公益效率。

对于传统志愿服务而言，社会弱势群体是志愿服务的主要对象。这些弱势群体缺乏资金、技术、能力和社会关系，在激烈的社会竞争中处于劣势地位。依靠自己的力量很难摆脱这种劣势。通常而言，弱势群体在生产、生活、就业、养老、医疗、教育、心理等各方面都需要政府和社会提供服务与帮助，通过志愿组织开展的志愿服务是弥补政府服务和保障不足的最重要的渠道之一。志愿服务对象与专业志愿服务组织的伦理关系就是通过志愿者组织所组织开展的志愿服务活动建立的。专业志愿服务组织的志愿服务是以志愿服务对象的利益为出发点的,因此应当本着对志愿者个人负责的精神,积极组织专业志愿者开展以跨界联合、包容协作、专业至善为主要目标的志愿服务活动,并尽力做到其所奉献的服务真正有助于社会弱者能力的提升,有助于社会公益的实现,并在可能的条件下对志愿服务对象进行跟踪调研。对志愿服务对象而言,有义务协助志愿服务主体开展工作,为志愿服务工作的顺利开展提供便利,对志愿服务过程中可能的危险事项进行积极告知并协助防范。同时,志愿服务对象应真实告知自己的情况和需求帮助等具体情况,确保所受的帮助用于自己的生存和发展而不是用在那些与公益伦理、社会道德相违背的行为上。

专业志愿者及其相关的职业机构为志愿服务供给方,提供人力资源和专业技术;志愿服务对象和社会公众为专业志愿服务的受益方,提供服务需求;专业志愿服务组织、管理部门和资助者为支持方,提供中介对接、管理规范和资金保障与支持。通过三方的平等尊重、紧密协作,在服务中增加理解与信任,共同实现社会问题的解决与社会影响力的提升。

案 例

首届中国专业志愿领袖训练营使命宣言

我们,首届中国专业志愿领袖训练营师生,为了推动中国专业志愿运动促进社会创新而汇聚在深圳。我们深知中国在当前经济社会转型过程中面临着诸多需要解决的复杂的社会问题,需要更多的积极公民用知识技能、专业智慧、爱心关怀去帮助社会公益组织和公共部门创新性地解决发展问题。为此,我们愿意秉承抗大精神与专业志愿精神,提出专业志愿的使命宣言。

一是专业志愿是社会创新的驱动力。我们为了公共利益,为了促进实现联合国可持续发展目标,自愿而不为报偿地参与社会服务,我们用理性和智慧奉献爱心,用自己最擅长的专业技能促进社会向善。

二是专业志愿是跨界合作的新型社会运动。我们来自五湖四海各行各业,为了一个共同的公益目标走到一起。我们彼此尊重、彼此信任,分享技能、相互协作,用专业之道博采众长,为社会可持续发展提供更有效的解决方案。

三是专业志愿是智慧公益。我们愿意以专业责任凝聚社会专业力量,像对待付费客户一样,全力帮助公益组织提高绩效与发展能力,支持中国社会公益部门与行业的成长。我们承诺每年贡献的专业志愿服务时间不少于24小时。

四是专业志愿是以专业社会资本进行社会价值投资。我们致力于更有效地解决社会问题，我们深知这可能不会在短时间内由少数人改变，我们愿意联合更多的专业力量，投入我们的生命时间和专业技能，用科学标准测评志愿服务。我们相信，由此形成更大的社会资本必将改变中国。

五是专业志愿不仅需要专业志愿者，更需要支持机构的专业支持与供需匹配，需要公益组织开放需求和提供志愿者管理支持，从而让更多的专业志愿者有效地参与社会服务。

六是专业志愿是一个生态系统，需要更好的政策扶持，更多的企业践行社会责任，更多的公民参与，更智慧的支持平台，更科学的运营模式，以及更多相关资源投入。我们为此呼吁全社会更多地关注和参与，让每个职业人和专业人士能够快乐参与专业志愿服务。

专业志愿，我乐意！Pro Bono, I will.

中国首届专业志愿领袖训练营
全体师生签字（30 人）
2017 年 8 月于深圳

资料来源：惠泽人 i 志愿大学专业志愿服务培训资料（2018）。

【点评】

首届中国专业志愿领袖训练营使命宣言，规定了专业志愿服务的行为规范，体现了专业志愿者的自我定位和自我约束，表明了其对专业志愿的态度和期望。伦理规范基于参与主体的共同认知和内在规范，降低了专业志愿服务过程和效果的监督成本。

通过专业志愿领袖训练营的使命宣言可以看出专业志愿服务的驱动力、公益目标的重要性、专业志愿服务的最少时间要求以及专业志愿服务的方式。同时，也体现了专业志愿服务供给方——专业志愿者、需求方——志愿服务对象，以及专业志愿服务组织三方之间的伦理关系。

三、专业志愿服务伦理的特性

志愿服务的精神价值包括对信仰、信念、道德和个人自信的确立

(价值观和个人品德)，对快乐情绪和愉悦情感的体验，在服务社会中助人自助（个人发展的心理意义），以及对人类美好文明和有意义生活的追求，促进人类自身发展（审美与生活方式）。志愿精神不分种族、宗教、国家、年龄、性别和社会地位，是人类共有的积极向善的内在力量，也是社会创新的动力源泉，它在中国当前的社会主义核心价值体系建设和社会道德重建中发挥着越来越重要的作用。

志愿服务遵循"自愿、无偿、平等、诚信、合法的原则，不得违背社会公德、损害社会公共利益和他人合法权益，不得危害国家安全"基本原则。

根据《中国志愿服务大辞典》，志愿者伦理守则指约束和规范志愿者行动的相关伦理规范与行为守则。与一般的职业道德相似，志愿者伦理是一种特定的规范，受到社会普遍认可，没有确定形式，是长期自然形成的。专业志愿服务伦理除了具有一般志愿服务的伦理规范之外，还具有其他一些特性。

案 例

腾讯志愿者协会提供专业志愿服务

腾讯志愿者协会是腾讯公司内部员工为响应公司做"最受人尊敬的互联网企业"的号召自发组织成立的。2006年7月31日，协会开展第一个活动援助灾区衣物募捐。2006年10月12日，随着对公益的重视，公司成立了腾讯公益慈善基金会，义工被纳入公司整体公益范畴。截至2016年底，腾讯志愿者累计服务时长超过70 000小时。

腾讯公益慈善基金会成立后，设立了"员工志愿者项目"，常见的活动包括环保、助学、救灾、科普、动物保护、老人儿童关爱等，此外，特殊人群关爱、技术类公益，都鼓励员工利用腾讯的产品和技术优势设计项目。腾讯倡导"有温度的技术"，在每年的"创益24小时"活动中，腾讯员工会聚集在一起24小时不睡觉，为公益头脑风暴一款新产品或新设计。腾讯志愿者协会技术公益分会的小伙伴推动App信息的无障碍适配，让视障人士可以更好地读取屏幕内容。他们还发明了益行家"运动捐步"、QQ邮箱"暖灯计划"、QQ空间"老有所衣"等产品，不断尝试用自己和科技的力量，做更好的服务。

区块链项目经理李政和腾讯志愿者核心理事卢华丽带领"腾讯寻人团队",将腾讯志愿者旗下的"404寻亲广告""广点通寻人""电脑管家寻人""小管寻人""优图寻人""微信小程序寻人"6个公益寻人平台进行信息共享,让失踪儿童早回家。目前已经帮15个家庭找回16个孩子。同时,在各类灾害救援中,帮助300多人找到了失联的亲人。这个平台是开放的,也欢迎国内外的类似平台加入。

提供IT教育以及帮助弱势群体职业发展也是腾讯志愿服务的重要领域。(1)盲人工程师帮扶项目。腾讯志愿者利用自己擅长的编程技术,教授视障群体学习IT知识,掌握一技之长。(2)青年来深建设者的电脑知识培训项目。腾讯志愿者帮助青年来深建设者学习电脑知识,每一次授课都可能是一扇打开未来的窗,提供了无限的人生可能。(3)绿网课程项目。腾讯志愿者邀请青少年群体来腾讯参观了解,并授予相关的互联网课程,让他们与互联网世界进一步拉近距离。

资料来源:惠泽人 i 志愿大学专业志愿服务案例库(2018)。

【点评】

提供优质的专业志愿服务,需要志愿者有清晰的服务目标,有过硬的技术能力,有协同作战的高效团队。腾讯公益慈善基金会有意识地搭建了志愿服务团队平台,招募了有专业背景的优秀员工,为特定社会问题的解决提供了方法、行动与服务。

通过上述腾讯提供专业志愿服务的案例,我们发现专业志愿服务在遵循这些基本原则的基础上,还强调以下三个原则:

一是专业性原则。这是指志愿者应用其自身所具有的专业技能、职业专长、专业资源等,服务过程规范管理,能够科学评估服务成效。

二是重视跨界合作。这是指专业志愿者与机构或与相关群体协作。专业志愿服务需要多人甚至跨界合作,才能有效解决社会问题。

三是聚焦行动目标。专业志愿服务以社会问题的解决为目标和导向开展工作,关注服务结果,聚焦人与环境的改善和社会变化。

第二节 专业志愿服务标准

> **案　例**
>
> **《社会力量参与一线救灾行动指南》**
>
> 2018年1月，《社会力量参与一线救灾行动指南》（简称《指南》）正式发布，《指南》由民政部救灾司指导，由多家社会组织发起。《指南》旨在贯彻落实《民政部关于支持引导社会力量参与救灾工作的指导意见》，健全社会力量一线救灾工作机制，促进协调社会力量高效有序参与救灾工作，以期进一步提高社会力量一线救灾工作整体水平。
>
> 《社会力量参与一线救灾行动指南》首批发起单位是中国扶贫基金会，联合发起单位包括中国社会福利基金会、中国妇女发展基金会、中国红十字基金会、中国青少年发展基金会、深圳壹基金公益基金会、基金会救灾协调会、北京蓝天救援队、厦门曙光救援队、浙江省公羊会公益救援促进会、北京师范大学风险治理创新研究中心、青岛西海岸新区"山海情"志愿救援联盟、北京绿舟应急救援促进中心、甘肃彩虹公益服务中心、盘州市义工联合会、韶关市乐善义工会、攀枝花市援助少年儿童志愿者协会。
>
> 《指南》从社会组织自身参与救灾的视角出发，通过多家社会组织自发讨论形成行业普适性共识，共同制定社会组织救灾步骤及行为准则，为规范社会力量有序参与救灾提供有效指导和参考。
>
> 《指南》内容的制定，以得到政府和社会认可的优秀社会组织的工作经验为基础，并对其中具有可操作性、可推广性的内容进行提炼，形成社会组织救灾工作规程的最大公约数。《指南》一方面关注推动社会力量参与救灾工作的规范性，另一方面关注从行业自觉、行业自律的角度推动行业发展，从而达到与政府救灾工作相契合的目的。
>
> 《指南》分为基本原则、行动指南两大部分。基本原则包括五条：定位准确，有序参与；理性救灾，量力而行；属地为主，效率优先；需求为本，尊重生命；严格自律，有效规范。《指南》包括应急准备工作、启动响应工作、救灾行动工作、结项与撤离、信息传播与发布5项共18条。

第五章　专业志愿服务的伦理与标准

《指南》向全社会的社会组织开放，通过发布和推广《指南》，动员和鼓励更多的社会组织作为《指南》联合发起单位加入进来，在2017版《指南》的基础上，共同讨论、不断完善相关内容，并以《指南》为契机，在民政部救灾司的指导和支持下，共同研究草拟社会组织参与救灾工作的各项具体操作手册，进一步加强社会组织救灾能力建设，提升社会力量参与一线救灾能力。

资料来源：惠泽人i志愿大学专业志愿服务案例库（2018）。

【点评】

本案例是关于社会力量参与一线救灾行动的指南说明，论述了从发起单位到社会组织参与救灾，以及对社会组织救灾具有可操作性、可推广性的内容进行提炼，形成组织救灾工作规范和标准，进而动员和鼓励更多社会组织参与的内容。不仅如此，《指南》还重点分为基本原则、行动指南两大部分，方便社会救灾组织操作，其目的是通过制定标准，协调各方有效参与。

前文已对专业志愿服务的概念、作用、特征和要素进行了阐释，在遵循专业志愿服务伦理的情况下，如何判断一项志愿服务是专业志愿服务还是普通志愿服务呢？这里就需要对专业志愿服务的标准和要求进行规范，形成标准化体系。专业志愿服务的标准化制定就是把专业志愿服务的成功经验和做法制定成最低的要求和实施规范，使项目管理实现规范化和专业化。张强等学者认为志愿服务标准化是志愿服务规范化、制度化的前提，是传播志愿服务精神理念的重要手段，在推动社会治理精细化发展、加快现代社会服务发展、促进志愿服务事业发展中发挥着积极作用[1]。

一、专业志愿服务标准及其概念界定

志愿服务的标准化离不开我国志愿服务快速发展的背景，其作用就在于量化指标、固化优秀经验，从而推动进而实现志愿服务或志愿者管理的规范化、长效化和可持续发展。目前，纵观我国志愿服务事业发展历程，从国家到地方，志愿服务标准化发展仍处于初期阶段，具体体现为志愿服务有效性供给不足，体系建设不够，如此也制约了志愿服务的内外部

---

[1] 张强，等. 关于志愿服务标准化建设的一点思考. 中国社会工作，2017（1）.

运行。

为此，以专业志愿服务标准的制定与实施为抓手，梳理专业志愿服务项目类别、志愿者保障、组织保障、信息化建设保障等方面的内容，将其纳入志愿服务的标准化体系之中，可以将社会各个分散的部门统筹起来，整合资源，精准解决社会问题。通过对志愿服务进行规范，梳理志愿者管理要求，明确各种类型志愿者队伍建设需求，让志愿服务在规范化又不失灵活度的范围内更好地发展。

根据国际通常做法，专业志愿服务标准包括两部分内容：专业志愿服务项目标准和专业志愿服务管理标准。其中，专业志愿服务项目标准指项目步骤标准，通常包括专业志愿服务的项目规划与开发、志愿者管理与支持、项目实施管理、项目监测评估四个环节。此外，专业志愿服务项目的落地实施还要注意以下五个方面。

（1）专业志愿服务项目由相关管理机构进行组织与管理，并与社会需求方和专业志愿者共同签署合作协议，确定需要解决的问题与承诺的服务。

（2）明确志愿者提供专业志愿服务所需时间（最低要求），亦可根据供需双方的合适时间，约定项目完成时间。比如，可以约定在1～6个月内完成项目。

（3）必要的项目经费保障是专业志愿服务的保障之一。志愿服务是经济活动的一部分，高质量的项目管理与活动需要有专职人员和物资。

（4）成果评估与回馈。重点体现为项目成果的体现与专业志愿服务项目的社会价值，每个项目成果均应有可视化成果产出，并及时反馈给利益相关方及捐赠人。

（5）专业志愿服务价值评估。专业志愿服务的价值重点体现在专业服务与社会创新方面，专业志愿服务鼓励采用商业技术和资源，通过跨界多元合作方式，运用新思路、新模式去创新性地解决社会问题。在专业志愿服务的价值评估过程环节，专业志愿服务示范促进社会精英与普通大众平等合作。是否推动了专业技术社会价值最大化、是否以赋权的理论及方式促进了社会公平、是否在一定程度上促使社会结构发生质变、是否从根源上解决社会问题，都是专业志愿服务要评估的。

具体而言，专业志愿服务标准的性质、服务对象及目标、时间、基线标准等界定如下：

（1）专业志愿服务的性质界定：由专业人士或专业团体自愿、无偿为社会公益所提供的具有职业或行业标准和规程的专业服务。

（2）专业志愿服务的服务对象界定：一般为公益性社会组织、社区组织和弱势群体，以及针对特定社会问题发起的公益类项目或相关活动。

（3）专业志愿服务目标界定：更加精准聚焦社会问题，运用专业技能和系统化解决方案，提升志愿服务成效及社会影响力。

（4）专业志愿服务时间界定：志愿者在实施服务中所花费的时间，以小时为计量单位。专业志愿服务时间包括志愿者为专业服务备课、准备资料、调研考察等花费的时间，但是不包括接受培训和督导、团队内部建设与欢庆联谊活动、前往服务地点等所花费的时间。

（5）专业志愿服务基线标准界定：基线标准构成专业志愿服务所需要的基本原则、基础要件和专业定义。在基线标准的基础上，还应提出专业志愿服务质量标准和影响力标准，为专业志愿服务最佳实践测量提供指南。

二、专业志愿服务基线标准介绍

根据司聪等人的志愿服务标准化管理研究思路，由管理部门将志愿服务的人群和服务项目分类，设定志愿服务项目系数和不同项目的标准化时长，通过时间银行工具实行星级认证制度和荣誉称号授予制度。

为促进志愿服务专业化发展，惠泽人于2005年在英国海外志愿服务社（VSO）的支持下开发了首个《中国志愿者管理基线标准》，用于社会组织志愿者培训与志愿服务组织能力建设。随后，2015年初惠泽人联合相关机构研发了《中国专业志愿服务基线标准1.0版》（《专业志愿标准》）进行组织测试与案例评选。2017年2月，惠泽人联合北京博能志愿公益基金会在友成基金会的资助和专家团队的指导下研发了《专业志愿标准2.0》。2018年3月，组成课题组就"专业志愿服务"的概念、范围和标准等进行更加广泛和深入的研讨，在全球专业志愿联盟的协助下，广泛征求国内外专家意见，开展《专业志愿标准3.0》研发工作。

2018年12月，惠泽人与北京博能志愿公益基金会共同研发发布了《中国专业志愿服务基线标准》，该标准用于中国专业志愿服务基准测评与认证，激励专业志愿者和志愿者管理人员提升专业能力建设，以推动中国志愿服务事业专业化与创新发展。

为此，在对专业志愿服务基线标准进行梳理与制定的过程中，重点对专业志愿服务基线标准相关要素和目标进行了研究。研究发现，中国专业志愿服务基线标准由三个标准组成：专业志愿者基线标准、专业志愿服务质量标准、专业志愿服务影响力标准。其中，专业志愿者基线标准针对专业志愿者的特征和概念进行界定与区分；专业志愿服务质量标准针对服务主体和服务质量；专业志愿服务影响力标准针对专业志愿服务的效果和目标。

一是专业志愿者基线标准，指自愿性、公益性、无偿性、组织性和专业性，用于确定是否为专业志愿服务，全部通过方为达标。

二是专业志愿服务质量标准，在通过基线标准之后，可使用专业服务质量标准来测量其专业志愿服务的专业化程度。服务标准包括服务主体和服务质量。

三是专业志愿服务影响力标准，分别指服务对象、服务转化、利益相关方、社会环境和社会创新等方面，用于对专业志愿服务所实现的社会效益进行测评，这也是最佳实践的重要标准。

（一）标准体系构成

中国专业志愿服务基线标准共由三个标准组成，三个标准共有 20 项指标（见图 5-2）。

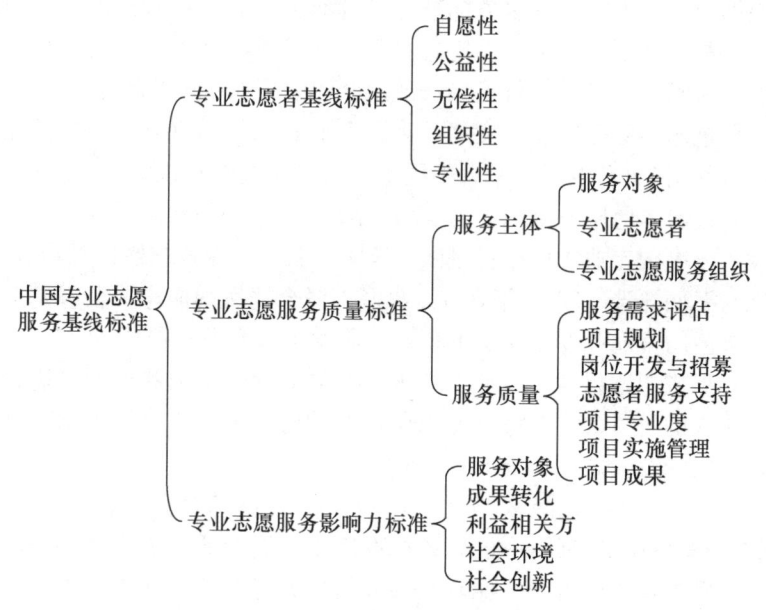

图 5-2 中国专业志愿服务基线标准

（二）指标体系描述

专业志愿者基线标准的 5 项指标如表 5-1 所示：

第五章 专业志愿服务的伦理与标准

表 5-1　　　　　　　专业志愿者基线标准的 5 项指标

指标	指标描述	是否为专业志愿服务
自愿性	志愿者自愿提供服务，并非基于行政命令，也非他人或外力强迫驱使	是
公益性	志愿者的服务对象及服务领域体现公共利益，不具有政治性指向、近亲血缘或物质利益关系	是
无偿性	志愿者不因付出劳动而收取物质报酬，志愿者的服务也不属于任何商业行为	是
组织性	专业志愿服务组织具有合法性，有组织地开展志愿服务	是
专业性	志愿者自身具有专业技能和资质，服务中应用专业技能与科学技术，服务过程管理具有专业性	是
合计	5 项全部符合指标	是

专业志愿服务质量标准的 10 项指标及分值如表 5-2 所示：

表 5-2　　　　　专业志愿服务质量标准的 10 项指标及分值

标准	指标	指标描述	分值
服务主体	服务对象	提供公益性社会需求，接受专业志愿服务，包含社会弱势群体、社区组织、公益性社会组织、公益性活动或项目等	10
	专业志愿者	具有与服务需求一致的专业或职业资质和相关技能，自愿无偿提供个人时间、精力和技能，年龄在 16 岁以上	10
	专业志愿服务组织	组织合法合规、提供与服务相适合的志愿者管理和保障，具有服务项目开发、资源筹措、服务实施与管理、监测评估和传播倡导等专业技能。如专业支持机构、公益性社会组织、社会企业、专业志愿服务组织或团体等	10
	合计		30
服务质量	服务需求评估	需求调研，利益相关方分析，问题根源分析，组织具有优势和劣势，外部环境的机遇与挑战	10
	项目规划	明确志愿服务预期的公益性成果目标、项目实施计划、资源与筹资计划、风险管理预案，必要时得到理事会、上级主管单位或相关部门和领导审批	10

107

续前表

标准	指标	指标描述	分值
服务质量	岗位开发与招募	志愿者岗位开发与描述、志愿服务协议/备忘录/承诺书、志愿服务保障、志愿者招募发布与动员、志愿者选拔与匹配、志愿者岗位确认，志愿者注册登记	10
	志愿者服务支持	入职培训与团队建设、志愿服务记录、志愿者专业督导、志愿者认可与激励、志愿者离职管理	10
	项目专业度	志愿者提供的专业服务符合服务对象需求和项目目标，符合相关职业、规范和技术要求，志愿服务应用新技术及专业技能，服务中赋权与能力建设	10
	项目实施管理	项目实施方案与进度表，团队成员分工与协作职责，项目活动时间进度与专业质量监控，项目产出记录与成果资料，项目信息公示与传播，项目财务预算、支付、决算管理	10
	项目成果	项目产出记录与资料，项目总结报告，受益人、志愿者、专业志愿服务组织变化的记录与满意度（如影视文件、评估报告等）	10
	合计		70
	总计		100

专业志愿服务影响力标准及分值如表5-3所示：

表5-3 专业志愿服务影响力标准的5项指标及分值

指标	指标描述	分值
服务对象	问题得到缓解或解决，自身能力得以提升，获得更多的解决方案	10
成果转化	成果得到复制推广，获得更多的专业志愿者、服务资助或投资，服务范围扩大和数量增多	10
利益相关方	专业志愿者、专业志愿服务组织，以及其他利益相关方获得相应价值，服务成本降低	10
社会环境	利益相关方生态圈与人文环境改善，促进政策法规改善，形成长效机制	10
社会创新	社会问题得到改善，形成新机制、新模式、新策略、新技术	10
合计		50

三、标准的应用及意义

影响力评估是公共管理领域的方法论之一，也是评价专业志愿服务的方法。专业志愿服务基线标准的制定在项目评估层面发挥着重要作用。对专业志愿服务项目进行评估，就是了解这些专业志愿服务在多大程度上、用何种方式完成了预期"干预"任务，也是对专业志愿服务的质量和直接效果的评价。

对照标准检查专业志愿服务项目，对专业志愿服务特征、要求与标准进行分析，从而可以看出，无论是政府、企事业单位、高校及科研机构、媒体、社会组织和社区，还是专业志愿服务的供给方，抑或是专业志愿服务使用方，都有责任规范标准和使用标准，通过对标准进行支持，促进专业志愿服务在中国的发展。

综上所述，志愿服务伦理是社会伦理的重要组成部分，专业志愿服务伦理与传统志愿服务伦理相比，不仅包含了志愿者的个人与社会伦理，还包括专业伦理；不仅看重志愿精神与人文关爱，而且也强调专业助人与非职业化工作中的职业操守。专业志愿服务在遵循"自愿、无偿、平等、诚信、合法的原则，不得违背社会公德、损害社会公共利益和他人合法权益，不得危害国家安全"基本原则的基础上，还强调以下三个原则：专业性原则、重视跨界合作、聚焦行动目标。专业志愿服务基线标准由专业志愿者基线标准、专业志愿服务质量标准、专业志愿服务影响力标准组成。

思考与讨论

1. 专业志愿服务伦理的内涵是什么？
2. 专业志愿服务伦理的基本原则有哪些？
3. 请谈谈专业志愿服务基线标准的构成。
4. 请阅读《中国专业志愿服务基线标准》，谈谈你对该标准的看法。

第六章
专业志愿服务的模式

引 例

政府主导、多方参与、持续有效聚焦
——解决问题的"激励苏格兰"模式

2006年,苏格兰人想探索一个方法,帮助那些偏离社会轨道的青年人,但苦思不得其解。最后,公益机构"激励苏格兰"(Inspiring Scotland, IS)应运而生,提出"我们一起解决社会问题"的口号,尝试借助社会各界力量,"一起"聚焦社会问题。

IS选择的第一个议题是关注处于逆境迷失中的青年。通过深入调研,苏格兰政府设立了基金,以14~19岁的青年为目标群体,用2008—2018年共10年的时间,累计帮助3 500名青年回归社会。10年间,IS负责统筹实施,调动了24个非营利组织的力量共同直面难题。2018年初,IS首席执行官宣布10年前定下的目标实现毫无悬念。IS的创新被各界赞赏,其中包括通过设立专业志愿执行主任一职,引入专业志愿,从而切实动员苏格兰各界共同聚焦当地的重大社会问题。在IS成立之初的5年,就主持了大约涉及1.2亿英镑的8个社会议题,支持了300多家公益慈善机构,同时引入350名专业志愿者,发挥着专业志愿服务支持机构的中介作用。IS的另一个创新点,是与政府的战略合作,其收入的80%来自政府公共财政,政府主导的特征显著;同时,IS支持公益慈善组织践行使命,发挥着资方或公益创投的作用。

资料来源:北京博能志愿公益基金会《专业志愿国际案例集(2017)》。

【点评】

IS公益机构模式的亮点有三：一是为政府做坚实后盾；二是为专业志愿服务支持机构定位精准做关键指挥部；三是铺设通道让专业志愿者按需及时就位，并给予充分的保障和授权。

通过IS的案例我们看到，一个精准解决社会问题的专业志愿服务模式，其背后需要多个利益相关方进行协作。对支持社会组织能力建设的公共部门、行业主管部门、资助方和社会组织本身来说，应具备以专业志愿整合社会优质资源的战略思维与方法。

本章基于对实践案例和实践经验的梳理与总结，主要借鉴国际专业志愿服务最佳实践经验和模式，通过案例介绍和分析，帮助读者深入了解专业志愿服务模式及其运作机制。

第一节 专业志愿服务主体及模式

如前文所述，深入理解和开发专业志愿服务助力公益慈善的策略，需要找到适合自身机构及其关键利益相关方的专业志愿服务模式，并储备必要的行业知识。为此，需要明确专业志愿服务的主导者。不同主体，由于其组织性质与资源等各不相同，因此其所主导的专业志愿服务模式也有所不同，整合资源的方式也有所不同。本章从主体的视角，区分专业志愿服务模式。

一、专业志愿服务模式概述

本书从国际最佳实践案例中总结提炼专业志愿服务模式，根据政府、社会投资机构、支持机构或社会组织、企业等不同实施主体，专业志愿服务模式分为4大类18种模式（见图6-1）。这在理论上虽可能有失周延，但在我国专业志愿服务尚处发展初期之际，对其实践有借鉴意义。

其中，模式一——政府主导型，突出了政府提供政策支持和采购服务，为专业志愿者提供了发挥作用的空间；模式二——社会投资机构主导型，公益创投与影响力价值投资等新型模式，展示了基金会和投资者在社会影响力方面的创新，撬动并支持人力资源配套投入公益领域；模式三——支持机构或社会组织主导型，包括支持机构和直接开展志愿服务的社会组织，它们充分利用其专业志愿服务的岗位开发、匹配和管理优势，为投资方、需求方和供给方提供专业支持，确保专业志愿服务

```
                3种模式                              2种模式

                        政府主导    社会投资
                                   机构主导


                        企业主导    支持机构
                                  或社会组织主导

                8种模式                              5种模式
```

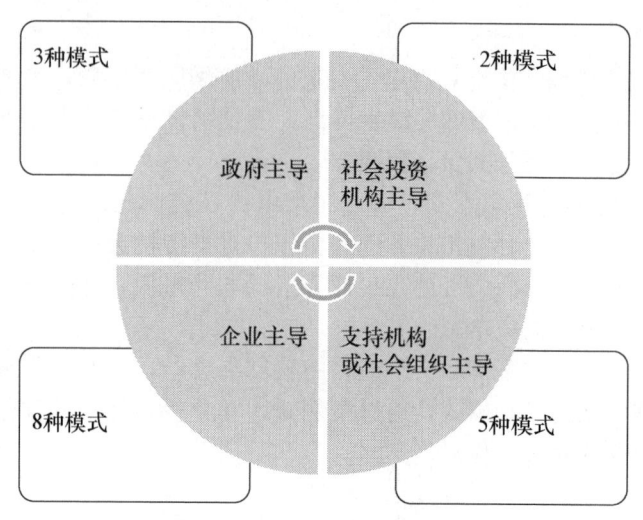

图 6-1　专业志愿服务模式分类

效益；模式四——企业主导型，从自身的业务特点和对社会特定问题的关注出发，可以找到符合企业独特性的专业志愿服务项目，为企业在培养员工、品牌社会影响力和业务拓展等方面赢得社会认可和信任。

在专业志愿服务领域，如医疗健康、法律援助、教育和文化艺术、规划设计、交通旅游、环境和能源、互联网电子科技等，都能找到其独特的位置。为社会组织和专业人才寻找和匹配专业志愿服务，正是方兴未艾的专业志愿服务支持机构的立身之本。它们需要着力的领域之一，是培育和陪伴公益慈善机构为迎接专业志愿服务做好准备；同时它们需要与专业志愿服务领域生态圈的各方结成战略合作关系，共同发力，产生聚合效应。

二、专业志愿服务需要主体意识

"主体意识"本质是对广义公益慈善行业的社会组织、社会企业、社区创新组织或准组织形态的能力建设。因此，与此相关的生态系统链条上的各方，也是专业志愿服务系统的利益相关方。这些利益相关方依据其各自在社会治理中的职责和特征，或交替、或同时，在专业志愿服务项目实施的不同阶段，发挥着各自独特的或主导或支持的作用。

树立主体意识在专业志愿服务中是十分必要的。每一个在生态链条中的利益相关方，都可以且能够成为专业志愿服务的主体并发挥作用。发挥主导作用的主体可以是企业、行业协会、律师行等，也可以是公共部门（政府机构等）、公益创投基金会、支持机构，还可以是具有专业志愿条件的自然人。

（1）树立主体意识对提高专业志愿服务效率是至关重要的。有了主体意识，生态链条上的各方会更加主动地关注社会使命的进程，而不是被动地回应支持；具备主体意识，才会更加主动地观察和识别其贡献智慧和才华的机会。志愿精神、专业能力和主体意识，共同形成专业志愿服务主导能力（见图6-2）。一个成功的专业志愿服务项目，其利益相关方都应具备强烈的主体意识和行为模式，只有这样才能"一起解决社会问题"。

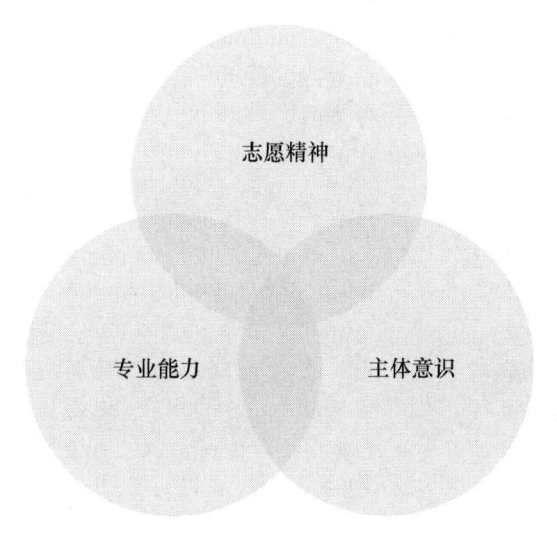

图6-2 专业志愿服务主导能力三要素

（2）主体意识具有传递性。一个成功的专业志愿服务项目，在战略布局和执行过程中，只有各利益相关方在不同阶段充分发挥主体意识，专业志愿服务的资源和力量才能有序、有效地发挥作用，从而才能完成使命、实现目标。专业志愿服务对于公益慈善事业来说，是稀缺的优质资源。但要获得这个资源，尤其是要有序、可持续地调动和运用这个资源，需要搭建运用这个资源的平台、通道和机制，同时必须深刻理解到，专业志愿服务的内涵远远超越"无偿"资源的维度，它是立志于使命的达成。

案 例

中国志愿医生行动

2017年6月，中国医师协会医师志愿者工作委员会与中国志愿服务联合会、中国志愿服务基金会、北京凌锋公益基金会联合启动了"中国志愿医生行动"。截至2018年底，活动通过调研、解决、带回、培训、联络等医疗技术支持方式，与全国69个国家级贫困县的县医院、中医院、乡村卫生院建立了联系，共举行义诊10 279人次，建立工作站70个，培训2 000余名乡村医生。同时，通过与平安好医生村医App团队合作，对5 000人次村医进行远程指导和技术培训。

此前，国家卫健委发文支持，将中国志愿医生团队纳入医疗扶贫队伍。那么如何平衡更多医生参加志愿活动和日常工作的关系，让更多医生加入志愿服务呢？作为政协委员，凌锋在"两会"期间提出过相关提案，希望国家在医院管理中把志愿医生的服务时长和人数作为医院评级的一个标准。"这个意见已经被国家卫健委接受，医管局今年已经开始对志愿医生的行动进行评估，下一步我的建议是公立医院要给志愿医生服务时间，在国内每年要有3周服务时间，国外每年要有3个月。"凌锋介绍道。

国家卫健委医政医管局医疗资源处副处长王莉莉代表国家卫健委，对"中国志愿医生行动"所做的具体工作和救死扶伤的精神表示感谢。她表示，国家卫健委将在未来很长的一段时间内，积极联系各有关部门，为志愿医生公共场所亮牌做好协调工作。

中国医师协会、中国志愿服务联合会相关负责人均对中国志愿医生所做的工作表示了肯定，希望通过不断的培训，中国志愿医生可以在紧急救助方面做出贡献，弘扬医生不取报酬、救死扶伤的精神和医德医风；同时嘱托中国志愿医生了解贫困地区的医疗需求，为广大的患者、百姓做好服务工作。

【点评】

具有"救死扶伤的人道主义精神"的职业医生，与志愿服务支持机构、管理部门和行业机构等积极协作，形成一个专业志愿服务的多元协作系统。他们在身体力行的同时，也引领和倡导更多的职业医生投身中国扶贫专业志愿服务中，促进相关公共政策更好地保障医疗专业志愿服务的发展。这个案例具有三个显著特点：一是由具有行业技术权威和主体意识的医疗专家倡导与发起，形成社会影响力核心；二是系统化建立专业志愿服务价值链，形成更大的集合影响力效果；三是立足长远和可持续发展，促进公共政策和社会保障制度的完善，推动社会治理创新。

三、专业志愿服务模式的动态性和创新性

专业志愿服务模式需要以动态的、发展的眼光来对待。一个动态发展、不断创新的领域，绝不是一成不变的体系，无法"一招走遍天下"。本章内容是归纳全球范围内口碑卓著、行之有效的专业志愿服务实践经验的阶段性成果，为专业志愿服务设计提供借鉴。运用专业志愿服务模式要依据具体的条件进行适当的调整，不能生硬地照搬实施。

（1）选择专业志愿服务模式需要拓宽思路。不能把目光只放在提供专业志愿服务的具体志愿者团队本身，而是要从社会组织能力建设生态链或生态系统的全局视野，从战略部署的高度出发，指导落地实施。为此，本章从案例入手，介绍专业志愿服务从理念到行动的路径，聚焦"如何部署"。

（2）在专业志愿服务平台、通道和机制的构建中，政府和非营利组织发挥着举足轻重的作用；在内涵的激活和维护中，企业和专业志愿服务支持机构发挥着不可替代的作用。前文引例非常典型地诠释了不同阶段、不同利益相关方的主导模式如何有机衔接，"一起"通过10年的努力达成使命。

第二节 政府主导模式

案 例

为民权而辩

1962年，美国肯尼迪总统号令律师们"为民权而辩"，由此催生了当代法律行业的专业志愿文化。当时的美国，尽管已经有了《民权法案》，

但种族隔离和歧视问题依然严重。时任美国总统肯尼迪敦促律师们为民权而辩，并创立了法定民权律师委员会，为种族隔离和歧视等案件出庭辩护，并在美国南部开设了由顶级律所的顶级律师负责的法律援助中心。随后在20世纪70—80年代，这样的中心遍布全美，为消除入学和就业时的各种歧视做出了卓越的贡献。由此，专业志愿服务已经成为法律界人士职业的组成部分，并体现在美国律师协会的章程里。

资料来源：北京博能志愿公益基金会《专业志愿国际案例集（2017）》。

【点评】

国家总统通过发布总统令来推动专业志愿服务，促进公平正义，强有力地激励了律师的法治精神，有效动员了社会力量，充分利用律师的专业志愿服务及社会影响力有效解决了社会问题。

在人们谈到专业志愿服务话题时，许多人会指向律师行业。的确如此，无论在哪个国家，律师行业都是专业志愿的领头行业。但是在专业志愿服务成为法律行业文化现象的过程中，政府发挥了至关重要的作用。政府无论在哪个政治体制下，都对社会发展产生着独特的作用。在我国，政府在预算、法规和鼓励政策等多个层面都发挥着引领作用，英、美、法、新加坡、印度也是如此。

本章从社会创新、社会治理的视角，以动员社会专业力量、助力公益慈善事业为出发点，重点介绍在其他领域政府发挥的作用。本节选取典型案例，介绍公共管理机构如何发挥公共部门特有的主导性作用，动员和引导专业人才为社会使命提供专业志愿服务。

一、"B+C运动"：联邦政府和全国性企业联合会模式

案 例

政府号召、企业承诺、共同创新的美国"B+C运动"模式

2008年，大约150家顶级企业、政府和非营利机构领导人在白宫参加企业志愿服务峰会，聚焦识别专业志愿服务对企业的价值，并提出了"Billin+Change"——号召企业提供价值10亿美元的专业志愿服务改变社会的共同目标，正式拉开了"B+C运动"的序幕。2010年，该模式就实现了5亿美元的目标；2011年，超过10亿美元；2013年，500家公

司的专业志愿服务承诺超过20亿美元，刷新了专业志愿服务承诺的历史纪录。在"B+C运动"强化版号召的影响下，美国联邦政府启动了白宫号令，更加有力地推动了商业文化变革。注重放飞人才禀赋，特别是将术有专攻的职场专业人才回馈社会，用于回应社会的需求。

继而，"B+C运动"趁热打铁，在2014年发起了新的号令——"为变革加油"，强化专业志愿服务的能量，发挥杠杆的强大作用，将承诺专业志愿服务的企业冲到5 000家，相当于将50亿美元的企业人才资源引入非营利组织和公益部门中，并择机对这批专业志愿者队伍作为"专业志愿共同体"给予充分认可、表彰和推广。

2018年，该运动功成身退，但其历史使命功不可没，迄今仍然是美国专业志愿服务发展历史中首要提及的里程碑，并成为政府推动下的商业社会创新的经典案例。

资料来源：北京博能志愿公益基金会《专业志愿国际案例集（2017）》。

【点评】

"B+C运动"在政府的大力推动下，催生了企业文化变革的生态系统，促进企业对社会的关注。通过对专业志愿服务的认识，对领导力和社会责任的理解，以资金和物资为特点的"给予"，转化为以员工的意愿和专长为特点的"参与"，这实质上是一场社会认知变革。

美国的专业志愿服务运动至今领先于全球，这与美国总统和政府相关部门决策群体的推动息息相关。对社会治理难题的深度洞察和对专业志愿潜在价值的深刻认识，促使他们吸取了专业志愿服务的理念和谏言，发出专业志愿的号令，给予企业和行业协会等正向引导。

专业志愿践行者的足迹遍布全球。如果从专业志愿的意识和实践两个维度去观察，"B+C运动"充分发挥商业竞争精神，将竞争从利润导向转向"企业专业志愿"导向，促进了企业文化的升级。具体来说，企业加入"B+C运动"中，大致有以下几个步骤：

（1）企业根据自己的具体情况提出具体目标，并制定达成目标的具体行动计划。

（2）"B+C运动"组织方会为企业提供一些帮助。

（3）企业的承诺不分大小，有承诺就值得。

（4）企业的承诺大部分公开发布，但也允许不公开。

"B+C运动"的成功要素中，最值得借鉴的是确立了组织机制保障，政府发挥了号召和背书作用。

专业志愿服务从小众、局部、不定期等试验性阶段转入规模化、全面倡导的阶段，政府的这种公共权威作用是保障。

在"B+C运动"中，政府发出号召后，形成了一个有政要代言、有运营团队和传播通道的多级架构，以护航这个号令。具体来说，有三个关键的角色发挥了相互支持但无可替代的作用。

（1）组建"B+C运动"领导委员会，政要站台。领导委员会成员除了领先的企业如惠普、IBM、德勤等，还包括该项运动的发起机构和政要。

（2）政府高调发挥作用。白宫作为召集人，召集会议并提供会议场地，为各项活动提供信誉支持。

（3）秘书处和支持机构。由全国和社区服务合作社（Corporation for National & Community Service，CNCS）具体统筹实施。这个机构也是领导委员会的成员，在发挥枢纽作用的同时，提供相关活动的框架和支持。

最后，"B+C运动"总结的成功要素可以缩写为"5C"：

（1）挑战（challenge）：挑战企业，引导其做出承诺。

（2）代言人（champions）：企业领导成为资金和思想双维度的合作伙伴。

（3）召集（convene）：组织会议和活动，团结和吸引人们参与。

（4）沟通（communicate）：讲好故事和经验分享。

（5）协作（collaborate）：倡导和实施跨行业、跨组织、跨公司的协作。

政府牵头号召，围绕公益愿景搭建协作机制，行业积极响应和参与，以运动化倡导模式，形成一波又一波公益竞赛浪潮，并将经验、好故事进行总结分享和传播，从而形成社会创新和变革。

相对于美国模式，中国政府动员志愿服务更加高效。

案　例

北京奥组委动员约170万名志愿者参与奥运志愿服务

2001年北京成功申办第二十九届夏季奥运会，由北京市委市政府和国家体育总局有关领导承担北京奥组委领导工作，北京团市委负责组织运营奥运志愿者工作，动员高校、机关部委和企事业单位、社区和社会组织等志愿者参与赛会（以大中学生和专业机构为主）与城市志愿服务项目（以社区和社会志愿者为主）。

2002年7月，北京市政府和北京奥组委共同制定并公布实施《北京奥运行动规划》，2007年9月14日，北京市出台《北京市志愿服务促进条例》，以鼓励和规范志愿服务活动，明确规定北京志愿者协会负责指导本市志愿服务工作。2005年6月，奥运会志愿者项目正式启动，《北京奥运会志愿者行动计划》同时进行七个计划，切实保障赛会志愿者工作推进。

一是宣传运行计划。在北京奥组委总体宣传计划的框架内，通过广播、电视、报刊、网络等媒体，分阶段、有重点地向公众宣传介绍奥运会赛会志愿者工作的重要意义、相关知识、工作规划、工作进展和需求信息等内容，扩大信息覆盖面，提高公众知晓率，凝聚社会力量，增强社会动员能力。

二是招募选拔运行计划。奥运会赛会志愿者招募工作于2006年8月底正式启动，到2008年3月结束；主要采用定向招募与公开招募相结合、集体报名与个人报名相结合、网络申请与书面申请相结合的方式，建立高效便捷的招募机制，按照有关程序分阶段、分人群进行招募。

三是公益实践计划。此计划旨在通过开展社会公益活动，把日常志愿服务与奥运会志愿服务有机结合起来，实现志愿服务的日常化，增加志愿者的服务经验和服务技能，满足奥运会对志愿者的素质要求。根据奥运会筹备进程，每年确立一个公益实践主题，在全市设立一批奥运会志愿者实践基地，围绕城市建设和社会发展，开展环保、科普、文化等志愿服务活动。

四是培训运行计划。2008年4月开始志愿者入职前段岗前培训和服务实践，同年8月正式上岗开展赛会和城市志愿服务工作。

五是激励保留运行计划。北京奥组委将通过表彰奖励和相关保障措施，确保志愿者队伍的相对稳定。志愿者的激励表彰以精神鼓励为主，激发志愿者的内在热情，保持志愿者较高的工作积极性，使志愿者获得有价值、令人愉快的工作经历。主要实施以服务时间和服务效果为基本依据的普遍激励。开设志愿者维权热线和心理热线，切实维护志愿者合法权益。对做出突出贡献、表现优异的志愿者集体、个人以及志愿服务项目给予特别奖励。奥运会结束后，开展志愿者评比表彰及纪念活动。

六是岗位运行计划。根据赛时岗位的具体需求,结合赛会志愿者的服务意向、专业技能和在参与公益实践活动中的表现,为志愿者安排适当的固定工作岗位、分配相应的工作任务,指定固定的工作联系人,确保岗位清晰、职责明确,保证志愿者与工作岗位的准确对接,实现志愿者的转型定岗。岗位明确后,奥运会赛会志愿者按照指定工作岗位的要求接受相关培训。

七是赛会运行计划。在赛会期间,北京奥组委负责赛会志愿者的指挥调配工作,建立工作指挥体系,转入场馆及区域、领域运行管理体系,逐级落实工作任务,切实做好志愿者的上岗、考勤、轮休、评价等管理工作,努力做到指挥有力、反应灵敏、行动迅速、信息顺畅、配合默契、保障有力。各需求场馆和部门指定专门联络员,按照自身职责,及时提供准确的志愿者需求信息,建立有效的人岗对接机制,落实调配任务。

2008年9月,北京奥运会和残奥会胜利闭幕,来自国内外共计约170万名志愿者用他们的汗水和微笑,成就了北京奥运会和残奥会期间最美的城市名片。

【点评】

北京市通过奥运志愿者工作,不仅开创了中国大型国际赛会志愿服务运行机制并形成中国特色的行政化高效的社会动员与管理模式,而且系统建立和完善了北京市志愿服务工作的管理体制和机制,从而为城市区域性志愿服务事业发展留下了基础设施、志愿者人才队伍等。

北京奥运会志愿者工作所取得的成功经验,为后来我国各城市举办大型赛会志愿服务工作提供了示范榜样,并影响到后来的上海世博会、广州亚运会等各项大型活动志愿者工作,为这些城市的志愿者工作起到了示范作用,从而也促进了各地区志愿服务事业更上一层楼。

二、"激励苏格兰"模式(地方政府主导)

如果说在美国的"B+C运动"中,政府发挥了倡导、背书和认可激励的作用,那么在英国的"激励苏格兰"案例中,政府发挥的作用则体现在明确社会议题、提供资金支持等方面。

案 例

政府提供资金支持的"激励苏格兰"模式

如本章引例所示,"激励苏格兰"这个公益机构的模式的三大亮点之首是政府主导。主要体现在两个方面:一是锁定需要聚焦解决的社会议题,二是提供"激励苏格兰"机构总收入的80%的资金支持。政府的资金支持主要来自公共财政,也包括由政府出面筹集的企业或个人捐赠款。从表6-1中可以看出,"困境中的青少年(14~19岁)"项目,历时10年,在头5年的时间内,经费超过2 700万英镑。"幼儿环境改善"项目历时4年,头5年经费超过1 020万英镑。"支持社区组织扩大外部联系网,引入资源帮助社区解决难题"项目,历时13年,头5年经费超过225万英镑。

表6-1　　　　　　　"激励苏格兰"专项资金一览表

专项基金	项目名称	资金及来源	公益组织	项目期限
14:19基金	困境中的青少年(14~19岁)	公共财政1 700万英镑;私营善款1 000万英镑	24个	2008—2018年
Go Play	5~13岁孩子,玩耍	公共财政400万英镑	27个	2010—2012年
Go2Play		公共财政190万英镑	8个	2012—2015年
Early Years Yearly Action Fund	幼儿环境改善	公共财政1 020万英镑	24个	2011—2013年
LinkUp	支持社区组织扩大外部联系网,引入资源帮助社区解决难题	公共财政225万英镑	10个	2011—2014年
CashBack for Communities	创造机会,支持和鼓励年轻人,预防仇视社会的犯罪活动	公共财政	参与	2012年
Intandem	作为8~14岁孩子成长导师	公共财政	参与	2016年

资料来源:北京博能志愿公益基金会《专业志愿国际案例集(2017)》。

【点评】

"激励苏格兰"模式之所以能获得政府信任而动用公共财政,主要在于它对复杂社会问题根源的深层理解和它解决问题的能力。相对于政府公共部门,它最大的优势在于凝聚了跨地域跨行业的社会各界力量,其吸引专业志愿者的机制尤为值得借鉴,因为专业志愿服务的本质不仅仅是"免费",而且包括服务社会的最终目标。

在"激励苏格兰"案例的多维度成功要素中,在"80%收入来自政府"这一特征的背后,是包括政府在内的各方就社会议题目标达成的共识。

政府作为公共部门,负有提供包容公平的公共服务的职责。不同区域的各级政府,从中央、省市、区县、乡镇、街巷,都有其共同但有区别的社会议题需要回应。这些问题仅靠政府是无法解决的,需要动员社会力量共同应对。政府通过设立公益慈善项目,为公益慈善机构提供行动的方向。

案例启示:政府在设立这些项目的时候,需要考虑社会实际需求,确保纳税人贡献的资金是用于解决社会问题、营造美好社会。在本案例中,"14∶19 基金"等项目正是政府围绕社会议题确立的实例。

三、拉德芳斯模式(地方公共管理机构主导)

案 例

基层管理机构主导的"工作场所的革命":法国巴黎拉德芳斯模式

2007 年,该行政区域组建了类似我国大城市的区或街道管委会的机构 De facto,其使命就是找到对该区进行管理、宣传和注入活力的途径,实现把拉德芳斯区打造成欧洲一流商务区的目标。De facto 的管理层集思广益,决定走法兰西式的"艺术+人文"的创新之路,引入"工作场所的革命"这个极富想象力和吸引力的哲学概念,聚焦入驻企业员工的福祉,营造各种支持系统,激励员工的各种创举。Pro Bono 为这些支持和激励系统抹上了浓重且绚丽的色彩。

2015—2017 年连续三年,每年秋季的志愿者服务周,拉德芳斯成为法国巴黎地区公益慈善机构前往的目的地。因为在这里,它们会有满满的收获，绝不会无功而返；因为到这里，它们的使命和活动将会获得绝佳的机会。志愿者服务周由拉德芳斯管委会牵头，连续两周，以提升专业志愿意识为核心，辅以铺天盖地的媒体宣传，为非营利组织提供了面向CBD白领和金领的"吸粉"机会。管委会不仅发挥了主办方的作用，也提供了不同形式的支持。

资料来源：北京博能志愿公益基金会《专业志愿国际案例集（2017）》。

【点评】

拉德芳斯模式的成功之处在于地方公共管理机构——区管委会，整合优势资源，搭建多方协同平台，将企业的市场竞争引入专业志愿服务轨道。

拉德芳斯区是法国大巴黎区内的一个兼具经济开发区和CBD特征的行政区划。该地区是一个新兴的经济开发区，吸引了大批跨国公司和法国本土的大公司入驻。每天有17万上班族在这里如潮汐般涌来散去。夜晚，这里便是静悄悄的"睡城"。为此，当地开展了基层政府主导的"工作场所的革命"。

案例启示：该案例的创新点在于铺设优质资源战略储备和通道，将企业的市场竞争引入专业志愿服务轨道。法国拉德芳斯区管委会通过每年10月底的专业志愿服务周，为驻区企业提供有序组织专业志愿服务的机会和氛围，为巴黎地区的公益慈善机构和社会企业组织储备与激活了优质资源。在形成每年一次的惯例后，这些优质资源已经从一次性的项目资源成为定期获取的战略资源。

四、经验及启示

从上述几个成功的模式中，不难吸取以下值得借鉴的经验：

第一，确立组织机制保障：政府发挥号召和背书作用，如"B+C运动"模式。

第二，铺设优质资源战略储备和通道：市场竞争是企业每天都面临的挑战，如拉德芳斯模式。

第三，识别和确立社会议题，如"激励苏格兰"模式。

第四，确立和引导开设多年期的公共财政杠杆渠道，引入企业或基金会等社会资金，发挥合力作用。在法国，外交部成为资助全球专业志愿联盟的首个政府机构，用以支持全球专业志愿联盟的基本运营和在非洲的专业志愿发展。同时，苏格兰政府以设立项目基金的形式撬动社会资金，通过委托和投标方式购买公共服务。以"激励苏格兰"为例，这个机构的项目和运营经费80%来自政府以及政府引入的资金渠道。在"14:19基金"中，政府投入1 700万英镑，私营部分投入1 000万英镑。如果没有政府的投入，"激励苏格兰"面向企业自筹1 000万英镑或许会艰难许多，更何况这是一个10年规划项目。

在美国，专业志愿服务已经纳入税收优惠范畴。这样的经济杠杆作用对企业和个人都具有巨大的吸引力，也传递了重要的信息：专业志愿服务是一件严谨、严肃的事情，也是对社会做出贡献的一种途径，应该获得适度减税优惠。

第五，发挥激励传播作用。如果说在专业志愿服务从0到1的起步阶段，政府公共部门发挥了倡导和背书的作用，那么需要与其同时规划的，是激励、认可和弘扬优秀的专业志愿服务行为。政府在专业志愿服务发展的全过程中都不可或缺。

以美国"B+C运动"为例，虽然作为一个倡导运动，它的使命已经达成，但是对于响应"B+C运动"号召的企业，依然享受着"B+C运动"的品牌效应。美国最大的志愿组织Points of Light负责维护"B+C运动"的品牌和后续服务。资金投入很少，但社会影响依旧。

总的来说，在中国推动专业志愿服务，政府主导毋庸置疑是最重要的模式。

第三节　社会投资机构主导模式

维持一家非营利机构的运转，常常面临资金匮乏、志愿者短缺、关系网络有限和自我造血能力不足等问题，这些问题束缚了非营利机构的创新和发展能力。尤其在2008年国际金融危机之后，政府和企业削减了对非营利部门的支持，同时，需要非营利机构出手援助的弱势群体数量激增。因此，资金和资源的更有效配置就成了必要和必然。

由此，如何协助捐助者、赞助商和政府选出拥有最高社会回报率的非营利机构，并整合非营利部门发展的必要资源促进其发展，就成为非营利部门工作的当务之急。因此，出现了社会投资机构主导的公益创投模式和共享价值型投资模式。从广义上看，社会投资机构可以是非营利组织，也可以是营利组织。

案 例

爱佑慈善基金会公益创投

爱佑慈善基金会（简称"爱佑"）是中国 5A 级基金会，创立于 2004 年，由企业家发起并管理运作，在全国范围内开展项目，是在民政部注册成立的非公募基金会。2018 年 5 月，爱佑取得公开募捐资质。

爱佑公益创投项目矩阵依托多年来积累的经验和资源，引进国际先进的理念与模式，为社会组织提供资金、资源拓展、战略指导、管理（HR、财务、IT）辅导、品牌活动等多方面的定制化支持。项目矩阵包括"爱佑益+"——多维度公益资助项目和"赋能社"——中国公益行业的教育赋能平台。"爱佑益+"为受助机构提供定制化的多维度支持，帮助受助机构冲破瓶颈，迅速发展和成长，从而推动其所在的公益领域发展；"赋能社"以搭建最专业的公益人蜕变平台为目标，通过专业的视角和方法，用优质、稀缺的培训资源匹配来自不同领域伙伴们的人才发展需求，助力公益人才从优秀到卓越。截至 2018 年 12 月底，爱佑公益创投项目矩阵累计资助机构达 119 家，覆盖 8 个公益大类 109 个子领域，培训了超过 380 家机构的 3 900 余人次，全方位赋能中国公益生态。

【点评】

本案例的公益创投模式，是爱佑慈善基金会以公益组织为投资对象，连续 3 年给予组织发展资金捐助，配合专家和专业志愿者智力投入和能力建设培训，同时结合商业渠道和方法进行公益人才培育、传播推广和资源对接，从而支持公益组织的专业化、规模化与可持续化发展。

一、公益创投模式

关于公益创投，有学者认为，它源自英美西方国家，是把市场中用于培育中小企业发展的方式用于公益支持活动。公益创投这一形式，除提供资金、帮助社会组织提高管理水平、加强能力建设外，还需要接受资金方提供一定的投资回报。在中国，人们虽借用了"公益创投"这一概念和形式，但在实际运作中并没有实现利益回报。政府购买与公益创投的区别在于：公益创投并没有具体的目标和计划，是根据创业者的创新想法或做法给予资助；而政府购买服务有着很明确的服务对象、具体要求和内容等。因此，公益创投能够更好地动员社会参与，并凝聚社会多方力量提供多样化的解决方案，促进公益组织的发展。

> **案 例**
>
> **Impetus-PEF 的公益创投主导模式**
>
> Impetus-PEF 是一家私募股权基金会，资金来自个人捐赠、企业和资助型基金会三个渠道。该基金会将其社会使命锁定在英国 11～24 岁经济状况堪忧的年轻人身上，立志对其提供各种支持，包括教育、就业和潜力开发等。具体做法是，Impetus-PEF 去发掘和物色那些同样聚焦这个群体的慈善组织和社会企业。一旦发现满意的机构，Impetus-PEF 就开始对这些机构提供各种帮助，使它们成为高效地改善年轻人生命轨迹的机构。然后继续帮助它们规模化，从而服务更多的年轻人。
>
> Impetus-PEF 的专业志愿者库有大约 400 人，来自约 60 个企业。这 400 人为基金会面向其支持对象的机构能力建设项目提供了他们在本职工作中的专业服务。2016 年，专业志愿服务投入 6 000 小时、100 个项目，项目类型包括战略规划、筹资战略、竞争对手分析、法律和知识产权、审计、财务和绩效管理评估、领导力训练、品牌重建等。
>
> **【点评】**
> 英国 Impetus-PEF 获得关注，是因为公益创投业内对其的认可。其项目的管理从筛选服务对象到招募专业志愿者，都是按照私募基金会的投资项目的专业步骤来进行的。

英国 Impetus-PEF 在招募专业志愿者时，对专业志愿者的专业资历提出了高要求——"至少 5 年以上工作经验"，同时又运用了企业人员秒懂的"回报"话语——"我们为你筛选了最好的慈善公益组织和社会企业，它们做的事情是影响生命"——这样的承诺，瞬间打消了企业由于对公益行业不了解而可能存在的顾虑。对资助方，"我们有三大法宝，可能确保您捐赠给我们的每一英镑，会给我们的慈善公益合作伙伴带去 2.59 英镑的价值。这三大法宝就是：我们基金会的管理能力保障、我们能撬动的专业志愿者人才库，以及我们自己的资金投入"。

而其承诺的管理能力支持，也体现在专业志愿服务具体项目的管理模式上。所有项目都具有三个重要特征：（1）具有明确的时间范围；（2）预先就项目成果达成共识；（3）专业志愿服务有一个项目经理，他/她是 Impetus-PEF 机构内负责公益慈善组织的"投资项目主任"。

除了 Impetus-PEF，越来越多的机构认识到 Pro Bono 的战略资源价值，这些价值远远超过了普通意义的志愿活动的范畴。

专业志愿服务的对象是以公益慈善机构和社会目标为出发点的机构。在社会企业范畴内，是否赢利并不重要，重要的是是否针对社会问题提供解决方案。而在公益创投的语境下，由于其主要行为体是金融投资行业，因此就借用了投行的"风险投资"概念，将公益慈善机构和社会企业以"风险投资"来命名。在风险投资的内涵里，非营利组织、社会组织、社会企业、慈善团体并没有太大的区分。那么风险投资是否真的需要专业志愿服务呢？法国和葡萄牙分别就非营利组织对专业志愿服务的态度做过调研。法国的调研范围是 204 个非营利组织，葡萄牙是 278 个。

在法国的非营利组织中，84％表示对专业志愿服务有需求，62％此前不知道专业志愿服务，79％表示希望获得专业志愿服务支持，84％获得过支持的非营利组织表示满意。

在葡萄牙的非营利组织中，71％明确表达对筹款专业志愿服务有需求，只有 26％此前不知道专业志愿服务，69％表示希望尽快确立与专业志愿服务的伙伴关系，大部分获得过支持的非营利组织表示满意[①]。

显然，专业志愿服务对于非营利组织来说是可遇不可求的。

近十年来，有识之士对公益慈善事业的发展，对解决社会问题的有效途径进行了深入思考，形成了公益创投的专门机制：欧洲公益创投协会、亚洲公益创投网络和正在组建的非洲公益创投机制。其中有些成功，有些有待观察才能下结论。从被誉为"最佳实践"的几家公益创投机构的模式来看，Pro Bono 就是其法宝之一。公益创投是一种新型的公益伙伴关系和慈善投资模式，在运作方式上类似商业投资行为，其投资目标的非营利性又与商业投资具有本质的区别。它的投资主体为创业过程中的公益组织注资，帮助其成功创业，并通过投资间接地帮助解决社会问题。在这种模式下，资助方与受资助方不再是简单的捐赠关系，更重要的是与被投资人建立长期的、深入参与的合作伙伴关系，而这种合作伙伴关系带来的是双方

---

① http://www.seagency.org/pro-bono-portugal/.

的共赢：合作伙伴能够更快地成长，资助者则更为有效地达成既定的社会目标。除了资金，公益创投的投资方还会为被资助方提供一定的管理和技术支持，以促进其能力建设和模式创新。这样的关系，超越了"孵化"的阶段性，深化了双方"使命共情"的长期携手伙伴关系。这样的模式正在成为公益创投新潮流。

公益创投流程包括四个步骤：

（1）选题：公益创投基金会主体要明确选定社会议题。例如加拿大LEAP机构的雄心壮志是"推动一场遍及整个加拿大的社会变革"。

（2）布局：LEAP机构选择了健康、教育和就业三个领域。

（3）择队：LEAP机构寻找这些领域里的优秀非营利组织作为投资对象。

（4）筹人：为了确保LEAP机构的使命达成，必须向这些非营利组织注入力量，为此，LEAP机构会不遗余力地支持非营利机构的发展，其中包括为公益机构团队引入专业志愿服务。2012—2017年，LEAP机构累计提供专业志愿服务价值达300万美元。这个过程跟商界的业务上下游链条很相似，各自发挥独特的作用。但串联起上下游业务链的不是市场和利润，而是共同的愿景和阶段性目标，各自践行使命。这个过程，不是"扶上马再送一程"，而是"扶上马一起腾飞"。

二、共享价值型（creating shared value）投资模式

仅仅把商业投资模式搬到公益慈善行业是不够的。首先，商业领域的天使风险投资本来就凤毛麟角，而要吸引更多的投资进入公益慈善事业，长效机制是一项巨大的挑战。但是如果通过使命愿景激发专业志愿优质资源的投资意愿，辅之以便捷高效的投资途径，其可行性就有望令人信服。

几年来，对于社会使命的资金支持已经悄然发生了变化并呈现多元化的趋势。传统意义上的没有任何财务回报预期的资助或捐赠随着社会财富积累的增加依然保持强劲的增长；与此同时，公益企业、社会企业、社会事业的成长，以及上市公司环境、社会和治理的变化，为公益慈善事业和社会价值投资领域带来了新的投资方式：获得商业与社会价值双回报，其中最为典型的是共享价值型投资模式。

共享价值型投资模式，指的是企业通过判断与解决其业务相关或重叠的社会问题来创造可衡量的经济效益的商业战略。为了认证共享价值的价值所在，必须为公司带来可视化的经济效益，同时对社会或环境产生可衡

量的影响，同时，创造双重价值是核心。社会问题的识别和解决方案的设计，全程都需要专业度较高的智力投入，这也为专业志愿者提供了宽广的舞台。

> **案 例**
>
> ### 澳大利亚的专业志愿设计共享价值投资方案
>
> 澳大利亚某城市存在一个社会问题是：一群偏离成长正常轨道的年轻人合伙作案偷车。怎么办呢？如何才能把他们拉回到一个让他们感兴趣同时又赋予他们生存能力的环境里呢？专业志愿服务团队对此进行了调研后，设计了一个方案：为这群青年人开办一家车祸后的汽车维修厂。一方面，让他们与汽车打交道，满足他们对车的兴趣；另一方面，与交警和汽车保险公司等方面协商好，把这家汽修厂指定为车祸后的汽修业务定点维修站，确保业务量。这样一来，在各方都获益的同时，社会问题也得到了解决，这成为共享价值的典型案例。如果没有专业志愿的前期调研、协商、设计和培训，就没有投资方提前支付这些不可或缺的专业投入。
>
> 资料来源：惠泽人 i 志愿大学第二届国际专业志愿研修班教材。
>
> 【点评】
> 本案例通过社会议题的解决实现了企业价值，通过企业业务运作实现了社会目标。商业和公益是不矛盾的，是有交叉地带的，存在共享价值。

第四节 支持机构主导模式

专业志愿服务支持机构也称中介机构，如前所述，在专业志愿服务中所发挥的作用，与经纪人机构相近。支持机构往往以非营利组织形式存在，在支持机构欠缺地区，一些社会组织和志愿服务组织直接招募、使用专业志愿者。

案 例

美好社会咨询社（ABC）：汇聚志愿者，为公益组织提供专业咨询服务

ABC是国内成立较早的支持机构，其团队主要由来自企业和高校的专业志愿者构成，成立10多年以来，先后服务于130余家社会组织，累计完成项目上百个，项目志愿者累计超过1 200人，提供咨询服务累计超过170 000小时，折合商业价值达2亿元人民币。

ABC通过整合企业专业人士和高校师生的优势资源，帮助社会组织解决因缺少专业知识与技能而无法完成的具有调研和分析性质的专业咨询工作。其咨询项目范围包括但不限于战略、品牌推广、筹款、项目设计、人力资源和资产管理等。ABC为每个客户配备8人的专业咨询团队，其专业志愿者来自知名咨询公司、企业及高校。每个项目配有项目总监1名、项目经理2名、咨询师5名，ABC为其提供定制化培训以及考核选拔。每年有3个固定的咨询季，每个咨询季持续3个月，细分为立项、服务、评估3个阶段，均有标准化的步骤管理。ABC作为专业化的平台组织，使志愿者以专业知识、专业技能和专业态度与社会组织开展专业协作，促进社会组织的专业化发展。

资料来源：http://theabconline.org/.

【点评】

专业志愿服务的支持方实际是联结供给方和需求方的中介。单个的专业志愿者是难以有效与需求方进行对接的，公益领域常常面临的困境就是供需之间的信息不对称、供需衔接不及时。ABC的成功，在于其对专业志愿者的组织协调以及对专业志愿服务的科学管理与专业化运作。

ABC最初由从事专业服务的企业专业志愿者创办，并通过专业志愿服务逐渐形成一家独立运营的社会企业，为中国非营利组织提供专业咨询服务。ABC不仅具有专业志愿服务的标准化技术和步骤，而且还有适合于知识型员工和专业人士的专业志愿者管理机制、好的人才管理和专业标准化服务，为中国专业志愿服务模式提供了实践经验。

支持机构主导模式是指支持机构发挥对专业志愿的价值和使命的倡导、传播、指导和创新实施作用。在专业志愿生态系统链条上，支持机构的功能可分为两大类：其一，有类似咨询服务机构的专业团队功能。在政府、基金会和企业立项后，支持机构通过竞标或接受委托，承接专业志愿服务项目。这类机构类似于一个咨询公司。在专业志愿服务发展相对成熟的行业和国家，支持机构的业务也相对规范、稳定和高效。例如，美国的专业志愿引领机构 Taproot 基金会、Pyxera 非营利机构，日本的 Service Grant Japan，英国的 Career Volunteer 等。其二，有专业志愿使命的代言人、领跑者和行业先行者的功能。在专业志愿鲜为人知的阶段，几乎不可能有立项业务，一些从事传统志愿服务的机构也认为专业志愿太小众，难以形成市场。而支持机构由于对专业志愿的价值、愿景和使命深信不疑，它们会不断传播专业志愿，发挥公益慈善组织的倡导乃至智囊作用。

在前述政府主导的专业志愿模式的典型案例中，支持机构都发挥了相当于政府机构的战略伙伴、智囊顾问、实施团队的作用。其中实施团队的作用部分在后文中将详述，本节的案例主要着墨于支持机构的第二类功能。

顺利发挥第二类功能的前提是双方就需要共同应对的社会议题达成共识，但各自的定位和功能互补。政府对支持机构提供财政支持和战略背书，后者凭借其对于公益慈善组织及其网络的了解，凭借其对于专业志愿全程管理的专业素养，以及作为专业志愿供需的第三方评估和案例推介，在提高效率、降低成本和社会信用等多方面，都让公益慈善项目产生事半功倍的效果和社会影响力。

专业志愿服务在全球企业公民项目和公益创投模式中发挥重要作用的同时，也正在形成一个新兴的行业。全球专业志愿联盟已经走过 5 个年头，每年以 30% 的规模扩大，目前已经涵盖 42 个国家的 50 多家支持机构，遍及各大洲。该联盟的使命是为公益慈善机构去联结、动员和配备专业志愿资源，目前已经进入精准深入"配备"阶段。领英——全球最大的职场人员网络，也已经把专业志愿服务定位为其社会战略的核心。在跨国专业志愿服务项目的年度调研中，参与调研的公司中有 81% 将其专业志愿服务项目外包给支持机构，而支持机构的工作范围越来越深入企业文化中，成为企业重要的战略合作伙伴。

支持机构在专业志愿服务系统中主要发挥如下作用：
(1) 中介桥梁。为使用志愿者的组织或社区服务对象对接或派遣志愿者，提供各类专业服务。

（2）资源整合。通过连接政府、企事业单位、社会各机构和个人，开展各类活动支持志愿服务。

（3）资金资助。为志愿服务组织和项目提供资金支持。

（4）专业指导。为志愿服务组织和志愿者提供各类能力建设、研究和开发、建议和倡导、宣传与传播，以及各项专业技术援助。

（5）运营支持。为志愿服务活动或项目进行管理规范、监测评估、人力资源和财务管理等支持。

中国专业志愿服务调研显示，据不完全统计，中国目前约有 10 000 家志愿服务支持机构，其中包括共青团、妇联、残联等群团，志愿服务联合会和协会等专业社团及学术类社团，志愿服务领域的基金会和社会服务机构，官办事业单位和枢纽型组织，地方社会组织服务中心和孵化器，以及企业和其他专业机构[①]。

一、在职志愿者模式

> **案 例**
>
> **精准专业志愿猎头——英国的 CV 模式**
>
> Career Volunteer（CV）的创始人，具有人力资源、企业社会责任、非营利组织发展等领域的丰富经验，把企业的大量人才引入社会组织，帮助他们提升能力，使他们更好地服务于受助群体。他们自身亲历或观察到众多"无用"且浪费的"公司志愿日"等充满了形式主义的做法，怎么办呢？首先，当然不能因噎废食，不能因为这些形式主义大于实际成效的现象，就否定志愿服务的价值；相反，对公益慈善机构而言，志愿者是不可或缺的。其次，需要找到一个方法，对志愿者进行合理安排和使用，将"1 英镑"的支出转化为"10 英镑"的社会效益。再次，一定要让志愿服务有实际意义和价值，做到供需匹配。在这一点上，人们对慈善部门和私营企业的预期并无二致。对公益慈善组织来说，它面对的是

---

① 中国志愿服务联合会. 志愿服务蓝皮书：中国志愿服务发展报告（2017）. 北京：社会科学文献出版社，2017.

服务的对象（终端受益人），这就类似企业面对的是顾客。企业如果无法满足对其目标顾客的需求，它的产品就无法成功销售。而由于公益慈善机构自身的能力有限，又无法像企业那样去购买服务来强大自己，最终它们提供的服务很可能并不符合受益人的需求，或者受益人的体验过程不尽如人意。最后，慈善公益组织对其能力建设的需求是刚性的，而支付能力有限，那么企业提供专业志愿服务，是填补空白的明智之举和社会责任。

因此，CV致力于面向所有行业不同规模的企业合作，无论是刚刚接触到社会领域，还是已经在此卓有建树，均遵循这样的理念："把 Pro Bono 当成业务来做"，将商业目标和社会目标合并以求共同发展。CV的旗舰产品是 Senior Managers Recruited as Trustees，即帮助企业在未来领袖后备队、高级经理层级选拔、培训优秀人才，最后派遣到非营利机构担任高层治理职务，如理事、主席、委员会和顾问团成员和社会企业理事会成员等。这样的岗位通常任期至少12个月，属于长期的专业志愿服务项目，也是CV的王牌项目，被誉为"颠覆了FTSE 350公司管理层培训的传统道路"，并于2016年入围英国商界协会"职场经验奖"序列中的"员工经验"优胜奖。

资料来源：北京博能志愿公益基金会《专业志愿国际案例集（2017）》。

【点评】
CV案例是典型的专业志愿服务支持机构主导模式。CV的这个王牌项目之所以赢得口碑，要归于它们对企业和非营利机构双方的了解和匹配质量的全程保障机制：从识别需求、设计岗位、招募、派遣到持续支持，CV都进行了有效的辅导。

关于企业参与专业志愿活动的主体，人们一般会认为新入职的职场新秀和退休职工会更有条件做志愿服务。但是由专业志愿服务支持机构Pyxera对跨国专业志愿活动进行的年度调研显示，在参与专业志愿活动的公司员工中，高层行政主管占16%，中层经理占45%，初入职场的员工只有16%。英国的这家专业志愿服务支持机构CV早在几年前就已经洞察到这样的需求，并将企业资深人员锁定为专业志愿服务项目的核心。

首先，CV保持对非营利行业的动态观察和监测，成为企业了解非营利行业和公益项目设计的咨询顾问。

其次，CV向企业提供典型的短期专业志愿服务项目支持，帮助企业向非营利行业"外借"专业人才，确保供需，使这些人才协助非营利组织创新，指导和支持非营利组织特定的项目发展。这类项目一般集中在五个关键领域：(1)战略与规划；(2)人力资本；(3)财务可持续；(4)运营管理；(5)影响力评估。

最后，CV设计和实施专业志愿服务项目的指导原则贯穿于每个环节。在派遣之前，企业的员工都会接受CV的培训，其中包括理事等职位需要具备和提高的9大能力，不同规模的非营利组织在不同发展阶段对理事会的需求，以及发挥理事作用时的可为和不可为。培训还包括对非营利机构的认识。CV具备丰富的知识和经验，这些知识和经验对于企业派遣的Pro Bono会大有裨益。

二、中介管理模式

专业志愿服务支持机构是联结社会组织与企业的桥梁，对于社会组织和企业及投资者的价值是多维度的。支持机构对企业和公益慈善领域的知识、经验和联结，使它们在设计和实施专业志愿服务项目时，相对于企业直接进行，性价比要高得多。对于企业来说，支持机构的工作范围包括：帮助企业选择服务对象和筛选合适的企业员工，界定项目的范围，筛选项目地点，管理客户满意度，等等。具体角色定位，由支持机构与委托方如政府及其他公共部门、企业或创投基金会协商确定。下面以案例呈现支持机构作为独立第三方的咨询顾问、总代理和执行人等的作用。

"激励苏格兰"发挥的支持机构作用，对于我国城市辖区的社会组织服务中心或孵化机构具有借鉴意义。

案 例

公共财政项目总代理的"激励苏格兰"模式

激励苏格兰的总代理模式被业界称为创新之举，其模式如图6-3所示。

第六章　专业志愿服务的模式

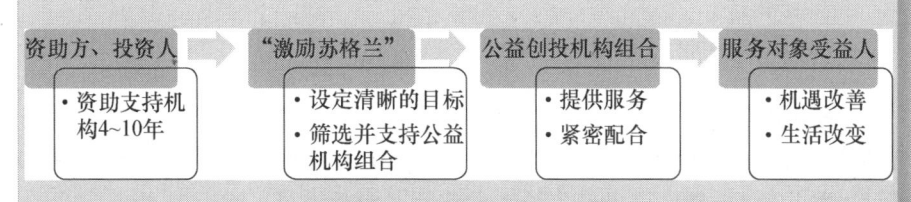

```
资助方、投资人 →  "激励苏格兰" →  公益创投机构组合 →  服务对象受益人
· 资助支持机        · 设定清晰的目标      · 提供服务          · 机遇改善
  构4~10年          · 筛选并支持公益      · 紧密配合          · 生活改变
                      机构组合
```

图 6-3　"激励苏格兰"模式

案例的独特之处在于政府对"激励苏格兰"给予的巨大财政支持。而"激励苏格兰"之所以能获得政府的支持，在于它面对不同的利益相关方所发挥的专业志愿服务支持机构和公益创投机构的多重作用。其中，专业志愿服务支持机构的特色让公共财政的投入发挥了事半功倍的作用。具体体现在三个方面。

首先，"激励苏格兰"设立了专门的岗位：专业志愿主任。通常，专业志愿者对机构的参与程度局限在具体的有明确时间期限的活动中。而"激励苏格兰"却设立了一个可以代表"激励苏格兰"对外合作和互动的正式带薪岗位，让专业志愿渠道触手可及。

其次，制定了专门的专业志愿服务指南，让参与到"激励苏格兰"的专业志愿者从招聘、培训、管理和任务全程有章可循。

最后，在"激励苏格兰"的业绩报告和经验总结中，Pro Bono 也是不可或缺的一部分，占据很重要的位置。（年度）专业志愿服务的投入时间大约在 2 357 小时，商业价值 39.2 万英镑，让专业志愿服务的贡献有迹可循。

专业志愿服务在整个"激励苏格兰"模式中的作用，对于我国社会发展领域的创新具有特别重要的借鉴意义。"激励苏格兰"自己在总结其模式时，特别强调其政府主导这个特征，因为如果以资金来源占比为指标来界定，"激励苏格兰"的经费来源主要是政府，所以简化地以"政府主导"来形容，并不为过。

资料来源：北京博能志愿公益基金会《专业志愿国际案例集（2017）》。

【点评】
从案例中可以看出，专业志愿服务模式不是非此即彼的，一个专业志愿服务项目可能融合了多种模式。在"激励苏格兰"模式中，既有政府主导的元素，又有支持机构的存在，是多个主体协同的结果。

三、职场专业志愿服务模式

在法国拉德芳斯的"工作场所的革命"中，拉德芳斯管委会发起并与驻区的法国一线企业一起，共同聘请了专业志愿服务实验室（Pro Bono Lab，PBL），策划、招募并主持了专业志愿服务项目。

案 例

社区项目的总策划和总执行——法国 PBL 模式

法国专业志愿服务实验室（PBL）是全球专业志愿联盟（GPBN）的发起机构之一，其主要项目模式是为期一天的专业志愿服务马拉松模式，具体是由企业或政府机构或单独或联合出资，由 PBL 进行策划、设计和实施。PBL 与法国拉德芳斯的合作，形成了连续 3 年的专业志愿服务马拉松日，成为法国的创新亮点。参与各方的反馈令人鼓舞，也值得借鉴。

首先，创立了定期的专业志愿服务"嘉年华"，让各方对此都有盼头、有规划、有章法，让专业志愿服务转向更为规范和固定的业务规划和落实轨道。

其次，非营利组织的反馈评价反映出这样的模式符合非营利组织的需求。

再次，连续 3 年参与的公司占多数，说明项目的可持续性强。

最后，拉德芳斯在其倡导的"Revolution@Work"国际活动中，"Pro Bono"成为重要专题之一，且开始引入不同国家的专业志愿服务模式，符合全球专业志愿服务运动的趋势，且愿意向包括中国大城市在内的全球 CBD 分享创新的思路、进展和模式。

以 2017 年的活动为例，拉德芳斯管委会"De facto"除发挥一级公共部门的主办方作用外，还提供了其他形式的支持。(1) 聘请 PBL 的资金约 20 000 欧元；(2) 直接支付活动结束后的鸡尾酒会开支约 1 000 欧元；(3) 提供 3 个会议室，连续两天供专业志愿马拉松工作坊使用。两天的专业志愿马拉松工作坊涵盖六个专题领域，有 110 位企业员工参与、11 家公益慈善机构受益（见表 6-2）。

表 6-2　专业志愿服务马拉松工作坊任务与志愿者来源

专题	任务	专业志愿者来源	补充信息
传播	制定可适用于不同传播对象的传播策略和市场战略	面向多家公司招募具有传播、市场和战略专长的员工	
市场	明确并评估罐头业的各种发展路径	面向多家公司招募具有市场专长的员工	公司（110位员工） • Allianz • Eurogroup Consulting, Manpower • EDF & its subsidiaries • Mazars • Societe Generale • DXC Technology 11个公益慈善组织，如 • Bicyclaide • The Missing Link • Clown Up • Undertaking to Learn
传播与设计	明确关键信息，并制作宣传手册	面向多家公司招募具有传播和设计专长的员工	
传播与视频制作	设计制作一个标准视频工具，满足不同内容和需求的传播和市场用途	面向多家公司招募具有传播、视频制作等专长的员工	
商业模式	制定面向法国市场的未来商业模式	面向多家公司招募具有战略规划和商业模式专长的员工	
领导力	强化项目经理的领导力——协作管理	面向多家公司招募具有战略规划、人力资源专长的员工	

资料来源：北京博能志愿公益基金会《专业志愿国际案例集（2017）》。

【点评】

PBL的职场专业志愿服务模式，对于我国区域经济和社会发展具有很好的启示。通过地区性产业园区、金融中心、CBD等职场集中区域的管理部门和机构，支持机构或社会组织以及社会服务中心或孵化中心，可以有序地引入企业专业人才，更加便利地开展专业志愿服务。

职场专业志愿服务还有一层意义在于实现供给侧改革，即以企业可持续发展视角，在更加充分调动、整合企业资源的同时，促进企业与社会的融合，大大提高了专业志愿服务参与的概率。职场专业志愿服务具有以下特点：

（1）企业专业人士能更好地利用从事专业志愿服务的时间。企业专业人士可以在其职场内，利用午餐、午休的时间进行服务，减少交通时间成本。

（2）与业务工作整合，可以在工作时间内实现"工作＋志愿"的战略公益。比如人力资源管理部门可以邀请非营利组织的人力资源工作者参与企业的招聘面试工作，在工作中给予公益人员专业的指导和建议，通过这种"见习式"专业服务，提升公益人员的招聘面试技能，并为非营利组织的人力资源招聘提供可行的解决方案。

（3）提升企业品牌的美誉度。在职场开展专业志愿服务，也是为企业业务和专业人才提供展示的机会，邀请社会各界和利益相关者到企业职场参与或接受专业服务，实现多赢。

（4）强化员工对企业的自豪感和忠诚度。员工利用其工作时间、工作场地、工作资源来为社会提供公益服务，可以大大提升其社会价值感，让其更加热爱本职工作。

（5）有利于企业的业务创新。在企业职场开展专业志愿服务，相当于在企业场景中做一次社会创新实验，社会组织和利益相关方具有跨界的社会视角，他们在参与中所提出的具体需求、障碍、意见和反馈建议等，可能会对企业的业务创新提供"催化剂"，去激发企业员工更好地改进业务工作和产品服务。

四、平台运营模式

平台运营模式，指的是由一个实体进行协调、管理和分配内外资源，促进跨界合作来共同回应解决特定的社会问题，通常是由具有平台枢纽型功能的中介组织来承接或开发专业志愿服务项目。

下面这个国际案例，是由政府公共管理部门立项，委托给私人部门中介型平台机构进行总包，再通过商业分包和动员社会专业志愿力量，跨部门联合协作开展城市建设与更新。

总包模式通常由一个中介组织运作，但它把自己变成一个开放的平台，邀请其他公司贡献自己的专业能力，合作解决一个大的社会问题。可以将公民协商联盟看作联结公共部门和私人部门的桥梁，或者一个集聚各种资源的平台。它们从当地私人部门伙伴中获得 Pro Bono 人才和投资，然后在公共部门领导者的要求和督导下进行创变。

案 例

中介型平台机构总包模式

美国芝加哥的公民协商联盟（Civic Consulting Alliance，CCA）与芝加哥交通管理局合作，为解决千万人口大城市的"公交串"问题，即同一路线的多辆公交车由于塞车而同时到达公交车站，造成市民候车时间延长和登车秩序混乱等问题，开展城市交通规划设计。由政府（交通管理局）立项，CCA总承包，再分包具体任务给联合的各大咨询公司和服务机构，同时投入大量的专业志愿者资源，为芝加哥市的公交车运营管理提供战略规划、机构编制、路线运营时间设计等全方位咨询服务，大大减少了"公交串"现象的发生。最终，这个项目帮助芝加哥的公交通勤者们每月节省了50万小时的候车时间，并且使得芝加哥交通管理局成为全美最具创新性的管理部门。

资料来源：北京博能志愿公益基金会《专业志愿国际案例集（2017）》。

【点评】

通过联通公私两个部门，CCA在社会创变的过程中既拥有了公共部门在社会议题方面的长线研究成果，又获得了私人部门的专业能力，公私合作共同发力解决困扰芝加哥的城市级难题。

上面案例中的CCA在其所开展的社会服务中邀请私营伙伴共同参与转型过程，依靠它们的专业能力来协助转型。这些合作伙伴有两个共同的特点：(1)都拥有各自行业中最优秀的人才。(2)愿意为建设更好的芝加哥而付出努力。CCA在各个独立的部门中动员和指导Pro Bono资源，解决芝加哥最大的城市危机。CCA展开行动后，先提出了一些大的社会问题，再把它们分解成容易处理的小块，然后去找芝加哥的顶级咨询公司处理。

中介型平台机构主导模式对于我国社会治理，特别是城市辖区的社会组织服务中心或孵化机构有序地引入企业专业人才，具有现实借鉴意义；对于企业的人才培养、员工的凝聚力和活力增强，履行企业社会责任和公共关系建设，拥有一个使命导向的中介型平台机构作为战略合作伙伴，无疑是如虎添翼。

在中国，志愿服务事业正处在制度化建设和服务专业化发展时期，中介型支持机构从数量上看是以党政群团组织和枢纽型组织为主，它们依托党政社会治理和服务职能，承接政府购买服务和职能转移委托。

案 例

"志愿北京"平台

在迎来北京奥运会倒计时400天之际，集北京奥运会志愿者信息发布、报名招募、培训测试、项目管理、调配管理、沟通互动等功能于一体的奥运会志愿者网络平台——"志愿北京"（http://www.bv2008.cn）正式开通。

"志愿北京"网络平台是由北京奥运会志愿者工作协调小组办公室、共青团北京市委、北京奥组委志愿者部、北京志愿者协会紧紧围绕奥运会"有特色、高水平"的总体要求，实践"绿色奥运、科技奥运、人文奥运"理念，为了科学高效完成奥运会志愿者工作，同时又立足于北京志愿服务事业长远发展，落实科学性、规范性、整体性、一致性的要求，历时半年打造的一个面向北京各类志愿者的综合服务信息平台。

"志愿北京"网络平台按照标准统一、功能完善、安全可靠的建设原则，统筹规划北京奥运会志愿者基础技术框架，在充分整合和利用多种技术手段和信息资源的基础上，不断优化志愿服务管理流程，为志愿者工作搭建了可靠高效的网络平台。平台包括高校志愿者管理信息系统、城市志愿者管理信息系统、志愿者远程培训测试系统、志愿者公益实践项目管理系统、青檬奥运志愿者网络电台、志愿者论坛博客、志愿者移动信息平台、志愿者邮件系统等八大系统模块，并在各系统之间实现了信息资源共享及互联、互通、互操作；网络平台具有信息发布、招募组织、培训测试、项目管理、调配管理、交流互动等六大功能；"志愿北京"网络平台服务面广，服务对象包括10万奥运会赛会志愿者、40万奥运会城市志愿者以及日常城市志愿者，并涵盖了部分观众服务、文明观众和啦啦队组织、"微笑北京"主题活动参与人群等。

"志愿北京"网络平台重点突出了即时性、功能性、互动性，是一个内容丰富、灵活性和时效性强的奥运会志愿者综合信息门户，同时为广大奥运会志愿者提供了一个交流、展示的平台。比如在志愿者论坛博客系统中创建了"北京奥运会志愿者网上祝福许愿墙"（http://bbs.bv2008.

第六章 专业志愿服务的模式

cn），将50万北京奥运会志愿者对奥运的祝福和期盼记录下来，为他们提供了一个自由交流表达的网络空间。奥运会结束后许愿墙将成为一个北京奥运会志愿者网上永久性纪念设施，成为北京志愿者成长和志愿服务事业发展的有力见证。

北京市志愿服务联合会以弘扬志愿精神，传播志愿理念，倡导良好社会风气，健全社会服务体系，促进社会和谐建设为宗旨，以关爱他人，服务社会，深入开展符合实际、贴近民生的志愿服务活动，建立与政府服务、市场服务相衔接的社会志愿服务体系，推进社会主义和谐社会首善之区建设为目标。

"志愿北京"北京奥运会志愿者综合服务信息平台的建设，有效提高了志愿者工作的效率和管理水平，有效促进了北京志愿服务事业的科学发展。在奥运会之后继续成为北京市志愿服务管理平台，截止到2018年底，"志愿北京"平台上实名注册志愿者达到248万人，注册志愿团体超过4万个，志愿服务项目总数达4.5万。

【点评】
北京市志愿服务联合会对2008年北京奥运会志愿服务工作所保留的遗产进行了充分的转化，大大提升了北京市志愿服务管理水平，推动了志愿服务事业的发展。

五、"社会工作者＋志愿者"模式

案　例

以社区为本的"社工＋义工联动"服务

广州市新跨越社会工作综合服务中心自2012年9月承接了白鹤洞街家庭综合服务中心的专业社工服务以来，在探索和积累以社区为本的本土化服务经验的实践过程中，摸索出了结合白鹤洞街地理人文优势的"社区为本"之社工＋义工联动艺术疗法服务模式。

"社区为本"之社工＋义工联动艺术疗法服务模式依托本地农民因多年的植物种植经验等优势积累的园艺疗法、志愿者自身的绘画书法优势等艺术手法，融入社区资本、社区经济、参与性社区建构等三维社工元素，让社工担任社区融合促进者、统筹者、监管者、资源整合者、教育者等角色，通过采取服务对象乐于参与和易于接受的园艺艺术、书法艺术等形式，努力做到社区人力物力资源的有效整合，旨在实现：

第一，培育出由社区居民参与的"快乐成长"艺术创作志愿者团、"人文关怀"外展探访志愿者团和"项目管家"运营管理志愿者团等专业志愿者团。

第二，社工引导外展志愿者、创作志愿者与社区低收入者、残疾康复者、独居长者、孤寡长者等弱势群体配对，并进一步借助中心基地志愿者团创作的艺术作品等物资，在提供外展探访服务时送上艺术慰问物资，帮助辖区内弱势群体改善情绪状况，并以优势视角为依据，进一步引导、鼓励和邀请弱势群体加入该项目，发挥自身优势，为社区贡献自己的力量。

第三，以"志愿服务工时累计"形式激励义工持续参与该项目的志愿者服务，志愿者可持"累计服务工时"参与项目的义工星级评比，获取志愿者爱心徽章、志愿者金银铜等级牌匾等象征奉献爱心的物资和精神奖励，促使志愿者能够持久地参与到志愿项目服务中。

第四，按比例将艺术手法培育的作品分别在外展探访时送给独居老人、残疾康复者等弱势群体。进一步将项目经验向社区居民、社工同行推广，共同探索以社区为本的本土化社工服务经验的益民之处，从而实现"社工＋义工联动"，共同传递人文关怀精神理念，"以生命影响生命，以生命感动生命"，提升社区居民服务参与度，促进社区邻里守望互助，促进社区和谐发展。

注："社工"是社会工作者的简称，"义工"是中国华南地区对志愿者的别称。

【点评】

在中国政府大力推动社会工作和社会工作者发展的形势下，社会工作者在基层社区服务中积极探索引领、支持和组织专业志愿者参与到专业社会服务中，形成了具有中国特色的社会专业志愿服务模式。本案例的社会组织利用政府委托其开展的社会综合服务中心平台，根据社区需求开发不同专业的志愿者团队，给予行政和业务支持，以及专业化管理和激励，实践"以生命影响生命"的社会工作理念，从而促进了专业志愿者与社区融合发展。

"社会工作者+志愿者"模式常见于社会组织开展的志愿服务中，是在中国政府大力发展社会工作事业、培育社会工作专业人才和社会组织的条件下发展起来的具有中国特色的专业志愿服务模式。社会组织在直接从事社会服务的同时，也直接招募使用志愿者，由其全职员工、专业社工协助和支持志愿者开展专业服务。组织中的管理者和社会工作者都可能是专业志愿服务的管理者和协调人，他们在专业志愿服务中主要承担志愿者岗位开发、招募与入职辅导、服务纪律和规范、志愿者督导与激励、服务评估与认可、服务成效反馈与志愿者保留等工作。

专业志愿者因为有了社会工作者的组织与支持，可以更好地"让专业的人专注做专业的事情"，以提高服务的专业化程度和社会成效。比如企业营销人员参与公益项目传播与推广，心理咨询师参与社会工作个案与小组辅导，高校大学生参与社会调研和网络传播等。而社会组织因为有专业人力资源的支持，提升了公益服务质量和影响力。社会工作者与志愿者面临的挑战是两者的价值认知与专业信息存在很大的不对称，各自岗位职责的分工与协作、职业与非职业的认可与激励等差异较大，双方的服务关系也需要公益组织管理人员和社工具有更强的领导力与管理水平。2017年度中国专业志愿服务调研发现[①]，全国约有25万个社会组织开展了专业志愿服务，其中61.6%的组织有全职社会工作者，平均每个组织约有3人。这就意味着2017年大约有46万名全职社会工作者[②]参与组织和支持志愿者开展专业志愿服务。

第五节 企业主导模式

美国企业为响应白宫的"B+C运动"做出了专业志愿承诺并进行了多重尝试，对于推动全球专业志愿运动发挥了表率作用，也引发了更多企业的效仿。越来越多的企业对 Pro Bono 的关注，已经从"为什么需要"转到"如何做"。

早在2012年，法国的 PBL 和美国的 Taproot 基金会就联合发布了题

---

① 中国志愿服务联合会. 志愿服务蓝皮书：中国志愿服务发展报告（2017）. 北京：社会科学文献出版社，2017.

② 志愿服务组织全职社工人员数＝3人/平均每个组织 * 25万个志愿服务组织 * 61.6%＝46.2万人。

为《专业志愿服务的商业价值展示》的报告，通过 GlaxoSmithKline、Deloitte、IBM、Nerdery 和 UPS 五个不同类型公司的实际案例，展示了公司在人力资源、公司口碑和拓展创新三个方面如何受益于专业志愿服务。今天，更多的来自其他行业的例子在不断验证这些价值。Prudentials 金融、摩根士丹利、巴克莱银行、欧特克公司、Adobe 公司、美国运通银行等公司从培养未来领袖和未来稀缺技能出发，通过专业志愿服务实现公司文化培育、使命共识、价值共享等，彰显了 Pro Bono 的全方位潜力。美国 Taproot 基金会和法国的 PBL 为此筛选梳理了 8 个成功模式，开启了全球专业志愿服务案例分享的先河。

在 Taproot 基金会的《让专业志愿发挥作用：8 个模式》的基础上，对每个个案进行了不同程度的研究。北京博能志愿公益基金会对英文原文相关文献做了翻译，融入中国专业志愿领袖培训课程中新的内容，同时还将继续通过全球专业志愿联盟成员收集、梳理和分享，增加其落地实施的可行性，帮助企业回答以下问题：

（1）如何找到适合本公司的专业志愿服务模式？

（2）如何做才能最大限度给专业志愿服务受益方带来影响？

（3）如何让企业对专业志愿服务项目的投资发挥杠杆作用，进而带来最大的商业利益？

企业的专业志愿服务积累了不同类型的专业志愿服务项目经验，企业主导模式常见类型如表 6-3 所示：

表 6-3　　　　　　　　专业志愿服务企业主导模式

专业志愿服务模式	服务方式
员工外派	员工借调到公益组织工作
职业教练与导师	管理型员工与公益组织一对一辅导
创意马拉松极限工作坊	员工与公益组织员工聚集 24 小时通宵工作
标准化团队项目	标准咨询团队进驻公益组织提供咨询服务
全行业解决方案	互联网公司为公益组织提供一揽子技术解决方案
冠名社会议题	将公司品牌产品与社会议题挂钩，开展员工志愿服务
业务战略一体化	将公司业务战略嵌入与员工业务一致的专业志愿服务
不限时外包	没有时间限定的专业顾问服务

一、员工外派

员工外派，相当于员工长期借调到公益机构。员工的薪酬由派出机构承担，对于接收单位来说，这些外援是志愿者。这种需要长期外派员工的情形，通常是无法通过短期或集训、在非营利机构任职就能掌握需要运用的技能，这是典型的企业志愿服务。员工在派驻的岗位上，虽然享有薪酬，从事的是其在本公司同样的专业工作，但他们需要时刻提醒自己，在接收单位工作，不仅仅是一份常规工作，而且是代表公司提供专业志愿服务。这种专业志愿服务类型，在全球著名的医药跨国公司辉瑞最具代表性。

案 例

辉瑞公司的员工外派方式

2003年，辉瑞的企业社会责任部门策划建立了全球健康研究员计划（Global Health Fellows Program，GHFP），秉持"授人以鱼，不如授人以渔"的精神，为不发达地区的相关机构提供技能培训。GHFP是辉瑞的标志性企业志愿者计划，通过国际发展组织的3~6个月的奖学金，将辉瑞各技术和职能部门的同事配对，以改善最需要帮助的人的健康状况。通过加强管理、研究、提升通信能力和临床系统，帮助机构实现长足发展。员工在派出期间，由辉瑞向研究员支付正常的工资和福利，当地的合作机构则满足研究员住房等基本生活需求。自2003年以来，317名同事完成了约32.5万小时的基于技能的专业志愿服务，为发展中国家的伙伴组织提供的公益服务价值约4 760万美元。通过GHFP，辉瑞在项目的整个生命周期内与40多个国家的40多个国际开发组织建立了合作关系。

资料来源：北京博能志愿公益基金会《专业志愿国际案例集（2017）》。

【点评】

辉瑞公司的"员工外派"方式，是比较常见的企业对公益慈善组织的支持方式，被纳入2012年企业专业志愿服务成功实践的8个推荐案例中。辉瑞模式的启示是：基于公司核心业务派遣专业技能型员工，为非营利组织发展提供专业志愿服务，其最终结果是双赢的。

辉瑞将企业员工派遣到相关领域能力不足的非营利组织和国际发展组织，进行为期3~6个月的服务，通过分享来自制药业的专业技能和知识，帮助它们提高医疗服务的质量和效率。然而，这些技能不仅局限于医疗保健领域，还贯穿了研发、生产、营销和通信等整个医疗服务过程。

辉瑞在筛选对应机构时，会着重考虑以下几点：

（1）在执行方案时表现出的可塑性；

（2）与当地利益相关方保持良好且稳固的关系；

（3）扩大活动范围的能力和野心。

这样，通过派遣员工到当地机构进行志愿服务，一方面对员工的个人能力进行了拓展，另一方面也稳固和扩展了辉瑞的营销网络和市场。

二、职业教练与导师

职业教练与导师模式聚焦人才培养，即企业员工与非营利组织中对应职能的员工结成伙伴配对，建立联系，分享对应的专业技能。

案 例

GAP公司社区领导力计划

GAP是一家服装零售公司，其服装店遍布全球90个国家，有超过3 100家公司经营的商店，近400家特许经营店和电子商务网站。其员工政策是"投资他人，和我们自己"，公司的工作文化充满了回馈的精神：吸引许多人为GAP公司工作，这是激励员工留下来的关键部分——公司创建灵活的计划，鼓励员工通过金钱或志愿服务时间以最有意义的方式回馈社会、他人和员工自己。

典型项目是"GAP公司领导力计划"（The Gap Inc. Leadership Initiative，GILD），面向服务于青少年的非营利机构Compass Point，向普通员工提供针对GAP公司高层人员开放的培训和教练服务。GAP公司的人力资源部门会同其合作伙伴Compass Point，对GAP公司的高层人才培训计划做相应调整，确保这些培训计划适合非营利组织中的具体群体。GAP公司的领导力项目的独特之处在于，GAP公司的员工全程参与项目，包括项目设计、开发和实施。

通过领导力计划，GAP公司员工有机会在他们的社区中发挥真正的作用，该计划由7个国家的约3 000人组成。同时鼓励社区领袖和员工参与，他们是志愿者工作的核心和灵魂,计划确定一个可以发挥员工才能和技能的当地非营利组织,其目标是与这些组织合作,以创造长期的积极影响。这种模式使GAP公司的合作伙伴有信心为培训员工志愿者与社区领袖投资,并促进员工志愿者和当地社区之间更深层次的联系。与任何其他业务活动一样,每个团队都负责设定和实现目标。

GAP基金会的营销和社区合作伙伴总监卡伦认为:"我们的非营利性合作伙伴是我们社区创造积极变化的核心。通过支持这些非营利性合作伙伴的成长和发展,他们在领导组织和服务年轻人方面变得更加出色。最终,年轻人受益。"

GAP公司为鼓励员工以适合他们的方式回馈社会,提供如下公益福利:

(1)实地团队补助金:商店团队每25小时自愿支持关于青年发展或女性进步的公益活动,他们可以向社区组织申请250美元的补助金。鼓励在青年发展和女性进步方面做出努力,因为这是GAP公司的两个可持续发展重点领域,以期在这些领域产生最大的影响。

(2)志愿服务匹配捐赠:在工作一年后,GAP公司为每15个小时的员工志愿服务时间匹配捐赠150美元给合作伙伴公益组织。

(3)员工现金捐赠:公司在一年的工作后将员工的现金捐赠与符合条件的社区组织进行匹配捐赠。

(4)每月5小时带薪志愿服务假:符合条件的员工每月最多可以得到5个小时的带薪志愿者假期。

资料来源:北京博能志愿公益基金会《专业志愿国际案例集(2017)》。

【点评】

每个企业都有其专业管理人才确保企业规范运营和可持续发展。GAP公司利用其商业管理培训课程和专业技能员工,为社区非营利组织提供课程和教练服务,同时配套多项福利政策,促进员工和企业专长融入社区,最终实现企业和社区共赢。

职业教练技术被应用于企业,发展出企业教练模式。企业教练行业源于20世纪80年代后期的美国,正是美国从工业社会转型到知识型社会的年代,企业经理发觉到以传统的工作模式无法解决企业的新问题,同时,也发觉企业的商业环境每天都在快速地变化,而知识的更新速度和信息的爆炸使得企业在管理知识型员工方面遇到了诸多障碍，传统的顾问式管理无法提升企业的竞争力，如何适应日新月异的变化、如何令各类型的知识型员工更有创造力一时间成为问题。美国的 AT&T、GE 等一些著名企业的经理借用了体育教练的概念，发展出了企业教练事业。企业教练帮助员工以正确的态度面对工作，从而提高企业的生产力。与传统的管理方式相比，企业教练强调以人为本，着重于激发个人潜能，发挥个人的积极性，寻找最适合个人发展的工作方式，从而有效快捷地达到目标，帮助员工实现理想。经理人不能只满足于自身理想的实现，要把帮助员工实现他们的理想作为目标，从而达成团队的成就；同时，要关注培养员工良好的心态。

在目前的公共服务和社会组织管理中，我们发现随着环境变化的加快，社会问题的复杂性加大，组织成员和客户个性化要求的提高，传统的管理方法在很多管理领域已经越来越不适应，越来越难以有效地实现社会和组织目标。特别是在组织决策、公益营销、产品研发、资源整合与合作伙伴等关键领域，环境总在动态的变化之中，需要考虑的因素数量也越来越多。在这些领域中，工作需要大量的知识工作者，而这些人对非营利组织和一些公共服务机构来说是非常短缺的专业人才。因此，企业专业教练为非营利组织提供了教练服务和专业督导，提升了其提供专业志愿服务、解决社会问题的综合能力。

三、创意马拉松极限工作坊

创意马拉松极限工作坊是创意公司 ICT 互联网技术团队中使用的一种连续 24 小时以上进行集体创意和产品开发的工作方式。这个模式的特征一是"创意"，指的是以创意为核心竞争力的行业；二是"极限马拉松"，指的是在短时间内，加班加点出成果的过程。这个过程也是创意行业的常态。因此，"创意马拉松"就是通过有趣、好玩、紧张的氛围，吸引广告、营销和传播等公司的专业人员在 24 小时内一起加班加点，为非营利机构服务，提交创意作品。

美国 Riggs Partners 公司将此种模式发挥到了极致，创造了一种既有趣又具有文化契合性的服务模式，并迅速投入使用。这种模式就是"CreateAthon"。它一经推出，就受行业热捧，形成了全国性的创意马拉松网络，举办了一年一度的专业志愿服务"嘉年华"，让传媒行业在同一个时间段连接了各个广告、营销、传媒公司，促进了传媒行业的专业志愿服务文化建设，进而为非营利机构提供了更广泛的专业志愿服务来源。这个模式特别值得行业引领者关注和借鉴。2002 年，Riggs Partners 正式将这一服务模式固定下来，创建了一个全国性的创意马拉松网络。12 年后，创意马拉松已经拥有了 100 多个合作伙伴和 3 500 多个项目，为 1 300 多个社区提供了价值 2 400 万美元的无偿营销技能培训。到 2020 年，他们希望能够向非营利机构提供总计 1 亿美元的专业志愿服务。

创意马拉松极限模式具有四个特点[①]：

（1）提升专业发展：马拉松模式在快节奏的团队环境中为他们提供解决问题的新渠道，建立员工的领导技能。

（2）加强员工敬业度：数据表明，员工希望他们的日常工作能够为他们实现愿望做出贡献，而创意马拉松则提供了这样的服务。在活动期间，团队不仅会充满活力，而且员工还会重燃工作热情。

（3）实现公益目标：高强度的服务工作可以有效地利用团队的才能。创意马拉松使员工能够从头到尾完全专注于项目，并提供一种在集中时间内生成大量工作的具有公益价值和意义的方法。

（4）灵感的结果：人们在 24 小时内能创造出什么？它比想象的更多。创意马拉松的紧迫期限和鼓舞人心的客户目标优势可以帮助志愿者完成一些曾经做过的最有思想、最具创造性的工作，甚至还可以用国家奖项来证明这一点。

这个模式的适用范围广泛，从提供专业志愿服务人才的传媒公司到受益的非营利机构，都能很快达成共识，开展项目合作。对服务对象——非营利机构来说，该模式产生的影响很难预测，因为这完全取决于短时间内交付的成果是否契合非营利机构的需要。如果是迫切需要的宣传材料，这样的模式就非常适合。这个模式具有成本低、组织易、可计划、可团建、可传播的特征，执行过程可以产生很少的花费，因为它的期限是固定的，而且利用的是公司现有的专业人才，利用这个机会可以进行有趣的团队建设，同时这个模式可以成为有力的志愿者招募工具，同一个时间段同行一起进行公益工作，具备很高的关注度。

案 例

创意马拉松网络的公益工作坊

创意马拉松以志愿者为主导的模式已经让富有进取精神的行动者能

---

① http://createathon.org/why-you/.

够对他们的社区和世界产生不可估量的影响。24小时公益马拉松可以在为社会变革的非营利组织带来沟通战略的同时，提高员工敬业度。创意马拉松通过将活动作为服务学习组件嵌入现有的营销和沟通课程中，将社区带入大学环境。这些课程让学生有机会获得真实的营销经验，同时加深他们对非营利组织及其在社会中的作用的理解。

2012年，创意马拉松网络帮助弗吉尼亚联邦大学的学生为脑损伤协会（Brain Injury Association）的布鲁斯·麦科伊夏令营（Camp Bruce McCoy）设计了新的品牌标识，只花了24个小时，并利用该品牌帮助脑损伤协会获得了25 000美元的捐款，从而使更多的人参与到其独特的服务中去。总体而言，创意马拉松能够将收到的每1美元投资转化为价值65美元的社会影响力。

资料来源：北京博能志愿公益基金会《专业志愿国际案例集（2017）》。

【点评】

创意马拉松工作在24小时内为非营利组织提供解决方案，提供专业志愿服务人才给受益的非营利机构，通过专业志愿服务使业务精准对接、资源整合。创意马拉松活动由网络组织过滤和确定无偿请求，利用宝贵的技能支持社会公益事业，同时不仅让企业的营销团队充满活力，也能够让组织从整体中受益。让企业营销团队参与马拉松服务，可以为员工提供一种全新的、不同的方式来运用他们的沟通战略和创造性技能。这是建立公司对企业社会责任和员工敬业度的承诺的好方法。此外，这是一个经过验证的领导力发展和团队建设战略。

案 例

公益创客的马拉松

2014年11月14日，中国数据库技术盛会甲骨文（Oracle）技术嘉年华举办，大会为公益组织留出了一席之地。在嘉年华公益专场上，技术类专业志愿者和公益领域的技术人员聚在一起，以"公益需求、公益技术和公益工具"为话题，探讨怎样更便捷有效地用信息技术解决公益组织面临的问题。公益专场的主办方是中国甲骨文用户组，协办方为图鸥公益（非营利组织）。

第六章 专业志愿服务的模式

由于现阶段公益行业发展不足等原因，信息技术尚未普遍惠及，然而，公益行业对技术的需求显然已经引起了业界的关注。"公益人需要关心技术，不然会做得很辛苦。"为此次公益专场牵线搭桥的中国甲骨文用户组社区经理蒋健如是说。针对非营利组织的普遍技术需求，中国甲骨文用户组分享了 ACOUG 公司作为非营利组织的运营经验。该公司会员超过 5 000 名，工作人员大多是兼职，在做维护会员关系、推送内容、信息沟通、组织活动等工作时，ACOUG 公司要求参与人数少、效率高、效果尽量好，使用的也几乎都是大家耳熟能详的工具。比如将 QQ 等用于团队协作，将美图秀秀、Piktochart 用于发长的信息图（公益组织优惠），用 MailChimp 工具用于邮件管理（公益组织优惠），网站管理则用 Wordpress，统计则使用金数据。"前边提到很多工具，对于很多技术咖来说，找这些工具不是问题，但对大部分公益组织的工作人员来说，找起来就不会那么容易。"图鸥公益的张强表示。为了方便公益组织找工具，工作坊现场开发了公益工具箱，将目前能够找到的适合公益组织的工具全部集中在一起，划分为项目管理、人员管理等不同板块，并附上应用介绍以供选择，类似于公益领域的应用商店。

资料来源：惠泽人 i 志愿大学专业志愿服务案例库（2018）。

【点评】

本案例公司利用年会与公益组织合作开办技术创客的公益马拉松工作坊，由技术员工与公益组织成员一起，在密切交流、培训、辅导和协作中共同开发 IT 应用工具箱，为公益行业提出技术应用基础保障。

专业技术员工在面对公益行业技术需求时，常常面临信息和知识不对称的问题，他们需要面对面深入交流，但却受阻于日常忙碌的工作而难以抽出时间。创意马拉松极限工作坊模式就是利用节假日或活动，充分利用"白天＋黑夜"的 24 小时，通过专业志愿者团队与非营利组织人员头脑风暴，共创可让用户接受和使用的技术产品和解决方案。实际上，通常在马拉松工作中会有 5~10 名甚至更多的志愿者参与，他们合力提供的志愿服务时间一般可以达到每次 100 小时以上。

四、标准化团队项目

标准化团队配合模式指的是团队中每个人都有独特具体的职责，通过团队协作配合完成任务。每个项目的范围和结构都参照标准结构，根据伙伴非营利组织的需求完成工作。这种商业活动中常见的团队配合模式用于为非营利机构提供咨询服务，对组织进行调研、咨询，并提供适合组织的解决方案。

案 例

第一资本的标准化团队方式

作为这一模式的典型代表，第一资本（Capital One），针对该公司的各部门都可以自行独立开展 Pro Bono 的情况，公司通过创建 Pro Bono 协调机制和服务标准来确保各部门的 Pro Bono 分队保持统一的公司品牌水准。

在市场部的 Pro Bono 品牌队（Brand Corps）赢得广泛口碑后，第一资本的其他部门，包括信息技术、金融、法律和人力资源部门，先后加入品牌队，为公司的非营利组织伙伴提供能力建设。每个分队都可以创建自己的 Pro Bono 目录，详述它们提供服务的范围和完成任务所需的能力。此外，公司举行固定的圆桌会议，大约每 6 周一次。会上会审查潜在的 Pro Bono 对象，并将公司的慈善事务排出优先级。利用跨学科小组的方法，每个项目的成功率有所提高。第一资本强大的在线平台，使该计划高度可扩展，而且创造了很好的职业发展机会。仅 2008 年一年，这些以团队技能为基础的专业团队就通过 84 个项目，为 33 个非营利组织贡献了价值 200 万美元、超过 2 500 小时的专业志愿服务。

资料来源：北京博能志愿公益基金会《专业志愿国际案例集（2017）》。

【点评】

通过与具有发展潜力的非营利机构发展合作伙伴关系，第一资本对行业的整体需求有了更广泛的了解。此外，参与 Pro Bono 的员工也加强了对社区问题的认识，并且有机会将志愿服务过程中的经验教训纳入日常工作体系，由此带来更出色的工作表现。

该模式适用于所有非营利行业，如果其产品和服务可为整个行业通用的话，Pro Bono 就会产生巨大的价值和影响力。

对公司来说，为一个较大规模的非营利行业提供至关重要的资源，必然会获得相当的认同和口碑。但公司需要考量的是，这个模式需要一定的初始资金和细致的执行监督。一旦形成模式，标准的工具和步骤将展现出该模式的可持续性和高效规模化。

五、全行业解决方案

全行业解决方案是指企业利用其核心技术和员工志愿服务，针对公共管理和社会部门提供一揽子解决方案。该方案不限于某一个机构使用，而是针对相关行业、某个社会问题，在更大的社会层面实施专业服务，具有系统化和很强的应用性，因此也更加有社会影响力。

案 例

Salesforce.com 公司开发非营利行业解决方案

Salesforce.com 公司因其帮助成千上万的企业更好地管理数据，赢得了销售业务和客户关系的口碑。在 2006 年，该公司推出了一个非营利版本，为有资格的组织提供免费服务，有针对性地解决非营利部门的一些常见问题，例如捐助者和志愿者的管理问题。面对强化非营利部门的机会，Salesforce.com 选择集中资源来发展一个高度可扩展的产品或服务，解决非营利部门中常见的相关需求。虽然只有一个产品，Salesforce.com 仍能够用行业范围内的解决方案解决全行业的问题。Salesforce.com 还无偿提供辅助实施和咨询服务。服务是对行业解决方案的补充。

资料来源：北京博能志愿公益基金会《专业志愿国际案例集（2017）》。

【点评】

这个模式对公司来说成本较高，高到什么程度取决于要开发的工具产品的复杂性和对现成的商业用途的工具做调整所需要的人力成本等。这样具有诚意的贡献，必将为公司赢得良好的口碑。

这个模式常见于互联网公司提供的专业志愿服务。在互联网时代，非营利机构常常滞后或无力承担互联网的研发费用。因此，IT 公司如 Salesforce.com 等，就考虑针对非营利领域的共性需求，研发一款通用工具，解决非营利领域的共性需求。

另一个典型案例来自中国的阿里巴巴，一个以电子商务平台、云计算和数字媒体等为核心业务的互联网公司，其在向社会提供技术解决方案时，更多地体现了他们的社会责任和同理心。

案 例

阿里巴巴"团圆"系统

在中国，拐卖儿童时有发生。以往，公安机关会用发布寻人启事的方法寻找线索，但作用有限。寻找失踪儿童的启事印出来再贴出去，一是需要时间，二是经不住风吹雨淋。针对这一社会问题，2015年11月25日，阿里巴巴成立"打拐办"，又称"团圆"系统，与公安部共同开发中国儿童失踪信息紧急发布平台。

其实，这个"打拐办"是一个虚拟的公益项目小组，是全部由阿里的技术工程师自愿参与组成的专业志愿者项目，阿里巴巴也对"团圆"系统进行人力和财力上的投入，投入大数据、人工智能等最新技术能力。"互联网时代，大数据已经成为一种基础工具，怎样让群众真正参与到打拐这件事中，及时提供线索协助公安找回孩子，这的确是需要技术来解决的问题。"阿里巴巴集团安全部总监魏鸿是"团圆"系统的负责人，她带领"打拐办"志愿者团队利用业余时间昼夜工作，最终于2016年5月15日发布公安部儿童失踪信息紧急发布平台——"团圆"系统。通过"团圆"系统，全国省（区）市县6 000多名打拐民警都可以在第一时间登录平台系统，经过简单的操作，就能以弹窗的形式，在已经接入的25个App上将失踪儿童信息推送给公众，发动群众参与打拐。这开创了全民科技打拐新时代。

据介绍，截至2018年12月15日，"团圆"系统共发布儿童失踪信息3 659条，找回3 599名儿童，找回率为98.36%。目前"团圆"系统的成功经验正走向国外，作为"互联网+打拐"的中国经验由联合国在国外推广。2018年，"团圆"系统的首次海外试点在肯尼亚落地。

资料来源：惠泽人i志愿大学专业志愿服务案例库（2018）。

【点评】

"团圆"系统是阿里巴巴专业志愿者团队为解决儿童失踪信息发布问题而为公安部和社会公众提供的一个互联网"打拐"全行业解决方案。这个案例的背后，反映出企业核心价值观及其领导者的社会责任感，以及公司文化和员工的志愿精神。本案例志愿者团队仅用半年时间就开发了卓有成效的技术解决方案。企业的系统支持、专业化的管理和技术投入、员工积极的奉献和激情，都与企业战略公益和核心业务紧密结合，因此能够更加有效地回应社会需求。

六、冠名社会议题

冠名社会议题模式指的是这项社会议题是全公司都聚焦的社会议题，将其与公司品牌和口碑合二为一，可使其具有该公司鲜明的特征。

以德勤会计师事务所为例。它最关心的社会议题是改善低收入家庭的教育机会。通过调研，德勤锁定了"高校峰会"这个团体。德勤全体员工的专业能力与额外的公司资产结合在一起，撬动内部所能调动的资源，聚焦同一个具体的社会议题，使公司品牌与该社会议题紧密相连，这就是冠名社会议题模式。

案 例

德勤围绕"高校峰会"的冠名社会议题专业志愿服务模式

德勤选择了一个在招生决策中有话语权的机构——高校峰会（College Summit，CS），对与峰会相关的全国性和地方理事会、临时组建的议事委员会等提供专业志愿投入，既包括德勤核心业务，也包括其他技能型志愿服务。这些智力的投入，加上不菲的现金捐赠支持，整合在一起，帮助低收入家庭直面教育社会变革。

首先，在该计划中，德勤参与各种旨在提高大学低收入学生入学率的行动，花了一年多的时间为"高校峰会"建了一个价值数百万美元的资料库。数据库帮助"高校峰会"组织提高了生产力，作为一个标杆项目，德勤持续向"高校峰会"提供专业志愿服务，这不仅使组织变得更高效，还拓宽了重要的新收入来源。"高校峰会"这种综合支持改善了全国低收入大学生的生活，而且最终解决了和德勤密切相关的问题。

有些学校87%的信息来自"高校峰会"的资料库，这意味着"高校峰会"的工作人员在写报告方面的时间节省了很多，他们可以有更多的时间去积极影响学生的生活。另一个结果是从"高校峰会"收到入学率信息的学校的数量增加了300%，并且可与学生一起行动。此外，"高校峰会"报告参与计划的大学入学率提高了20%。

资料来源：北京博能志愿公益基金会《专业志愿国际案例集（2017）》。

【点评】

德勤的冠名社会议题是教育，所以它的社会性投资有的放矢，用于与教育相关的各项公益慈善活动。通过冠名社会议题这种模式，招募、动员和吸引对该议题有使命感的员工。

咨询公司和会计师事务所等是专业志愿者的重要来源。德勤会计师事务所特别关注低收入家庭学生的大学入学率，把教育作为冠名社会议题，它的目标是提高大学入学率。组织专业志愿者投入专业服务工作中，在调动重要内部资源来解决特定社会问题的同时，也有效地倡导和动员了外部公共资源。

七、业务战略一体化

业务战略一体化，顾名思义，就是专业志愿服务与公司的业务战略融为一体，显然，专业志愿服务要素贯穿公司各个层级和遍布全球各地的办公室。这个模式的典型代表是IBM和SAP，IBM的志愿服务队模式已经广为人知，无须赘述。

SAP的专业志愿模式也被GPBN誉为与企业业务融合度最高的专业志愿服务模式。SAP关注不发达地区的青年人教育、培训和就业前景，运用多层级多方式引入Pro Bono，让SAP员工有机会接触全球各地的青年人群体。SAP是以一种战略的形式来实现前述的目标。SAP致力于为青年人提供解决社会问题的技能，帮助他们在数字经济中生存和成长。在形形色色的社会项目中，SAP选择了与当地组织进行合作，将自身和当地社会紧密地联系在一起。SAP的努力主要集中在两个领域：（1）支持促进青年就业类的创新型社会企业发展；（2）培养IT部门的技术型员工。SAP或者派出参与项目执行的专业志愿服务员工，或者为当地组织提供新的发展思路，或者直接对当地青年进行技能培训，这些都与这一奋斗目标是一致的。SAP员工的专业能力，不仅为SAP的成功提供了强有力的支持，同时也以志愿服务的形式为社会创造了巨大的财富。

SAP的专业志愿服务项目影响最大的是面向欠发达地区非营利机构和难民中的青少年量身打造的"带薪社会假"和"代码周"。

案　例

SAP的业务战略与专业志愿共生方式

SAP带薪社会假（Social Sabbatical）实际上是一系列专业志愿服务项目的组合。简单来说，SAP带薪社会假的目标可以分为以下三部分：（1）帮助非营利机构和社会企业解决具体现实挑战；（2）促进参与者领导能力的提高；（3）促使SAP成为企业的优先选择目标。为了实现这些目标，SAP 的员工被置于高度多样化的团队中，以完成短期任务（一般为期两周）的形式，去其他国家的新兴市场，凭借其专业能力帮助当地的非营利组织和社会企业应对来自数字时代的挑战。

"我们所做的，是了解它们想去哪儿和它们所在的位置，并帮助这些非营利组织和社会企业弥合两者之前的空缺。" SAP "代码周" 即 SAP 在 38 个国家和地区开展了 "代码周" 活动，为青少年进行基础编程能力培训。

资料来源：北京博能志愿公益基金会《专业志愿国际案例集（2017）》。

【点评】

通过统筹 SAP 员工才能、企业技术和社会组织合作伙伴，SAP 在为全球青年提供教育和创业机会的同时，也提升了其主营业务的品牌知名度和美誉度。

八、不限时外包

众所周知，非营利机构普遍难以吸引并留住人才。即使当软件工具解决方案渐渐出现时，非营利机构也很少关注或考虑它，更不用说花钱买它了。软件公司 CSOD 决定采取措施回应在非营利行业被忽略且鲜有满足的需求，这就是不限时外包模式。

案 例

CSOD 公司的不限时外包专业志愿服务

社会组织，特别是中小型的社会组织在发展的过程中经常面临专业性挑战，比如公益项目的管理以及机构的管理，由于规模较小、人员有限，特别是具备专业知识经验的管理人才较为稀缺，在管理方面经常陷入误区或面临挑战。针对此，CSOD（Cornerstone OnDemand）公司推出了不限时外包模式的 Pro Bono。每一年度公司都邀请非营利社会组织申请它的 "战略伙伴计划"，入选的社会组织可以获得 "不限时外包" 的专业志愿服务，这里说的 "不限时外包" 的内容，不是简单地提供免费的技术平台入口，而是如何运用其技术提供咨询服务，是一种无期限且持续的服务。具体做法是 CSOD 公司为作为战略合作伙伴的公益组织指派一个专门的客户经理，该经理为社会组织提供专业化管理咨询，其业绩与该经理从事收费的商业服务一样都纳入公司业绩考核之中，以确保社会组织所获得的免费的专业志愿服务的成效。该模式对提供外包服务的公司影响显著，边际成本很低；除了获得美誉之外，还为员工提供了了解别样的客户群的机会。

资料来源：北京博能志愿公益基金会《专业志愿国际案例集（2017）》。

【点评】

该模式适合公司的战略非营利组织伙伴。公司不论大小都可以选用这样的模式。该模式可以复制和推广到更多的非营利组织，乃至整个非营利行业。

这个模式是帮助小型慈善组织的好方法，因为小组织可能无法长期雇用全职的专业人员。

综上所述，专业志愿的本质是为公益慈善事业引入专业人才。搭建专业人才与公益事业之间的桥梁是我们推动专业志愿的初心。在专业志愿服务公益慈善事业的使命之路上，政府、基金会、企业、传播与平台，自然人和专业志愿服务支持机构，都有其独特的作用和价值，缺一不可。

思考与讨论

1. 请梳理政府主导模式、社会投资机构主导模式、支持机构或社会组织主导模式、企业主导模式的专业志愿服务的类型。
2. 实践中还有哪些值得借鉴的专业志愿服务模式？请举例说明。
3. 在专业志愿服务领域，政府和非营利组织、企业是如何协同的？

第七章
专业志愿服务的项目管理

引 例

法国专业志愿服务实验室七步助力公益组织

作为全球专业志愿联盟创始成员之一的法国专业志愿服务实验室（PBL）的旗舰业务之一，为期一天的专业志愿服务马拉松项目，在法国本土，特别是巴黎地区为企业员工开发的专业志愿服务马拉松项目模式，共有七个实施步骤：

（1）与合作方达成对项目活动的全面共识、规划安排、后勤行政保障、项目聚焦的社会议题、项目沟通机制等（倒计时3个月）。

（2）选择项目服务对象机构（倒计时2.5个月）。

（3）明确界定项目的工作范围并做好招募志愿者的准备工作（倒计时2个月）。

（4）细化准备项目所需的各种设施、物料等，与志愿者电话接洽（倒计时1个月）。

（5）组织实施项目活动（活动日）。

（6）感谢参与活动的人员，向所有人提交预定的项目，交付成果并发出项目评估表（活动完成后第3天）。

（7）组织一次各方参与的结项活动，庆祝项目最终的成果及其影响（活动完成后3个月）。

资料来源：惠泽人i志愿大学首届中国专业志愿领袖国际研修班教材（2017）。

【点评】

这是一个典型的项目管理流程。PBL在实施专业志愿服务项目时，将通常相对笼统的规划术语，以"待办清单"形式呈现，凸显的是细致和严谨的专业性。

从理论上看，专业志愿服务项目管理与其他任何项目管理并无二致，具有自己的特征：一是确定关键的社会组织需求并以此开发相适应的专业志愿服务项目，二是吸引、招募、匹配和维护专业志愿者，三是确保专业志愿服务回应需求，四是发挥专业志愿服务更深远的社会影响力。因此，在保持通用的项目管理流程的同时，需要通过实施步骤的划分，以专业和严谨的态度和行动来实施专业志愿服务，解答上述问题。

本章将专业志愿服务项目按照常见的项目管理流程标准逐一介绍，解析如何将前述章节的知识点融入具体项目，了解专业志愿服务从理念到实际操作各环节的内在逻辑关系。特别是对公益慈善机构来说，学习如何独立牵头策划、设计和管理专业志愿服务项目；对企业来说，学习如何选择公益合作伙伴；对基金会来说，学习如何聚合优质资源，为基金会资助对象输送人才，更加有效地鉴别如何确保项目资助符合预期。这样可以让读者对专业志愿服务实施步骤有一个总体框架上的认识，能策划专业志愿服务，并遵循科学的步骤开展专业志愿服务，同时可以结合具体实践不断优化实施步骤，实现项目管理流程再造。

第一节 专业志愿服务项目管理概述

一、项目与项目管理要素

如前所述，专业志愿服务项目管理本质上也是项目管理范畴，是运用各种相关技能、方法与工具，为满足或超越项目有关各方对项目的要求与期望所开展的各种计划、组织、领导、控制等方面的活动。而项目是指在一定的资源条件下，限定一定的时间，为供需双方达成服务目标所开展的一系列特定相关活动。

项目管理具有三个相互制约的要素：
(1) 范围：可交付成果、质量；
(2) 成本：人力资源、物力和财务预算；
(3) 时间：活动、进度和截止日期。

范围、成本和时间三要素组成"三角限制"。因为每一方面都很重要，没有一方面比另一方面更重要，至少从项目控制的角度来说是如此，故也称"项目管理的三角限制",这三个要素在最大范围内组成了一个完整的项目(见图7-1)。如果有一部分发生变化,至少余下的两个部分的其中之一也会发生变化。

图7-1 项目管理的三角限制

保持三角限制的三要素的平衡是项目负责人和团队的目标之一。要做到这一点就需要掌握大量的管理技能,如沟通技巧、风险管理、合同签订、监测评估、时间和财务管理、报告、团队建设以及其他技能。在项目管理实践中,只能根据现实情况把握相对的平衡。

案 例

计划赶不上变化

某高校支教志愿者社团参与一个暑期乡村教育调研项目,按照财务预算有1万元调研差旅经费,可以派遣5名师生参加。因为关键的专家志愿者可投入的时间只有一周,因此只能购买机票来确保调研时间,但在预订机票时才得知该航线暑期非常忙碌,机票价格较高,按照预算限制只能购买3个人的往返机票。这已经打乱了项目原定的计划。最终,项目组不得不降低志愿者标准,重新招募大学生,用两周的时间参与调研,其中一周时间乘坐火车往返。

资料来源:惠泽人 i 志愿大学专业志愿服务案例库(2017)。

【点评】

本案例中的项目管理遇到一个关键因素限制:调研经费,即成本限制。

因此，人员数量、时间和项目范围及质量都根据经费来实施。在实施中，当关键的专业志愿者时间条件受到限制时，就无法保证调研人员的数量。调整延长时间因素，改用更加廉价的交通工具，才能基本保持项目不受影响。

一般来说，需要从以下三个方面管理控制项目[①]：

1. 成本的限制

在许多专业志愿服务项目中，必须控制项目经费，保证计划的成本和实际的成本相吻合。如果项目经费超出计划成本，项目实施过程也要求将费用控制在可接受的范围内。"可接受的限制"是由志愿者组织根据自身对项目的限制而制定的一个可以接受的变化程度。有的项目严格，有的项目可能较宽松。一般的项目成本（人员费用、差旅经费和活动经费等）、时间和范围的可浮动幅度为5%～10%。只要超出这个幅度，项目负责人就应进行控制。

2. 时间的限制

项目的执行时间不能无限拖延，应尽量在计划时间里完成应该完成的任务。对于不能按计划实施的任务，也要求在项目范围内完成。如果计划进度与实际进度有较大出入，就不得不及时重新检查任务，以调整进度，按时完成项目。

3. 范围的限制

在控制项目时考虑的最后因素是范围。范围管理是通过比较已完成的和正在进展中的可交付成果来确保项目的实施是在活动范围内。比如，时间过半，任务就应该过半。如果成果没有过半的话，项目经理就必须确保在未来一半的时间内完成全部的成果。

最后，提示一点：好的项目管理不仅可以促进项目本身的成熟，而且还能够帮助志愿者和管理机构发展。

二、专业志愿服务项目管理的原则

专业志愿服务是公益活动，因此首先要遵守国家法律法规和相关政策，遵守社会道德和伦理，同时也要遵守志愿服务组织的制度要求和专业

---

① 北京市民政局. 社区志愿服务项目化运作与管理：社会治理创新实践. 北京：中国社会出版社，2015.

规范。

《志愿服务条例》第三条明确规定，"开展志愿服务，应当遵循自愿、无偿、平等、诚信、合法的原则，不得违背社会公德、损害社会公共利益和他人合法权益，不得危害国家安全"。特别要强调的是平等和诚信原则。

平等原则，是指无论文化程度、专业技能高低，无论职业资质和专业经验多少，无论个人背景多么不同，无论商业和非营利的资源分配如何不均，无论所面临或合作的利益相关方有多少分歧，在公益合作中各方的身份没有高低之分，都是公益合作伙伴。

诚信原则，是指诚实有信用，信守承诺，实事求是。"诚"与"信"一般是伦理规范和道德标准。在一般意义上，"诚"即诚实诚恳，主要指主体真诚的内在道德品质；"信"即信用信任，主要指主体内诚的外化。"诚"更多地指"内诚于心"，"信"则侧重于"外信于人"。"诚"与"信"一组合，就形成了一个内外兼备、具有丰富内涵的词汇，其基本含义是指诚实无欺，讲求信用。千百年来，诚信被中华民族视为自身的行为规范和道德修养，形成了独具特色并具有丰富内涵的诚信观。

专业志愿服务项目在项目管理原则的基础上，还有其特殊的五项基本原则：

原则一：了解、确定并定义非营利组织的需求。这是服务的"合法性"基础，也是项目要解决的根本问题。

原则二：恰当的资源配置。志愿者不领取报酬并不意味着服务项目不需要资金，也不意味着非营利组织不提供必要的支持和保障，项目需要整合非营利组织、专业志愿支持机构和社会上的人员、物资、时间等资源。

原则三：正确看待专业志愿服务的截止日期。尽管项目计划有明确的截止日期，但是项目中的变化管理是必不可少的。由于志愿者的业余时间可能会受到多重因素的影响而发生改变，因此对于最终的项目截止日期，管理者需要有一个区间范围。

原则四：彼此都要像对待付费客户一样。这是对市场经济和职业人士而言的，也是诚信契约精神。虽然专业志愿服务项目是具有较高市场价值的专业服务产品，但并不直接向客户（非营利组织）收费，这里需要特别强调的是，要像市场经济行为一样，提供服务者和接受服务的客户都要遵守项目契约。

原则五：赋能与合作共创，志愿者与客户之间的双向学习。志愿服务

163

是公益性活动，而专业志愿服务是发展性项目，其核心理念是通过"赋能"和"参与"共建共创，各方相互学习，实现共同发展。

三、专业志愿服务项目管理的步骤

本书作者团队根据国际专业志愿管理经验和国内实践经验，为便于实践操作，将专业志愿服务项目分解为五大阶段十个步骤。依据当代专业志愿的推动者、美国 Taproot 基金会创始人阿伦·赫斯特先生主编的全球专业志愿的必读资料"黄皮书"*Powered by Pro Bono*[①]，结合 2012 年之后全球专业志愿联盟成员的实践成果，吸收了亚洲公益创投网络、全球职场革命网络等在内的公共部门社会治理创新中的专业志愿元素，本着"他山之石，可以攻玉"的原则，着眼我国志愿服务的发展动态，按照我国的专业志愿与公益慈善生态系统各主体的决策部署思路，依据最复杂最难于把握的专业志愿模式——咨询服务，编制了中国专业志愿服务项目实施五大阶段十个步骤，如图 7-2 所示，这十个步骤适用于第六章的所有专业志愿模式。

一、立项设计	步骤一　锁定社会痛点问题 步骤二　确定项目目标和范围
二、项目筹备	步骤三　筹措落实资源 步骤四　组建核心团队
三、项目实施	步骤五　志愿者招募与培训 步骤六　项目实施与管理
四、评估认可	步骤七　质量监测与评估 步骤八　志愿者认可与激励
五、成果传播与转化	步骤九　传播好经验 步骤十　跟踪监测与成果转化

图 7-2　专业志愿服务项目管理步骤

第一阶段，专业志愿服务项目立项设计，该阶段聚焦锁定社会痛点问

---

① Taproot Foundation. Powered by Pro Bono: the nonprofit's: step-by-step guide to scoping, securing, managing, scaling Pro Bono resources. San Francisca: Jossey-Bass, 2012.

题、确定项目目标和范围。

第二阶段，专业志愿服务项目筹备，该阶段聚焦筹措落实资源和组建核心团队。

第三阶段，专业志愿服务项目实施，该阶段聚焦专业志愿者招募与培训，并管理志愿者和利益相关方完成项目任务的实施。

第四阶段，专业志愿服务项目评估认可，该阶段聚焦专业志愿服务质量监测与评估、志愿者认可与激励。

第五阶段，专业志愿服务项目成果传播与转化，该阶段聚焦专业志愿服务项目成果经验的传播和成果转化。

专业志愿服务的步骤因各行业的专业特征可简可繁。说简单，一个 IT 的解决方案，如果提供的专业支持与日常业务一致，只是将对常规客户的服务延伸到公益慈善机构，那么这个专业志愿服务就相对直接，成果清晰；说繁杂，一个战略规划、筹款方案，可能需要更多的调研，需要数月才能完成，成果或许需要分解逐步完成。更多的项目内容，介于简繁之间，一个外宣策划案、一个财务内审把关案，可能需要集中 1~2 天时间就能完成。凡此种种，基本步骤基本一致，遵循标准咨询项目的四阶段规律，如确定项目目标和范围，筹措落实资源，项目实施与管理并推广到整个机构，但由于专业志愿服务的内涵是推动社会使命的进步和实现，完成常规咨询项目前四个阶段之后，还需要就项目成果的延伸和影响力进行追踪，因此需要加入第五个阶段。

第二节 专业志愿服务项目管理流程

一、立项设计

案 例

英国 Impetus-PEF 看到的社会痛点

Impetus-PEF 的立身之本是直面一个关乎现在和未来的社会痛点：在当今的英国，由于贫穷导致一些年轻人与其他家境良好的同龄人相比，英语和数学两科难以顺利结业，从而升入大学的可能性比同龄人要少

50%；即使毕业，能顺利找到工作的可能性也较小，保住工作的可能性更小。这样的年轻人，人数高达 200 万。如何解决这一社会问题呢？

Impetus-PEF 决定从教育和就业两个维度来直面这个社会痛点。具体做法是，Impetus-PEF 发挥自身影响力，在政策和其他战略资源方面发力，同时筛选一些定向服务这些年轻人的公益慈善机构，支持这些公益机构，与它们并肩作战，让它们变得更加强大，工作成绩逐年上升，服务人群不断扩大。

Impetus-PEF 的成功做法是，运用社会影响力投资的三个法宝原则：投入战略资助资金 410 万英镑，投入专业人才和专业志愿服务项目资助各 200 万英镑①，并依据公益慈善机构提高能力的实际需求，有针对性地量身定制服务项目，其中包括业务规划、发展和市场战略、财务步骤与体系、财务模型工具、合同审阅、起草合作协议、知识产权建议、招聘法律支持、高层管理教练术等。提供专业志愿服务的企业包括普华永道、KPMG 等世界级咨询公司。

资料来源：北京博能志愿公益基金会《专业志愿国际案例集（2017）》。

【点评】

Impetus-PEF 的案例最大的亮点在于专业志愿服务项目实施步骤的开端和收官。在第一阶段，Impetus-PEF 为专业志愿服务项目在直面社会痛点中的作用和角色做了非常明确的界定，为了实现更大的社会影响力，它没有选择直接服务于贫困青少年，而是投资于服务贫困青少年的非营利组织，这为此后操作层面的实施步骤确定了清晰的目标和范围。

第一阶段聚焦锁定社会痛点问题与确定项目目标和范围。第一，识别社会痛点，从而深刻理解专业志愿服务的社会价值；第二，从社会痛点出发，设计和实施专业志愿服务，从而让社会中不同的群体界定自己在专业志愿服务中的主体作用。这个步骤不可或缺，关乎专业志愿的持续号召力、规模化和社会化。

---

① https://impetus.org.uk/backing-charities.

步骤一：锁定社会痛点问题

（一）识别社会痛点

专业志愿服务的目的是通过助力公益慈善事业，更加有效地解决社会问题，而公益慈善事业的本质是回应社会痛点。那么应如何识别社会痛点呢？对社会痛点，社会中的不同群体和个体会有不同的观点和体会，但无论在什么社会环境中，对公益慈善的范围都有明确的界定，并不会任意定义。一般来说，正式的公益慈善项目应具备以下几个特征：

第一，符合当地法律法规中对公益慈善领域的划分和具有当地特色的社会议题。我国公益慈善领域最重要的一部法律《中华人民共和国慈善法》于2016年正式发布。该法明确界定了慈善领域和慈善活动。慈善活动是指自然人、法人和其他组织以捐赠财产或者提供服务等方式，自愿开展下列公益活动：

（1）扶贫、济困；

（2）扶老、救孤、恤病、助残、优抚；

（3）救助由自然灾害、事故灾难和公共卫生事件等突发事件造成的损害；

（4）促进教育、科学、文化、卫生、体育等事业的发展；

（5）防治污染和其他公害，保护和改善生态环境；

（6）符合本法规定的其他公益活动。

不同省份和地区，上述领域的社会议题的严重性和迫切性不同。例如，在四川等自然灾害高发地区，救助自然灾害、事故灾难和公共卫生事件等议题，相对其他地区或许更加紧迫。在偏远的西部地区，扶贫、济困领域的课题，相对于东部发达地区更加紧迫。因此，如果专业志愿者关注某个地区的发展，那么他及其供职的公司或机构，或许需要了解当地在特定时间段的最大的社会痛点是什么，从而最大限度地实现专业力量助力当地社会议题的公益目标。

第二，遵循所属行业共识。法律、会计、设计等行业，将专业志愿纳入行业规范，在专业志愿领域一直起着表率作用。例如2011年，美国设计师行业承诺将其5%的可计费时间留给非营利机构，为其提供免费服务；而美国建筑所已经将专业志愿服务纳入行业行为准则范围。"B+C运动"拉开序幕后，美国大公司的CEO联盟CECP对大公司在社会领域的投入进行年度调研汇总。其间，就哪些投入能纳入社会捐赠范畴制定了统一标准。这些标准对公司企业识别社会痛点、社会议题提供了指导作用。

该标准的依据是联合国推荐的"非营利组织国际分类"（International

Classification of Non-Profit Organizations），大致为9大类：（1）文化、娱乐、体育；（2）教育；（3）健康；（4）社会服务；（5）环境；（6）开发与住房；（7）法律与倡导；（8）公益经纪人机构和志愿精神推广；（9）国际活动。

该标准特别需要关注不能被认定为慈善目的的活动类别：政党和政治组织，商业协会（例如商会）和专业协会（例如律师协会）、工会、劳工组织，宗教组织（教堂、寺庙）及其协会[①]。

第三，顺应当下的热点议题。在社会创新、跨界合作和影响聚合的策略显现出巨大效果的当代，社会议题已经超越传统的非营利机构，政府部门和社会企业都可能成为专业志愿的服务对象。

（二）选择社会议题

从人类可持续发展的国际议题方面看，可供专业志愿服务借鉴的议题是全球可持续发展目标中的17类议题（见表7-1），包含在四大类别之中：

表7-1　　　　　　　全球可持续发展目标（SDGs）议题

类别	SDGs议题
人类生存与平等	（1）贫穷、贫富差距
	（2）饥饿、营养不良、农业与粮食安全
	（3）健康问题、疾病与传染病、儿童死亡率
	（4）教育的不公平、缺乏终身学习机会
	（5）性别不平等、妇女和女童权力侵害
	（6）饮水不安全、缺乏卫生设施
公平经济发展	（7）能源匮乏，价格不合理
	（8）经济发展不可持续，生产性就业不充分
	（9）产业、创新与基础设施不包容
	（10）国家内部和国家之间的不平等
生态环境保护	（11）人类居住区与城市发展问题
	（12）生产和消费模式浪费
	（13）自然灾害、气候变化及其影响
	（14）海洋污染和海洋资源减少
	（15）陆地生态系统恶化，生物多样性消失

---

① Categories and Draft Definitions from What Counts: The S in ESG, CECP with Support from USAA, February 2017（pages 13-14 of that report）.

续前表

类别	SDGs 议题
和平与合作	（16）暴力、战争、社会与司法不平衡
	（17）国际合作与伙伴关系

在众多社会痛点和社会议题面前如何选择？前文讨论分析了政府、公司/企业、专业志愿服务支持机构等主体主导的专业志愿模式，其中的每一个主体都可以有自己的选择。例如"激励苏格兰"通过8个资助项目，扶持了300多家公益慈善机构。且"激励苏格兰"的收入80%来自政府公共财政，"激励苏格兰"在头几年就调动了350多位专业志愿者投入。长达数年乃至数十年的投入的背后，是其对所选择的社会痛点问题的持续关注。

公益创投主体长期坚持聚焦某个或某几个社会议题。因此，社会议题的选择直接影响到专业志愿服务的成效。

在现实中，常常出现这样的情况：一个公益机构在一开始注册成立时，按照注册登记的要求，对自己的愿景、使命和策略都有较为具有说服力的描述和呈现。这通常都是在深思熟虑后才形成的。但是，成立之后的运营由于受到各种因素的影响，特别是筹资的压力和公益机构普遍存在的力不从心现象，很难沿着预设的轨道发展，于是出现各种战略规划工作坊，思考和制定战略，但计划赶不上变化。周而复始，机构长期处于初创阶段的捉襟见肘，天天忙碌于各种具体项目，但这些项目成果即使叠加，也很难呈现实现目标道路上的进展，面向投资方、捐赠人、公众和自己，对于变化，无从验证。社会问题的解决不可能是线性的，但是某种有时间序列的追踪监测仍是必需的。没有测量，何谈管理和变化？从这个角度看，公益机构对社会问题的聚焦，是非常必要的。而专业志愿服务从形式上看，没有特定的社会议题限制，可以是符合法律法规和行业规范等领域要求的任何一类。聚焦社会议题，是成功的专业志愿服务项目的前提。

那么，究竟谁做选择呢？表7-2为不同主体提供了决策场景。

专业志愿的对象是处于中心位置的公益慈善使命的守护者——公益慈善组织。每一个公益慈善组织都在守护一个社会使命。使命共情，是专业志愿的原动力。"专业志愿之本质，不在于无偿，而在于共创。"专业志愿服务可源于公司企业、公益创投和公益金会、政府、自然人，以及新兴的专业志愿服务支持机构。它们各自发挥独特的作用，或协同合作，或直

表7-2 专业志愿服务项目的社会议题决策层级一览表

主体	决策举例	决策场景
公益基金会	(1) 在愿景和使命确定后，是否有具体的回应社会痛点的中期目标（5年、3年、1年）？ (2) 是否了解有哪些机构也在关注社会痛点？ (3) 是否需要利用基金会的优势，撬动其他专业领域的机构或个人的力量？ (4) 基金会的筹资战略是否包括这些中期目标？ (5) 选择资助对象时，是否考虑与这些中期目标的关系？	战略规划制定、战略合作方确定、项目资助标准编制
企业	(1) 企业社会责任的目标是什么？与企业的业务战略是什么关系？与社会痛点是什么关系？ (2) 企业是否决定参考上市公司的非财务表现的ESG报告框架来制定CSR目标？ (3) 是否有固定的公益伙伴机构？合作内容的确定过程是怎样的？以企业的需求为准，公益机构执行（类似业务链条下的服务供应方）？ (4) 是否考虑到在机构内以部门或全公司为单位，植入专业志愿通道？ (5) 是否考虑对员工自主的专业志愿投入给予激励？ (6) 选择公益伙伴，除了公益伙伴的业务能力，是否考虑公益伙伴在回应社会痛点方面与公司社会目标的关系？	自我检视企业现有CSR报告：是对企业活动及其结果的描述，还是对这些结果的预期影响力的描述？与社会痛点的关系是什么？
政府机构	(1) 本届政府及其有关公共部门（民政、扶贫、环保、医疗、教育、残障等）的工作重点是什么？中期目标是什么？ (2) 政府工作方式如何突破常规，引入创新思路，筛选有迹可循的口碑专业志愿服务平台，将更多的职场专业人才引入制度和认可层面？ (3) 政府与企业的伙伴关系中，是否可以联合倡导专业志愿服务助力社会使命？	制定年度目标时，考虑借助专业志愿引领机构的经验，高调搭建与企业的伙伴关系，有序推动企业专业志愿潮流，为公益慈善事业引入职场专业"活水"
专业志愿服务支持机构	(1) 按照三类作用划分（倡导引领者、构建系统者、支持实施者），你的机构如何定位？ (2) 依据这些定位，在不同的战略合作伙伴关系中你的作用是什么？ (3) 具体着手的专业志愿服务项目聚焦的社会议题是什么？	与企业、基金会和公共部门讨论合作时，如何定位自身的作用？面对专业志愿需求方，如何发挥作用？
自然人	(1) 社会痛点问题这么多，但我最在乎的是…… (2) 我的本职岗位是……，我最擅长的是…… (3) 我的时间很宝贵，但我愿意为靠谱的公益机构贡献我的知识和经验，怎么办呢？	计划假期安排时，内心渴望能开辟职场以外的通道

接提供，最终殊途同归，为守护社会使命的公益慈善组织保驾护航。在公益慈善事业面前，虽然项目质量和可持续性是构成项目成果与影响力的重要考量指标，业务模式和项目管理等诸多运营思路和管理应该借鉴商界经验，但是公益事业的资方要摒弃"甲方"思维，主动去呵护和支持其选择资助的公益慈善机构，而不是高高在上，以"资方"或"甲方"的姿态去旁观或审查，从而建立和完善一种专业志愿服务生态系统（见图7-3）。

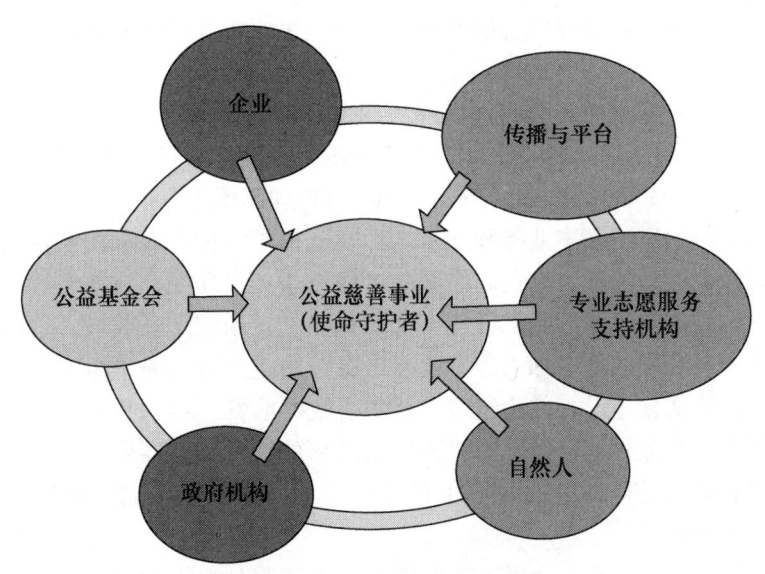

图7-3 专业志愿服务生态系统

资料来源：北京惠泽人公益发展中心暨博能志愿公益基金会《构建NPO能力建设资源的生态系统"项目报告》。

步骤二：确定项目目标和范围

在步骤一明确了大的社会议题，也就是战略方向后，接下来就需要明确具体的项目目标。这个步骤通常有四个环节，如图7-4所示。

1.需求评估　2.选择项目　3.界定范围　4.组建团队

图7-4 明确专业志愿服务项目目标的具体步骤

资料来源：Taproot Foundation. Powered by Pro Bono：the nonprofit's：step-by-step guide to scoping, securing, managing, scaling Pro Bono resources. San Francisca：Jossey-Bass，2012.

（一）需求评估

需求评估是一个梳理和分析问题痛点的过程，看似非常简单，但常常出现问题。美国Taproot基金会透露，在其收到的非营利组织对专业志愿服务申请中，有1/3误判了它们自己的需要，它们重视现象而不是本质，或重视它们很熟悉的事务而不是真正困扰它们的事因。例如，许多非营利组织寻找印刷宣传册而没有想过向受众或市场传达什么信息。没有这些信息，任何印刷品都会失去其应有的作用。清楚阐明你的需求是专业志愿服务最重要的步骤之一。

那么如何梳理需求呢？

首先要评估接受专业志愿服务的非营利组织处在哪个发展阶段。处于不同发展阶段的组织，面对同样问题时所具有的资源、可采用的解决方案是不同的。一般来说，组织发展经历四个阶段：初创期、快速成长期、成熟期、更新期。(1) 初创期：组织初创阶段大多没有明确的战略目标和完善的基础结构，专业服务方向以非正式的项目管理和团队协作为主。(2) 快速成长期：组织有了基本业务和项目之后，获得更多的资源和团队成员，其业务目标也逐渐清晰，专业志愿服务可侧重于项目质量与成效管理、筹资与营销，并搭建组织的基础设施。(3) 成熟期：组织增长放缓，着眼于质量改进，对管理的需求加大。专业志愿服务的重点可优先于组织内部管理优化和团队文化建设，并为组织创新变革做好准备。(4) 更新期：组织成熟的管理和业务模式已经无法快速回应外部的变化，需要变革与更新。专业志愿服务需要帮助组织做好外部环境扫描，反思组织战略和业务模式，找到创新突破点。

美国Taproot基金会提出了识别专业志愿服务需求的两个方法，如表7-3所示，即待办事项清单法和优先战略排序法。

表7-3　　　　　　　　识别专业志愿服务需求的两种方法

待办事项清单法	优先战略排序法
·在未来6~12个月你预测有什么样的任务或项目？ ·专业志愿服务怎样帮助你满足这些需求？ 这是被称为基于待办事项清单的需求评估	·在长期计划中，战略目标是什么？ ·专业志愿服务如何帮助你实现这些目标？ 这被称为基于战略的需求评估

1. 待办事项清单法

这个方法由1个"是什么"和3个"为什么"组成。

"是什么"：公益慈善机构希望产生或完成的具体任务、过程和成果是什么？这个问题的答案，应该是一个具体任务和行动的清单。

第一个"为什么"：为什么上述任务会对部门或职责目标的实现举足

轻重？这个问题的答案是找出这个专业志愿服务项目与部门或职责的年度目标的关联。可以通过列表方式来直观判断。

第二个"为什么"：为什么上述任务会对机构的年度目标举足轻重？这个问题的答案是找出这个专业志愿服务项目与机构的年度目标的关联。同样可以通过列表方式来直观分析。

第三个"为什么"：为什么上述任务对实现长期战略目标至关重要？这个问题的答案是找出这个专业志愿服务项目与机构的长期战略目标的关联。同样可以通过列表方式来直观分析。

通过上述过程，列出的待办事项清单必将会更加精简聚焦，为项目的设计打下较好的基础。应该是使用待办事项清单列出后，通过问三个"为什么"来最终识别对一个公益慈善机构未来几年的目标有直接影响的需求。

2. 优先战略排序法

这个方法主要由1个"是什么"和3个"如何做"组成。

"是什么"：机构的跨年度的战略目标是什么？这个问题的答案一般都是某公益慈善机构的战略目标。例如："通过发布白皮书，影响（某个领域的）公共政策-企业家需要更好的环境去筹措资金。"那么怎么才能做到呢？这就引出了以下"如何做"的问题：

第一个"如何做"：如何制定明年的年度目标，才有助于实现这个跨年度的战略目标？这个问题的答案可能是这样的表述：影响政策，减少各项规章制度的限制，拓宽中小投资者的筹资渠道。

第二个"如何做"：各部门如何制定明年的年度目标，才有助于实现机构年度目标？这个问题的答案可能是这样的表述：通过发布新的白皮书，让决策者了解最新的数据，并思考企业投资与相关法规之间的关系等。

第三个"如何做"：如何通过具体的任务、活动去完成部门目标和需求？这个问题的答案可能是这样的表述：通过组建研究团队对案例和公开可获得数据进行分析，呈现企业成功的故事。

上述过程，实际上是把待办事项清单法中三个"为什么"的顺序倒过来，把第三个"为什么"作为第一个"为什么"来问，在时间轴上由远而近，在维度轴上从大到小，需求的优先战略排序也会达成。其中的奥秘，就是把多年的战略目标分解转化为运营实际操作层面的计划和具体任务，所谓以始为终的倒推思路，这是"基于战略的需求识别法"（Strategy-based Needs Identification），也称为"优先战略排序法"。

这个方法的优势在于争取了时间。因为战略目标的时间多为3年左右，这样公益慈善机构就可有序地调动资源，明确哪些任务应该以员工为主、哪些任务最好以专业志愿者为主。这样也为专业志愿者调整并确保了贡献时间，增强了可行性。

上述两个方法，或者两个都用，或者只用一个，无论怎样，殊途同归，最终都会形成某个公益慈善机构的专业志愿服务的可选项目序列。那么如何进一步筛选呢？

（二）选择项目

项目初筛与选择，见图6-3中的第二和第三个环节，应依据四个准则进行筛选。

在商界，项目的筛选是基本常识，因为项目范围的变化直接影响到预算的变化。专业志愿服务的五大原则之一是"要像对待付费服务一样对待专业志愿服务"。按照这个原则，项目的筛选也可遵照商界筛选项目的常识。如何进行甄别和筛选呢？美国Taproot基金会提出了四个标准，即（1）范围是否清晰可行；（2）时间是否紧迫；（3）知识是否具备；（4）员工和理事会是否参与（见表7-4）。

表7-4　　　　　　对潜在专业志愿服务项目的筛选标准

筛选标准	描述	小贴士	自查清单
界定项目范围	（1）是否能清晰定义需要做的工作？ （2）是否确定项目全周期中不会发生变化？	（1）项目描述秩序基本信息，无须太过细化 （2）项目不要太宏大或宽泛，切割分解成小任务进行 （3）各方都清楚哪些是项目范围内或范围外的任务	（1）清楚说明项目的目标和主要交付物 （2）清楚项目所需小时总数、周期和完成时间 （3）清楚说明项目承载的短期和长期影响 （4）清楚介绍项目与部门目标和机构目标之间的关系
估算紧迫程度	（1）项目何时完成？ （2）一旦不能如期完成，会带来何种影响和风险？	（1）能承受完成时间推迟50%的后果 （2）重要但不紧急 （3）避免类似救场的任务	（1）能承受完成时间推迟50%后的后果 （2）该项目是机构必需且无可替代的 （3）可以明确呈现项目与机构的使命和战略规划之间的关系

续前表

筛选标准	描述	小贴士	自查清单
明确知识储备	(1) 专业志愿者团队是否具有足够的知识储备胜任此项目？ (2) 是否值得花精力培训专业志愿者相关知识？	(1) 专业志愿服务是双向学习过程，投入时间培训专业志愿者团队是必要的 (2) 同时需要运用时间成本和影响力的性价比 (3) 公益慈善组织要具备慧眼，学会说"不"：避免影响力有限，需要付出大量时间和精力让专业志愿者具备相关行业和机构知识	(1) 对高影响的项目：对咨询顾问的投入是否值得？ (2) 对中影响的项目：对咨询顾问的投入是否匹配？不至于太高？ (3) 对低影响的项目：对咨询服务的投入是否匹配？也控制在较低的投入水平？
整合团队共识	(1) 机构内部员工和理事会是否赞同实施这个项目且以专业志愿方式实施？ (2) 他们是否有时间参与？ (3) 他们是否有时间去实施项目产生的成果？	(1) 机构内对该项目做决策的层级是否足够权威？ (2) 理事会是否有反对意见？ (3) 员工是否具有管理该项目的能力和热情？	(1) 员工具备管理专业志愿者团队的能力 (2) 内容专家和决策者及时响应并提供相对应的支持 (3) 理事会至少有一位理事愿为专业志愿服务项目的全过程提供适当的参与支持

资料来源：Taproot Foundation. Powered by Pro Bono：the nonprofit's：step-by-step guide to scoping, securing, managing, scaling Pro Bono resources. San Francisca：Jossey-Bass，2012.

经过上述四个标准的筛查后，最后选定的专业志愿服务项目就具备了设计成功项目的可能性。在筛查过的项目清单中，选定排名第一或第二的项目进入下一步：细化项目设计并组织实施。

(三) 界定范围

界定项目范围并不容易，需要根据核心需求和项目目标确定项目范围。通常有以下四个具体步骤：

第一步，找到组织需要解决的优先事项并列出需求清单。

第二步，按照上述四项标准进行排序。

第三步，由项目经理与非营利组织确认优先的项目目标。

第四步，明确项目范围，并选拔内部团队。

(四) 组建团队

界定项目范围之后，需要建立内部团队。组建团队与前述需求甄别和项目筛选的过程类似，但更加具体，且需要由将要负责项目实施的员工牵头或参与来进行；组建机构的项目核心团队，是项目实施前的重要环节。需要特别关注团队组建的以下核心要素：

第一，明确职责，包括确定日常联系人、决策人、专家。在项目完成后，明确实施项目交付成果的团队及其职责权限。

第二，选择有动力、愿意积极参与的员工。

第三，从一开始就明确团队每个成员的各种待遇和条件。

二、项目筹备

案例

Impetus-PEF的专业志愿服务项目：与贝恩公司合作案例

服务对象的公益慈善组织名为行动辅导（Action Tutoring，AT）。

项目领域：业务扩展战略。

项目的由来：AT机构的核心业务是面向家境不好的年轻人提供志愿服务，帮助他们提高数学和英语成绩，从而为升入大学和此后的就业扫清障碍。AT机构对于这些青年人来说意义非凡。Impetus-PEF连续3年支持AT机构，帮助其强化了课程体系、辅导方法以及绩效管理步骤。AT机构认为自己可以进入业务拓展阶段，在今后3年服务更多的青年人，但是不知道如何着手。

于是，Impetus-PEF联合了"中心桥"（Centerbridge）基金会和贝恩公司，联手提供支持。专业志愿者由贝恩公司委派。解决专业志愿者人才问题后，就需要组建相互核心团队。Impetus-PEF的做法是"三位一体"团队。首要成员是Impetus-PEF团队具体负责这个公益慈善组织的"投资主任"（投行术语），也就是项目负责人；专业志愿者团队负责人通常是对应的企业指派的企业专业志愿服务项目联络人，以及该专业志愿服务项目的服务对象——公益慈善机构的负责人。"三位一体"的小组第一个任务就是花大约1小时的时间沟通，明确项目目标。

资料来源：北京博能志愿公益基金会《专业志愿国际案例集（2017）》。

【点评】

Impetus-PEF的专业志愿服务项目筹备可以有条不紊。因为它把专业志愿人才库的构建定位在战略层面，成为其独特性的一部分。它非常了解其支持的公益慈善组织的需求——可持续性的发展和领导力提升，因此它构建的专业志愿人才库就是全球知名的咨询公司和专业机构。

"三位一体"就专业志愿服务项目的目标和实施细节达成共识。这一步骤非常重要，只有达成了共识，才能避免专业志愿服务的结果被束之高阁的局面，才能使其落地实施。这个"三位一体"机制，是 Impetus-PEF 成功扶持并增强其投资对象能力的重要制度保障。仅 2014 年一年，专业志愿人才库的贡献时间达 10 000 小时，分散于 150 个专业志愿服务项目。Impetus-PEF 的目标是使这个数字逐年上升。

该阶段聚焦筹备落实资源和组建核心团队，涵盖了步骤三和步骤四，即包括搭建志愿者的供应渠道在内的人力资源和财务资源的筹措与部署，以及组建核心团队。

步骤三：筹措落实资源

实施专业志愿服务项目，最重要的资源是专业志愿者及其团队。同样，大部分职场的专业人士，都愿意为社会贡献自己力所能及的力量。他们常常问的问题是：我能做什么？而公益慈善机构则不遗余力地通过传播和筹款，动员和吸引更多的优质资源，加入他们守护的社会使命。一边追问"做什么？如何发挥作用"，一边追问"哪里能找到专业志愿者"。以下介绍专业志愿者的来源渠道，以及如何及时做到合理的匹配。

（一）专业志愿的来源渠道

如表 7-5 所示，专业志愿的来源主要包括五个渠道，即企业、专业服务公司、个人、公益中介和专业院校。

对于公益慈善机构来说，在筹措人力和财力资源时，首先要坚定信心。社会中的专业志愿力量是一片蓝海，需要的是进入这片蓝海的航道。其次要结合自身机构对专业志愿服务的需求，借助各种渠道，构建专业志愿人才网络。再次，要充分认识到，针对需求匹配专业志愿资源的过程是一个非常需要时间和智慧的过程。最后，要对专业志愿者提供方从事专业志愿的缘由和动机做充分深入的了解，特别是要了解其关注的社会议题与自身所在公益慈善机构使命之间的契合点。

表 7-5　　　　　　　　　专业志愿服务最常见的来源

企业	专业服务公司	个人	公益中介	专业院校
向消费者提供商品或者零售服务的公司，比如说媒体、食物公司、汽车公司等等。例如： • 零售业 • 银行业 • 汽车工业 • 信息技术产业 • 食品 • 健康 • 保险 • 电力通信 • 交通	提供咨询服务的公司，可能是设计咨询公司、法律咨询公司和管理咨询公司等等。例如： • 管理咨询 • 设计服务 • 建筑设计 • 网页设计 • 财务金融管理 • 法律咨询 • 工程咨询 • 市场营销及广告	可以直接提供专业咨询服务的个人。例如：任何有专业技能的人	为非营利组织招募管理专业志愿服务的机构。例如： • 广告协会 • 基金会 • 非营利组织	为学生提供实习机会/专业志愿服务机会的商学院、信息技术管理学院还有设计学院，或者鼓励校友会组织专业志愿服务。例如： • 史蒂芬·罗斯商学院 • 罗得岛设计学院 • 斯坦福工程学院 • 高盛公共政策学院

资料来源：Taproot Foundation. Powered by Pro Bono: the nonprofit's: step-by-step guide to scoping, securing, managing, scaling Pro Bono resources. San Francisca: Jossey-Bass, 2012.

在理想状态下，专业志愿服务的供需两端如果能借助互联网以及区块链技术，在同一个平台上实现系统的匹配，可以解决信息不对称不及时等难题。这项工作的推进势在必行，且应该由政府、基金会或支持机构联合推动。在系统性的基础设施匹配到位之前，公益慈善组织如何寻找专业志愿者资源呢？这个筹措资源的过程堪比商业领域的业务开拓和市场布局过程，甚至更加艰难。因为专业志愿的提供方，如企业，并没有形成习惯，把专业志愿服务作为其广而告之的产品。这一战略性、系统性和规模化的专业志愿库及其有效便捷常态运用，需要来自政府、企业、基金会等各种创新力量的集体努力，才有望实现。

（二）动员吸引专业志愿者的方法

第一，从现有的资方或合作方入手，让他们充分了解本机构决定引入专业志愿服务项目，并邀请他们作为专业志愿者更加深入地支持机构的能力建设。

第二，从理事会成员入手。因为理事会成员的组成通常都具备专业志愿的技能或背景。有调研表明，在非营利机构理事会中，有人力资源背景的占25%，有财务背景的占82%，有市场营销背景的占38%，有这些背景说明他们的职场人脉也有同样的背景①。有两个窍门可以参考：请他们做专业志愿者帮忙，同时在专业志愿服务项目中给他们一个荣誉称号，调动他们为该项目引入专业志愿资源的积极性。

第三，从专业人才行业入手。这就要求公益慈善机构具备一定的战略眼光，了解各行业的特点，或者寻求专业志愿服务支持机构的帮助。

第四，全面分析专业志愿资源分布，明确动员和吸引专业志愿资源的战略。

步骤四：组建核心团队

核心团队的组建至少需要从两个维度考虑：人员到位、人心到位。

在步骤二中，讨论了关于选定了项目后的项目范围界定和内部团队的组建，那些内容对于实施阶段的核心团队组建依然适用，详见前文所述。

（一）互动协商

实施专业志愿服务项目前应该打好机构的能力基础，表明机构做好了动员专业志愿服务的组织和制度准备，其中包括培养、选派和支持实施具体专业志愿服务项目的核心成员或团队的制度。从工作安排上，项目核心成员应该在设计阶段就参与。如果是项目选定后才进入，要确保核心成员懂得如何编制和提交项目建议书。

专业志愿服务项目的达成，是专业志愿者提供方与接受方共同协商的结果，而不是一般意义上地向资方提交项目建议书。因此，吸引提供方愿意进入共同协商的进程，是最重要的环节。那么如何成功吸引呢？

第一层，熟悉项目核心价值。在投资界，有一个传说叫作"电梯游说"（elevator pitch），就是在碰巧与重要客户同乘电梯的几分钟内，通过几个关于影响力的故事或机构的故事，激发客户继续沟通的兴趣。但这个过程需要功力，一般是机构高管以上职位的职员才能胜任。具体项目的核心员工，要对这些重要"卖点"了然于胸，便于跟进沟通。

第二层，简要描述怎样识别某个需求，这个需求如果能得到满足，将怎样贡献于机构使命的达成。这个层面的相关性要特别清晰，让客户感受到这是一个必须满足的需求，团队正在不遗余力地寻求帮助。

第三层，客户的帮助不可或缺（而不是可有可无，如果可有可无，就不需要专业立项），将产生重要影响。

---

① Taproot Foundation. Powered by Pro Bono: the nonprofit's: step-by-step guide to scoping, securing, managing, scaling Pro Bono resources. San Francisca: Jossey-Bass, 2012.

第四层，你所在的机构和团队已经做好了与专业志愿者共事的准备，以让他们发挥专业作用，提供支持。

第五层，对专业志愿者的工作详情说明已经就位。可准备好专业志愿者招募书初稿，作为与客户讨论的基础。

(二) 达成共识

在共同磋商的过程中，核心成员必须确保与对方就以下问题达成清晰的共识。

第一项，有关法律责任划分（常规咨询服务的基本内容）。

第二项，在实施项目过程中的"费用"责任。

第三项，相关知识产权、宣传和保密条款等。

(三) 成员素质

项目核心成员，依据项目的规模、难易程度、服务方式等特征，可以是职责分工明确的团队，也可以只是一个项目经理。这个经理至少需要具备如下条件：

第一，对项目聚焦领域非常熟悉（例如，一个网站相关的项目，就应该是负责数据库项目的技术背景）。

第二，对项目进展动态的快速反应能力（例如，机构的CEO并不是最合适的项目负责人人选）。

第三，对推进项目进展的快速决策能力或者促进快速决策的能力。

第四，能自如地给予反馈，避免志愿者的工作偏离预期目标和交付成果。

第五，具备较强的适应能力和跨学科不同观点整合的能力，发挥沟通桥梁作用。

第六，擅长拓展关系，培育专业志愿者对该公益慈善机构的长期服务意愿。

第七，懂得什么事情对项目和机构是最好的（暑期实习生通常无法胜任这个任务）。

在战略布局专业志愿者来源时，人们通常聚焦两大类群体：一是职场中低阶的年轻员工，他们出于让自己得到更多锻炼机会以及丰富资历的考虑，愿意参与到专业志愿服务项目中；二是接近退休或已经退休的高资历群体，他们出于期望在社会、职场中保持个人价值的考虑，愿意提供专业志愿服务。但是从一些对企业专业志愿者身份的调查分析来看，经理级占45%，更高层的行政主管与年轻的普通员工所占比例都是16%；由此可见，专业志愿者是全方位的，关键在于战略思路。

三、项目实施

> **案 例**
>
> **Impetus-PEF 的贝恩公司专业志愿服务项目**
>
> 　　明确了项目目标后，贝恩公司选派了一个专业志愿服务小组，恰好也是三人，项目组长是西蒙·特纳经理。随后是为期 9 个星期的项目实施，其中包括一系列的研讨会和访谈，AT 机构的高层和理事会成员以及 Impetus-PEF 相关人员都参与其中。首先了解内部情况：各个层级人员的想法是否与 AT 机构的使命一致、英语与数学的课程、受益人群的年龄分布、地理范围等。然后，着眼 AT 机构所在的市场动态，便于判断拓展的速度及其需要付出的代价。同时，也评估了如何改善 AT 机构的志愿者招募和维护。通过这个项目，贝恩公司与 AT 机构高层团队进一步达成了共识，这就意味着，项目一直紧扣 AT 机构的需求。
>
> 资料来源：北京博能志愿公益基金会《专业志愿国际案例集（2017）》。
>
> **【点评】**
> 　　Impetus-PEF 在筹备专业志愿服务项目阶段非常顺利，是因为它已经有资源布局；贝恩公司的专业志愿服务项目实施过程非常顺利，是因为贝恩公司已经完成了专业志愿团队从组建、培训、管理和派遣等的体系构建和实践。因此，按照需要从公司员工中招募专业能力和时间安排都匹配的志愿者，对贝恩来说，就是水到渠成的事情。

　　对于初涉专业志愿服务项目的企业或社会组织来说，从筹备阶段进入导师阶段的第一步就是通过在筹备阶段调研清楚或搭建完成的志愿者渠道招募专业志愿者。然后对他们进行（除专业能力之外）对于专业志愿服务项目而言必须具备的能力培训。再按照项目管理实施的步骤逐步开展工作。

步骤五：志愿者招募与培训

（一）志愿者招募

　　招募专业志愿者与招募带薪的员工无异，按照招聘步骤进行。但是招募书需要尽可能描述清楚应聘者将有哪些保障以及获得什么回报。请参照前文有关为什么要做专业志愿服务的内容，结合本机构的具体情况，编制属于你的组织的志愿者招募书，或者参见本书第十一章"专业志愿服务工具箱"中的专业志愿者招募书模板。

首先，撰写岗位描述和招募书。这是招募志愿者的前提基础，有了合适的岗位才能有合适的志愿者。岗位描述通用的信息包括：机构简介、专业技能和经验条件、需要付出的小时数、公司的需求、预期工作成果（交付物）、工作产生的社会效益或影响力、机构为志愿者提供的工作保障和福利等。另外，在招募中需要特别注意的一点是有关平等、尊重和隐私保护的问题。征集与志愿服务无关的个人信息，诸如身高、相貌、学历、毕业院校、亲属和婚姻关系等，都可能会侵害志愿者权益，因此需要在招募之前遵守相关原则与制度，制订好专业的招募计划之后再发布信息。

其次，在招募渠道方面，利用互联网对招募人群进行更加精准的投放。比如，针对企业专业员工、在校大学生的招募渠道会有所不同，而利用社群、网络论坛、朋友圈等社交网络进行招募也会有不错的效果。还有一些公益慈善机构对专业志愿者资源进行了战略部署，与企业和专业志愿服务支持机构建立了战略合作伙伴关系，招募专业志愿者的渠道相对更加畅通，可以将岗位描述通过这些渠道更加精准地发布出来。

最后，在专业志愿服务还未普及的情况下，专业志愿者的招募渠道来自机构——从理事会到普通员工的个人人脉关系，或者利用熟人和志愿者个人关系进行介绍和推荐。

案 例

美好社会咨询社（ABC）2019年春季志愿者招募书

项目概况：
★项目地点：北京、上海、成都、深圳、广州
★主办方：美好社会咨询社
★项目时间：2019年3月中至6月中
★报名截止时间：2019年2月15日
★申请难度：★★★★☆
★适宜人群：在职人士或大三至研究生阶段在校生
★关键词：公益，咨询

主办方介绍：（略。）

活动介绍：三个月的时间。工作之外，你还希望实现更好的自己？物质之外，你还期待专业技能赋能公益？成为改变，成就美好。

你将收获：

（1）自我发现的成长之旅：专业技能的非功利性转化实现自我价值，发现人生的不同可能性，你的才华就在这里。

（2）专业志愿服务体验：由美好社会咨询社携手波士顿咨询、埃森哲、资深公益人士为你私人订制线上、线下培训课程；与来自麦肯锡、BCG、埃森哲、微软、玛氏等多家世界500强企业专家沟通交流。

（3）深度参与公益，触及多元世界：深入了解公益组织的运作，了解中国最具影响力的基金会运作，感受中国公益行业几十年的发展历程，见证最具创新性的社会企业如何改变世界，感受一线公益人的温度与力量。

（4）志同道合的优秀同伴与前辈：拓展多元社交圈，与年轻、靠谱、有活力且享有共同价值观的小伙伴聚集，将你们笃信的东西具象化。

招募标准——我们期待这样的你：

（1）项目总监（PD）

客户沟通：与客户确定项目目标与范围，管理客户预期。

专业指导：指导项目经理搭建咨询框架，把控项目整体步骤与关键节点。

质量把控：确保咨询方案的质量满足客户需求。

We hope you:

◆十年以上咨询或管理工作经验，在某一领域达到专家水平，能够带领团队完成任务。

◆对某项咨询业务或某个公益行业有深入的研究和独到的见解，有效输出核心观点，提供专家资源。

◆对公益事业充满热情，每周付出5~7小时。

（2）项目经理（PM）

项目管理：搭建咨询框架，确定研究方法与咨询工具，主持撰写汇报文档。

团队管理：安排咨询师工作任务，带领团队完成工作，确保咨询方案的交付。

客户管理：维持与客户3个月中的沟通，向客户汇报项目进度，听取反馈意见，解答客户疑问，管理客户预期。

We hope you：

◆3年以上咨询或相关工作经验，熟悉咨询方法和工具，具备实际项目管理经验；具备较强的逻辑思维能力，能够搭建体系化咨询框架，合理应用咨询方法和工具。

◆具备较强的项目管理能力，合理把控项目进程，安排分工，善于沟通，能以较高执行力和推动力推进项目完成。

◆对公益事业充满热情，抗压能力强，每周付出10～15小时。

（3）项目咨询师（PC）

项目执行：在项目经理指导下进行信息收集、案头研究、数据调研和客户访谈等工作，撰写项目汇报文档。

项目参与：与团队成员3个月内合作完成方案，完成客户访谈、专家意见等在内的日常工作会议纪要撰写。

We hope you：

◆参加工作3年以内的在职人士或大三至研究生阶段在校生。

◆无特定行业背景要求，有咨询相关工作或实习背景者优先。

◆良好的逻辑思维能力、学习能力、团队合作能力和基本办公软件操作能力。

◆对公益事业充满热情，责任心强，每周付出10～15小时。

（二）专业志愿者培训

专业志愿服务的一个重要原则就是双向学习。专业志愿者为公益行业服务，需要与公益行业这类客户互动三个方面的知识和能力储备，储备方式包括自行了解、过往经验、正式培训。由于专业志愿服务的目标是帮助公益慈善机构提高某方面的能力或解决某方面的问题，实现有质量的成果，因此，对于专业志愿者的知识和能力储备是否足够，需要有足够的判断。这里结合中国的具体情况，借鉴国际专业志愿服务领域同行的经验，列出专业志愿者上岗前的知识和经验清单（见表7-6）。

表7-6　　　　　　　专业志愿者上岗前的知识和经验清单

知识和经验清单	要点	获得渠道
专业志愿服务的价值	（1）公益慈善行业在社会经济发展中的基本数据：对GDP的贡献预测 （2）公益慈善行业在社会经济发展中的贡献：以典型案例说明 （3）公益慈善行业实现使命的思路和途径：可以分别以社会服务机构、协会和基金会为例说明 （4）公益慈善行业的经费来源组成 （5）与商界的相同点与差异 （6）跨界合作的经验诀窍	（1）委派机构（例如公司） （2）专业志愿培训机构 （3）其他证明（发表过的文章等）
志愿服务基本知识	（1）志愿者与志愿精神 （2）《志愿服务条例》 （3）志愿服务 （4）如何做一名快乐的志愿者	（1）志愿服务机构开具的证书 （2）志愿服务培训课程（例如惠泽人的志愿服务）
结合服务对象（客户）对公益行业的了解	（略）	（1）由接受服务的公益慈善机构提供 （2）由专业志愿服务支持机构提供

公益慈善机构要向来自商界的专业志愿者或团队介绍非营利行业的基本情况，并与专业志愿者或团队派出机构确认项目实施前的培训内容是否完成，只有完成后，才能进驻项目。这些内容包括但不限于以下内容：

（1）项目内容即项目的范围及背景，包括：专业志愿者是否已经了解这个项目的特点、还想了解哪些信息才能有信心入驻项目等。

（2）在项目中的职责，包括是否对自己的工作职责、工作量和时间表清楚；是否能够按照要求完成任务，即时间投入是否能够承诺；是否具备项目任务所需的专长；是否充分理解其职责任务对该公益组织的使命及其项目成果的影响力。

（3）项目中的互动期望包括两方面：一方面，专业志愿者是否了解在项目进程中需要与其服务的公益组织就项目进展和发现的问题进行及时的、有建设性的反馈。你要如何跟客户及时分享有建设性的反馈；另一方面，最好约定回复时间，以确保项目进度（例如以邮件方式提出的反馈意见）。

(4)专业志愿服务的记录。在互联网时代，专业志愿服务的记录正在从以每一个公益活动为单位的孤岛向共享的符合MRV（可测量、可报告、可核查）的共同平台"区块链"式的记录转换。

入驻项目前就进入记录程序是第一步。公益慈善机构有责任对前来助力的专业志愿者及其委派机构提供详细的"如何注册、登录以及确认参与此项目的入职记录"指南。

步骤六：项目实施与管理

在具体项目范围和预期成果明确、项目团队和专业志愿者入驻项目准备充足后，项目管理与实施正式启动。按照项目管理步骤开展专业志愿服务，大多数公益慈善机构具有一定的经验，差别在于管理和实施的质量。以下旨在结合专业志愿服务管理各阶段的工具，详细阐述项目实施与管理的步骤。

案 例

对非营利组织的忠告
——在专业志愿服务中表现得像一个付费客户的重要性

问：为什么非营利组织表现得像付费客户对成功至关重要？

答：表现得像付费客户，是所有高质量的专业志愿服务实施中不可或缺的基础原则之一。作为一个丰厚的服务援助捐赠的接受者，一般很难像对收费的咨询师施加压力那样对自己的专业志愿服务咨询师团队施加压力。然而，这样做往往是最好的方式，以让他们觉得有责任感和方向感，使他们交付一个优异的结果。这也会使你的咨询师团队觉得项目的过程是值得的——当你给他们压力，他们会觉得他们做的事情是重要的。

问：非营利组织怎么样才能表现得像付费客户一样？

答：首先，最重要的是要提供各种反馈——积极的和有建设性的。你的反馈是你的团队获得如何修改方案和产品的具体信息的唯一途径。其次，让你的志愿者咨询师了解你对他们的预期与你对供应商或者收费咨询师的预期之间是没有差别的，确保他们按时完成任务。当你觉得他们不重视项目工作时，你要指出来——开会前不准备、改期或推迟会议、超过48小时不回邮件。

美国 Taproot 基金会在它的 1 000 多个专业志愿服务项目管理的基础上，从公益慈善机构角度，归纳了专业志愿参与项目的成功五要素①：

要素一：准备好投入时间。
要素二：表现得像一个付费客户一样。
要素三：在内部团队中培养有效的沟通。
要素四：创造能让专业志愿者咨询师分享的空间。
要素五：庆功。

常规的咨询项目通常可归纳为六个阶段：准备—启动—探究调研—设计交付方案—交付与实施—庆祝成功。对公益行业的咨询项来说，准备、交付与实施这几个阶段需要特别关注。

（一）准备阶段

这个阶段必须打好基础。公益慈善机构作为专业志愿服务的受益方，要牢记：（1）为什么要引入专业志愿服务；（2）如何与跨界人才共事；（3）如何当好客户；（4）如何善待专业志愿者。

公益慈善机构与专业志愿者共同实施一个咨询项目，很有可能双方都没有足够的经验，是一个巨大的挑战，因此，有必要掌握一些咨询项目中的客户与咨询顾问之间关系的要素。

公益慈善机构在咨询行业是咨询顾问的"客户"，这个身份在公益慈善机构的日常运营和业务中很少出现。因为公益慈善机构通常都是提供服务，并要对资方负责，所以公益慈善机构的工作心态都是在付出。因此，要扮演好"客户"这个角色，需要较大的转换。有三个行为要素可以帮助公益慈善机构实现这个角色转换。

要素一：信任。公益慈善机构要对进入项目中的咨询顾问/专业人才予以充分的信任。否则，咨询顾问提出的建议和方案就难以获得认可和实施，最终造成时间和智慧投入的浪费，各方都无法有良好的体验。

要素二：相互尊重。要消除一些刻板印象。例如，不要假设来自商界、公司的专业人才薪资高、眼界高，只认钱，自以为是，难以相处。这样的心态，哪怕自以为没有表现出来，也会影响到相互之间的沟通，最终影响项目成果的质量。要知道，专业人才的介入，是为了"客户"的需要，因此，客户越称职，就越能引导专业人才发挥最大的作用，最终形成

---

① Taproot Foundation. Powered by Pro Bono：the nonprofit's：step-by-step guide to scoping，securing，managing，scaling Pro Bono resources. San Francisca：Jossey-Bass，2012.

的方案是"共创"的成果,才能避免其被束之高阁的厄运。

要素三:价值呈现。一方面,要以称职的"客户"心态对项目的质量、成果及其产生的过程进行把控。另一方面,要牢记专业志愿者的投入是需要有价值体现的,如自我满足感、成就感、贡献感。所以,在实施项目的过程中,管理好这些需求,是项目成功的要素之一。

(二)启动阶段

在项目设计和筹备阶段,内部团队和专业志愿团队只有各自整好队,才能进入启动阶段。这个阶段最重要的是将两边的团队人员合二为一,集体整队。整队内容包括:确定项目目标和过程、明确每个成员的职责及任务时间表、建立沟通机制、部署下一阶段的工作要点等。尽管有很多成功的联合启动项目的案例可以借鉴,但最重要的是要判断弱启动和强启动的能力(见表7-7)。

表7-7　　　　　　　弱启动会议会与强启动会议会

弱启动会议会	强启动会议会
(1) 任何一方对成功的项目有不现实的期望	(1) 任何一方对成功的项目没有不现实的期望
(2) 对希望的结果和/或交付的结果不明确	(2) 在对的时间完成好的工作
(3) 对期望的工作环节、交流和转变所需的时间有歧义	(3) 对如何取得成功有坚定的理解
(4) 任何一方都没有承诺或认可	(4) 信任和清晰的沟通
	(5) 对社区的影响更大
	(6) 客户和咨询师有更大的满足

(三)探究调研

咨询团队进入探索发现阶段,首先需要对"客户"机构进行足够的了解,这也是公益慈善机构向跨界人士传播愿景和使命的机会;同时,也需要提供与项目相关的具体信息。咨询顾问通常会在这个阶段细化项目需要回答的问题。那么作为"客户",要积极参与,确保这些问题是关键的真问题。然后共同明确需要访谈哪些人才有可能得到答案。这个阶段非常关键,因为它会确保项目活动的深度和广度保持在适当的程度。

不同的项目内容,"探究"的内容也会不一样,参照"探究"自查清单[1]

---

[1] Taproot Foundation. Powered by Pro Bono: the nonprofit's: step-by-step guide to scoping, securing, managing, scaling Pro Bono resources. San Francisca: Jossey-Bass, 2012.

可以协助公益慈善机构管理好这个阶段。

（1）你和你的咨询师团队在整个调研外展过程中，基于有限数量的相同关键目标问题进行调查工作。

（2）你帮助你的咨询师针对每个关键问题确定适当的外展目标，并提供了必要的介绍说明。

（3）你的咨询师团队实施所有访谈。

（4）你的咨询师团队完成所有其他调研，例如二级研究复审。

（5）咨询师团队复审和总结所有研究成果，并提出下一阶段项目草创大纲。

（6）咨询师团队与你分享和讨论研究成果，并且提出草创成果的预期方向，例如手册设计或者人力资源报告，最终产出的可能形式和内含项目，调研成果如何指导最终产出。

（7）你向咨询师团队提出对研究成果和项目导向的清晰可诉求的反馈意见。

（8）咨询师团队整合你的反馈澄清问题，以保证下一步骤推进的一致性。

（9）联合团队签署决定项目下一阶段工作的方向。

（四）设计交付方案

这个阶段指的是，以探究阶段成果为依据，按照项目目标编制、创作、制作需要交付的方案。自查清单可参考如下：

（1）尽早厘清所有与交付成果相关的顾虑、问题、目标、方法，绝不拖延。

（2）咨询师团队至少需要对交付成果设计方案初版做一次分享会议。

（3）向组织内的利益相关者通报项目的方向和进程，听取理事会和决策者的关键意见。

（4）安排组织第二次会议直接向团队反馈意见，要与第一次会议间隔适当时间，以便消化、考虑，与咨询师讨论。

（5）根据项目立项的协定做出反馈，实施剩余的几轮修订。

（6）确保咨询师对下一阶段最终交付成果制定清晰的计划和时间表，包括清晰的步骤和实施方法。

（五）交付与实施

在很多情况下，项目结束以提交报告/书面成果为准，但咨询项目通常会有一个最后的成果说明会。会议关注的要点是确保需要到场的人一定到会。这个阶段的自查清单包括以下内容[①]：

（1）及时与咨询师团队交流反馈意见，达成对最终版本成果的一致意见。

（2）邀请关键利益相关方、理事会成员、所有客户和咨询师团队成员参加成果展示。

（3）讨论关键事实步骤、风险因素、必要的培训等事项。

（4）为关键成员和理事会成员安排培训，也要邀请其他有助于长期可持续性发展的利益相关方。

（5）保证所有成员获知成果实施的最新状态。

（6）保证理事会成员获知成果实施的最新状态，更新他们在最终成果上的利益关系。

（7）确保现场支持咨询师到位即可开展工作。

（8）复审可能的遗漏事项，如果确有遗漏，向咨询师团队要求明确的完成期限。

（六）庆祝成功

项目的成功源于项目团队与志愿者的共同努力，因此在收尾阶段必须对项目团队成员和志愿者进行肯定。不庆贺项目成功的做法是错误的，许多组织都错过了这一机会。

庆贺项目的结束和成功有三个目的：一是对项目团队而言，它标志着项目的正式结束。二是它提供机会认可每一个人及其对项目的成功所做出的贡献。三是作为领导，项目负责人也能从赞赏中获益。这在下次他/她要领导一个项目并需要一个新团队时就会显示出来。

庆祝成功的方法有多种，可以交给团队和志愿者去进行策划和组织。作为项目管理者，需要在庆功活动中注意的几点是：

一是避免饮用酒精饮料，防止违反公益准则的事件发生和避免可能的失控风险。二是要有总结庆祝成功的主题内容，特别是对成果的展示、对每个人在其中所发挥的作用、对团队整体的文化氛围要重点呈现。三是庆祝活动常常是项目的最后一个活动，因此可以适当准备一些有意义的小礼品，作为项目成功和团队成员友谊的纪念。

[①] Taproot Foundation. Powered by Pro Bono：the nonprofit's：step-by-step guide to scoping, securing, managing, scaling Pro Bono resources. San Franciscs：Jossey-Bass, 2012.

四、评估认可

> **案 例**
>
> **Impetus-PEF 与贝恩公司的 AT 专业志愿服务项目**
>
> 项目经理西蒙及贝恩公司团队在专业志愿服务项目完成的时候,交付了为 AT 量身定做的三年拓展战略。该战略按照地理区域划分,结合 AT 最初的业务计划和进展,详细阐明了 AT 机构的发展计划。由于这个专业志愿服务项目紧扣了 AT 的需求,没有偏离目标,AT 已经开始实施该战略。
>
> 【点评】
>
> 一个咨询类的项目成果,能得到落地实施,无疑是项目验收和评估层面的最高奖赏。这与 Impetus-PEF 作为资助方对其扶持的公益慈善机构的精准判断密切相关。AT 的 CEO 无疑也看到了专业志愿贡献的超值作用,认为 Impetus-PEF 在提供资金支持的同时,提供了来自 Impetus-PEF 团队的管理建议和专业志愿者的贡献,弥足珍贵。

专业志愿服务项目的成果要达到这样的水准,并不常见。因此,有必要通过严谨的管理步骤,确保项目的进展和最终交付成果,与最初的约定呼应。

步骤七:质量监测与评估

专业志愿服务项目质量监测与评估,是为了检验专业志愿服务取得的预期效果,总结经验和教训,强化成功经验,改善不足。这里着重论述项目评估。评估是专业志愿服务项目中不可或缺的内容。评估包括在项目实施的全步骤中,根据服务的十个步骤进行评估,包含如下类型(见图 7-5):

项目需求评估 → 项目规划评估 → 项目过程评估 → 项目成果评估 → 影响力评估

图 7-5 专业志愿服务项目评估类型

(1)项目需求评估,针对社会痛点问题和专业志愿服务需求进行调研、分析和确定;

（2）项目规划评估，根据需求和目标定位，审视项目设计与规划的可行性和专业性；

（3）项目过程评估，是指对项目过程、管理方法及进展情况进行评估，以更好地改进步骤；

（4）项目成果评估，以项目目标及其预期达到的成果作为指标，重点考察项目实施之后的成效，主要是指服务之后的直接产出和交付物、服务对象的反馈和改进、组织管理情况、团队人员的成长、项目投入-产出效率和财务收益等；

（5）影响力评估，是指志愿者所服务的公益慈善组织、公共服务机构等服务对象改善之后，其在组织发展、社会问题解决成效和服务影响力等方面的改变，包括组织自身、组织服务对象、周围环境和政策改变等。影响力评估将在本书第八章专门论述。

项目评估是项目管理不可分割的部分。专业志愿服务的项目与一般项目相比，有其特殊性，不仅仅停留在约定的项目成果上，还需要考虑更为深远的影响力，需要专章来探讨（详见本书第八章）。

美国 Taproot 基金会总结了 5 个评估核心标准：

（1）项目按时完成交付。

（2）交付成果可实施、可持续。

（3）符合或者超过客户和专业志愿服务咨询师团队的预期。

（4）所有合作伙伴对团队交流满意。

（5）客户从项目产生的影响中受益。

全球专业志愿联盟运用两套指标体系来检验项目的质量或成功之处，其中一套面向公益慈善机构，指标如表 7-8 所示。

表 7-8　　　　　　　　公益慈善机构项目检验体系

指标	问题
体验满意度	你对本次专业志愿服务的体验满意吗？
范围界定	你认为项目范围的界定清晰吗？
过程和方法清晰度	你认为项目过程和方法足够清晰吗？
方案的适用性	你感觉项目产出是否都适用和可行？
员工技能提升度	你认为本次专业志愿服务是否提升了员工的技能？
推荐的可能性	你是否会向其他公益慈善机构推荐策划和管理本项目的专业志愿服务支持机构？

第二套面向专业志愿者供应方，如企业或个人，指标如表 7-9 所示。

第七章 专业志愿服务的项目管理

表7-9　　　　　　　　　专业志愿者供应方项目检验体系

指标	问题
体验满意度	你对本次专业志愿服务的体验满意吗？
范围界定	你认为项目范围的界定清晰吗？
过程和方法清晰度	你认为项目过程和方法足够清晰吗？
团队表现	你是否享受与团队其他成员共事？
对工作满意度的提升	你对自己的工作较参与此项目之前是否更加满意？
推荐的可能性	你是否会向其他机构推荐策划和管理本项目的专业志愿服务支持机构？

由此可见，对项目的成功进行评估的指标大同小异。专业志愿服务项目区别于一般的咨询服务项目，就在于其与使命和社会影响力的内在联系。因此，在评估专业志愿服务项目时，可以分级立体考察。同样，美国Taproot基金会提供了一个从基于满意度的基础评估，到基于项目完成度的中级评估，进而到基于使命和社会影响力的高级评估框架供同行参考（见表7-10）。

表7-10　　　　　　　　　　项目成果评估

评估：从基础到高级			
基础评估			高级评估
满意度	项目的成功		使命和社会影响力
关于团队交流的满意度	目标达成状态	长期解决方案	超出目标的附加值
项目相关人员是否对整个项目进程中的团队交流方式满意？	最终成果是否实现了预期目标？	项目影响力能否持续1~2年？在多大程度上能够持续推动组织运作？	能否基于项目影响力，展示该专业志愿服务案例超出任务目标的附加值？
这种评价只关乎项目如何进展，是所有案例评价必须包括的标准内容	这种评价关注于专业志愿服务项目是否达成所愿		这种评价关注于专业志愿服务项目的后续扩展影响力

评估的方式大约有三类：连续、系统地进行问卷调查，从而积累可以进行定量和定性分析的数据；深度一对一或集体访谈；请第三方采访。

与此同时，对于公益慈善机构来说，专业志愿服务项目的价值，不仅

193

仅在于项目本身，还在于这是一个动员和吸引使命"粉丝"的机会。因此，项目的结束，是评估项目成果的开始。有经验的公益慈善机构会把评估与庆功同步进行，并总结以下检查清单：

（1）总结项目的核心目标，并与其他组织成员共同核查。
（2）设计一套适用的评估步骤，包括核查问题或讨论指导。
（3）顾问团队已确认完成评估。
（4）正式地向专业志愿服务团队致谢，并制定进一步的感谢方式（例如在年底的出版物上提及）。
（5）与内部成员分享项目成果，并告之他们项目顺利结束。

步骤八：志愿者认可与激励

由于专业志愿服务的无偿性，专业志愿者预期的回报是非物质层面的，所以激励和认可的方式也是精神层面的。以项目和机构为单位的激励和认可方式如表7-11所示：

表7-11　　　　　　　　　　机构及项目激励与认可表

时间节点	表达方式举例
项目启动阶段	・理事会主席书面感谢参与者的贡献 ・设计印有Logo的服装或"装饰物"
项目进展阶段	・每次会议都表示感谢 ・带动团队成员在与专业志愿服务咨询师沟通时也表示感谢 ・设法在每次会议或会谈的时候将项目内容与任务使命相关联
项目完成阶段	・执行主任书面感谢每一个专业志愿服务咨询师的辛勤工作 ・邀请全体员工或相关部门员工参与庆祝活动 ・发布新闻简报 ・对于来自公司、中介组织、学校等机构的突出咨询师，可以与其上级或联络人交流，说明这些咨询师的突出贡献，并帮助这些咨询师完成项目 ・请理事会成员向咨询师发送亲笔签名贺卡 ・让理事会和咨询师通过LinkedIn互相联系，或在咨询师LinkedIn个人网页上表达认可 ・让专业志愿服务咨询师有机会向理事会成员汇报，并让理事会向咨询师进行反馈。该反馈有时也是我们能给予专业志愿服务咨询师最大的奖赏 ・通过博客等社交媒体感谢咨询师，这样还可引起别人对专业志愿服务更多的关注

续前表

时间节点	表达方式举例
年度总结	·在年终会议及出版物中进行总结，通过年度总结来强调项目对完善使命达成、收入价值、项目聚焦点、组织结构等的益处 ·邀请咨询师作为嘉宾参会，向项目成员赠送参会券。如果可以的话，还可以将嘉宾的范围扩展至咨询师的配偶、合作伙伴、朋友或同事 ·举办活动来感谢咨询师，并设置认可环节。请一位理事会成员来讲述项目现有的以及将来可能会带来的影响。以名字和职责来称呼每个项目成员，并与之沟通其工作所起的作用 ·对所有专业志愿服务咨询师与捐赠者的贡献以相同的态度和程度进行表扬 ·如果有专业志愿服务咨询师十分契合理事会要求，可将其吸纳为组织的一员

资料来源：Taproot Foundation. Powered by Pro Bono：the nonprofit's：step-by-step guide to scoping，securing，managing，scaling Pro Bono resources. San Francisca：Jossey-Bass，2012.

如果超越组织个体视角，从推动专业志愿发展的角度，仅仅有这些认可表达还不够，还需要从全行业的角度来创建激励和认可机制。在扎实的行业实践基础上，设计全社会的标准化认可与激励系统（见表7-12）。

表7-12　专业志愿主体在激励和认可机制上的作用一览表

主体	决策要点描述
公益基金会	激励和认可机制是否是使命达成的重要一环？
企业	是否定位在ESG，特别是专业志愿领域的领先企业行列？
政府机构	是否愿意为专业志愿行业发展站台？
支持机构	是否联合共创？
个人	是否持续提供专业志愿服务并从中得到成长或收获？

五、成果传播与转化

步骤九：传播好经验

专业志愿服务的目标是助力公益机构践行使命，同时传播志愿精神，动员更多的公民加入志愿服务。因此，对于志愿者在服务中的成功经验和好故事、个人的成长与收获感悟、专业志愿服务项目所取得的成果、公益慈善组织的理念和活动等，都可以作为传播志愿精神的内容。同时，传播一些专业志愿服务的知识、规范、方法、技术等，也是在做科普和知识生产，有利于后来者学习和借鉴。

需要注意的是，使用互联网进行传播，要注意遵守国家相关法规。传播内容应当符合志愿服务原则和机构管理规定等，有些内容需要得到机构或志愿者同意之后方可外传。

步骤十：跟踪监测与成果转化

专业志愿服务成果转化，是指公益慈善组织将志愿者完成的交付物或传授的技能，内化于组织战略、团队文化和工作步骤，使组织效能得到改善，进而服务更多的社区服务对象，从而产生更大的社会影响力。成果转化的核心对象是机构的理事会和员工团队。

公益慈善组织，越能娴熟地组织专业志愿者，其社会资本的网络就越宽广，也就越具有社会影响力。专业志愿服务项目不仅仅需要员工参与和学习，更需要理事会组织上下投入，并将项目成果紧密结合到组织战略和管理体系中，并能够吸引更多的专业志愿者加入组织，为组织的发展壮大贡献更多专业的力量。专业志愿服务成果转化具有以下几个指标：

（1）在成本不增长的前提下，服务产出和效能明显增长；
（2）员工能够完成原来难以完成的任务；
（3）组织吸引到更多的资金捐赠和服务收入；
（4）能够吸引更多的专业志愿者参与组织服务；
（5）更好地解决困难和挑战，并且有更大的社会影响力。

从实践中看，一个公益慈善组织能最终娴熟地组织专业志愿者，增强自身践行使命的能力，实现成果转化大约需要四个阶段（见图7-6）。

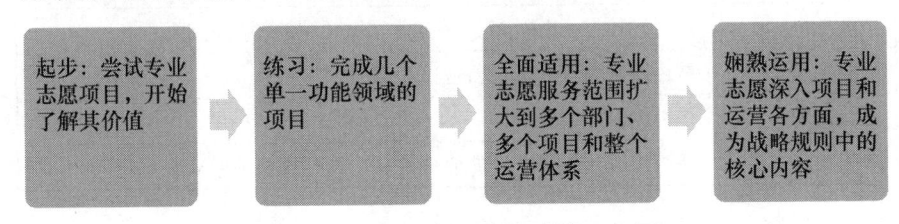

| 起步：尝试专业志愿项目，开始了解其价值 | → | 练习：完成几个单一功能领域的项目 | → | 全面适用：专业志愿服务范围扩大到多个部门、多个项目和整个运营体系 | → | 娴熟运用：专业志愿深入项目和运营各方面，成为战略规则中的核心内容 |

图7-6　专业志愿服务成果转化示意图

第一步是起步，开始实施专业志愿服务项目，尝试性地解决具体的小问题；

第二步是练习，能够完成几个单一功能领域的项目，并且应用于组织管理和服务中，相关员工的技能也能有所提升；

第三步是全面适用，即专业志愿服务范围扩大到多个部门和整个运营体系，使组织内部的整体效能得到改善；

第四步是娴熟运用，能够将专业志愿服务的成果渗透到组织战略运营和项目管理各方面，从理事会到员工都了解和应用相关成果，并且对外产生更大的社会影响力。

> **案例**
>
> **建立项目管理数据库**
>
> 　　某公益组织开展了一个社区项目评估的专业志愿服务项目，通过收集整理社区服务项目资料，创建了"项目管理数据库"。第一步是建立最基础的表格，即对每个项目的总结工具表（也可称为事后报告），包括项目名称、开始及结束相关数据、工作计划、项目范围、交付成果、客户、咨询师团队、联络人、遇到的挑战、独特性思考及其他必要的内容。这个总结工具表可以提醒你告知外部利益相关方任何好的后续发展情况。利益相关方也可以帮助你指出工作方向及可取之处。第二步是达成项目成果交付，将成果性文件编制目录方便查阅。第三步是在共享硬盘知识管理网络空间或其他中枢文件存储系统中创建一个文件夹，把交付成果归在一处。这有助于在咨询师不在场的情形下公益组织员工仍可方便地查询和使用项目成果。
>
> 资料来源：惠泽人 i 志愿大学专业志愿服务案例库（2018）。
>
> **【点评】**
>
> 　　专业志愿服务项目成果最终要落实在非营利组织内部，其中的数据和成果文献是组织知识管理的重要内容，这些资料将为组织在未来的工作和发展中提供数据支撑。

六、实践经验与教训

专业志愿服务项目的五大阶段十个步骤，如果严格实施，专业志愿服务的价值就会在社会组织等受益方、专业志愿资源的供应方（企业）和大的社会痛点与需求方三个方面呈现多赢的结果。全球专业志愿联盟的成员大部分都依据上述步骤开展专业志愿服务，并积累了一些窍门和经验。在2018年12月3日北京博能志愿公益基金会策划、北京惠泽人公益发展中心组织的第二届专业志愿领袖国际研修班上，将专业志愿服务实施过程中的经验凝练为十大注意事项和六大教训。

（一）专业志愿服务项目的十大注意事项

（1）专业志愿资源的供应方内必须有一位杰出的协调人员和位居最高

执行层的专业志愿大使。没有这样的高层支持，专业志愿服务项目的成功率会大大降低。

（2）反映当地社会公益组织的需求。

（3）项目对参与各方可能产生的影响。

（4）谨慎选择。

（5）做好应对各种意外的准备并确保所有参与者就绪。

（6）在专业志愿服务项目开始之前，各方见面商谈（诊断是关键）。

（7）明确项目范围。

（8）杰出的项目负责人和技能匹配的团队。

（9）专注于项目交付成果——确保其具有生命力。

（10）专业志愿服务项目内容与企业的业务目标保持一致。

（二）专业志愿服务项目的六大教训

（1）企业内部缺乏聚焦和协调。

（2）匆忙立项，准备不足。

（3）受益方（社会组织）没有足够的准备或对该项目没有信心。

（4）必备的资源不足。

（5）不做计划就仓促行动。

（6）协调统筹不足。

可见，实践中，专业志愿服务管理者应该结合具体实践不断优化实施步骤，不断总结创新，实现流程再造。

中国专业志愿服务实施要求科学的步骤和程序，具体包括五大阶段十个步骤即立项设计阶段，锁定社会痛点问题、确定项目目标和范围；项目筹备阶段，筹措落实资源和组建核心团队；项目实施阶段，志愿者招募与培训和项目实施与管理；评估认可阶段，质量监测与评估、志愿者认可与激励；影响力阶段，传播好经验和影响力跟踪监测与成果转化。只有掌握科学的工作步骤和工作方法，才能提升专业志愿服务的质量。

第三节 专业志愿者管理

一、如何成为一名专业志愿者

谁可以成为专业志愿者呢？一些人看到专业志愿服务对专业资质、管理规范、服务时间和服务质量有着较高的要求，因此认为专业志愿服务高不可攀。实际上，成为一名专业志愿者并不难，可以尝试如下方法：

> **案 例**
>
> **晋升总工程师的志愿者培训师**
>
> 王丽在一家电器公司任职，担任普通工程师，但她一直希望自己有朝一日能够站在讲台上授课。在一次偶然的志愿服务中，她接触到志愿者培训师培训课程，参加培训之后从助教做起，一点一滴学习和实践，终于有一天，站上讲台为志愿者授课了。五年之后，她不仅能够独立授课和开发课程，而且也能够独当一面管理大型培训活动。一天，她在志愿服务中与志愿者经理谈到当前面临的一个选择时令她有些犹豫：公司正在公开招聘一名总工程师，她很想去竞聘，但是面对公司内外部众多高手，她没有信心。一些来自不同公司的志愿者伙伴得知这个情况，自发为她策划了竞聘方案，并进行了专业辅导，最终她成功地晋升为总工程师。她感恩专业志愿服务让她有了突破性的成长，感恩志愿者伙伴的支持。
>
> 资料来源：惠泽人 i 志愿大学专业志愿服务案例库（2017）。
>
> **【点评】**
>
> 专业志愿服务不仅仅是专业志愿者成就社会，也可以是专业志愿者通过从事专业志愿服务增长才干技能，从而成就自我。

（1）做你所学：在前述奥运会专业志愿服务案例中，我们看到有许多在校大学生因为所学专业需要社会实践和应用，所以参与志愿服务，这为其未来就业奠定了基础，因此可以结合所学专业参与相关专业志愿服务。

（2）学你所做：如果你暂时没有一技之长，可以先参与简单的和协助性的服务，在做中学习和成长。上面的案例中王丽通过参与志愿者培训专业服务，提升了领导力和管理统合能力，从而帮助她成功晋升。

（3）做你所想：只要有心愿、有兴趣、有爱好，就可以找到你希望的专业服务机会，实现自己心愿的同时，成就他人。

（4）做你所做："合并同类项"，用自身职业技能把专业志愿服务与自身的业务工作结合起来做。比如在公司做人力资源管理的小张，在自己办公室进行招聘面试时，同时也在做专业志愿服务，有支持机构帮她安排了非营利组织行政人员做她的实习生，通过现场实战面试技术，教练和督导公益从业人员。

（5）从小做起：每个专业志愿者团队中都有经验丰富的资深顾问，也有白纸一张的新人。一些志愿者先做助理和行政支持人员，从边缘事务做起，逐渐承担更多的工作，在做中学习成长。

专业志愿服务是一个人人可以参与、人人可以学习成长、大家共建共赢共享和共同发展的平台。

二、志愿者匹配是专业志愿者管理的关键

专业志愿服务项目的关键是志愿者参与，而项目负责人和志愿者的关系更是至关重要。志愿者的工作热情来源于他们的内心，因而工作合同和升职许诺都不能成为他们工作的重要动力。很多人最初都是带着十足的热情参加志愿工作，到后来却心灰意冷，退出志愿服务。所以要对志愿者进行适当的管理，还要设立专门的志愿者管理体系。

志愿者管理与人力资源管理的区别主要在于价值观和责任感的不同，志愿者管理强调对社会和他人的关怀。在志愿者管理工作中，很重要的一部分就是确保志愿者得到积极的志愿服务体验。志愿者组织须按组织推行志愿服务的目标、服务需求和资源配置情况，确定长远的志愿者人力资源政策、组织构架和协调系统，力求用好志愿者资源，改善及发展志愿服务，让志愿者愿意长期甚至终身从事志愿服务。

志愿者的管理虽然有别于固定员工的管理，但招募、培训、服务、评估与激励等重要步骤都缺一不可。而且，需要管理者根据志愿者的特点和工作目标制订详细、明确的整体工作计划，说明工作意义，确立志愿者在服务中的角色及参与目的，从而确定志愿者的招募计划。所以，一套完整的志愿者管理体系必不可少。

三、建立志愿者管理体系

志愿者管理体系是影响志愿者理念、态度、热情、行为及其社会效益的政策、制度和时间过程的系列总和。

1. 志愿者管理体系的组成要素
- 志愿者管理人员（谁管理？）
- 志愿者管理制度（管理依据？）
- 志愿者管理步骤（管理什么？怎样管理？）
- 志愿服务评估体系（如何改善管理？）

2. 志愿者管理体系的作用
- 明确工作角色、职责和预期
- 明确沟通机制及责任分工
- 在利益相关方之间建立协同工作标准
- 风险管理
- 明确现阶段工作
- 为新加入的员工或志愿者提供持续统一的工作标准

3. 专业志愿服务项目中的志愿者管理

志愿者在专业志愿服务项目中的服务周期、任务及职责、投入的服务时间、服务质量要求相对于日常服务而言，更加具体、清晰和专业聚焦，特别是对于项目绩效的要求也更高。因此，在开展社区专业志愿服务项目的过程中，项目管理人员需要运用项目管理思想，动员和激励志愿者投入更多。

专业志愿服务项目中的志愿者管理与日常志愿者管理的主要区别在于：

- 服务目标和质量要求更高，更加注重成果导向，即服务绩效与质量。
- 时间投入更多，志愿者参与项目服务，一般需要连续地投入较多的时间。因为项目管理要求在有限的资源和时间内产出特定的成果，一次性投入过多志愿者，或者有太多非连续性服务的志愿者，都可能导致项目成本的增加，由此影响项目时间与绩效成果。
- 以项目成果为导向，同时注重提升志愿者领导力与团队发展。专业志愿服务项目中的志愿者管理倾向于解决社会问题，而日常志愿者管理更多地倾向于社团化（俱乐部形式）运营，更多关注志愿者成长和社团发展。

在专业志愿服务项目的实际操作中，专业志愿服务组织需要进行的志愿者管理步骤可以分为以下五点（见图7-7）：

（1）服务岗位目标与任务，这是根据项目目标和规划所制定的每个服务岗位的具体说明，可以用手册或任务书的方式呈现，这是志愿者开展专业志愿服务的基本依据。

（2）服务督导与支持，这是在志愿者实施服务过程中，针对专业业务和管理提供及时和必要的支持。可以定期对志愿者进行个别或小组的督导，了解志愿者工作的进展情况，提供适合的辅导及方法，加强志愿者的参与及改善服务的质量。支持志愿者学习新的技能，帮助他们抓住新的机遇。同时，也要关注志愿者的私人需求或工作困难，比如：提供灵活的志愿服务时间，保证他们有合适的衣着，提供合理的餐饮，等等。

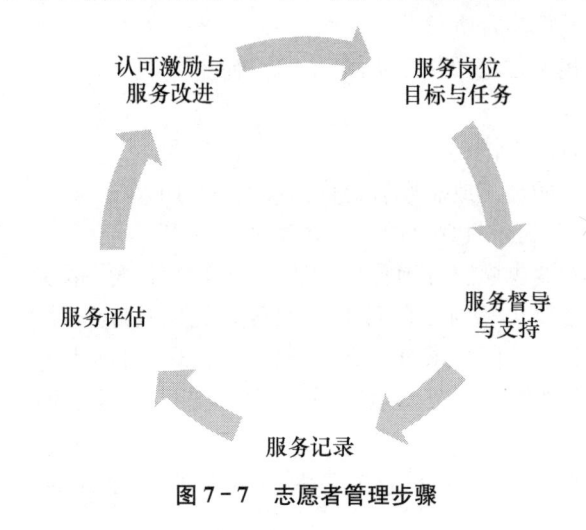

图 7-7　志愿者管理步骤

（3）服务记录，它不仅是志愿服务绩效的直接证明，也是进行志愿服务评估、组织成果管理的重要依据。记录志愿服务的形式多种多样，机构可以根据自己的工作需要开发方便志愿者记录的工具。2012年10月民政部印发了《志愿服务记录办法》，为规范志愿者管理奠定了基础。

通常志愿服务记录包括以下信息：
- 志愿者姓名
- 服务时间和期限
- 服务地点
- 服务内容
- 服务效果
- 志愿者自我评价
- 服务对象反馈
- 志愿者管理者评价
- 志愿服务负责人签名

（4）服务评估，这是根据岗位目标和任务要求，对于志愿者服务成效、利益相关方满意度、志愿者个人发展等进行总结评估。评估的结果用于：一是激励志愿者；二是改进项目管理流程；三是向利益相关方反馈成果，并分享和传播志愿精神。

（5）认可激励与服务改进，即根据志愿服务评估结果和志愿者的需求、服务绩效和组织目标要求等，对志愿者进行激励。志愿者激励是通过认可、肯定、赏识志愿者，使其得到成长和发展来促进志愿者更积极主动地从事志愿服务。

志愿者激励主要是为满足志愿者自我实现需要，包括成就感、学识、挑战性工作、增加工作责任及赋权、给予成长和发展机会、给予社会认可和奖励。

好的志愿者激励标准是：

● 志愿者认可：使用的激励方式和激励内容可以满足志愿者的需求，并被他们接受，在志愿服务过程中发挥更大的作用。

● 效果最大化：使用的激励方式和激励内容可以最大化地激励志愿者团队中的人。

● 方法有创造性：陈旧的激励措施可能会让志愿者丧失兴趣，达不到提升志愿者服务动力与积极性的作用，所以志愿者激励方法要与时俱进。

● 节省花销。

思考与讨论

1. 请结合你的工作需要，制作专业志愿服务的步骤图。

2. 请结合实践，举例说明专业志愿服务项目管理与实施的关键步骤及注意事项。

3. 请结合你的志愿服务实践，设计一个你所开展的专业志愿服务项目成功的指标体系。

4. 志愿者动员和招募有哪些渠道？可以使用哪些策略来帮助你招募到素质较高的志愿者？

5. 谈谈你是如何成功激励志愿者的。

第八章
专业志愿服务的影响力评估与认证

引 例

广州亚运会志愿服务绩效评估

2010年,广州举办了一届"高水平、高质量、高标准、有特色"的亚运会,其成功离不开志愿者的辛勤付出。据亚组委统计,亚运会期间参加志愿服务的志愿者总共约58.5万人,奉献了约3066万小时的志愿服务。目前,学术界对大型体育赛事的志愿服务的探索大多集中于志愿者的招募、培训、激励、后勤保障等管理环节,较少关注志愿服务绩效评估,缺乏实证和量化的研究。广州亚运会开创性地实行以"亚运志愿时"为主的志愿服务绩效评估,为大型体育赛事志愿服务绩效评估提供了一些重要的经验。

一、绩效评估的基本情况

本文运用问卷调查和深度访谈法,获取广州亚运会志愿服务绩效评估的基本信息,包括评估内容、评估主体、评估频率、评估方法、评估反馈和评估效果等,通过统计分析和逻辑思辨得出研究结论。问卷调查的对象全部为亚运会志愿者,共发放问卷500份,有效回收432份,有效回收率为86.4%。访谈对象包括亚组委志愿者部的相关工作人员和部分亚运会志愿者。调查时间从2011年6月8日至7月20日。

(1) 评估方法。亚运会期间,亚组委主要依托"亚运志愿时"考勤管理系统,辅之以综合评价法对志愿者的服务时间和服务质量进行评估。"亚运志愿时"是在亚运会、亚残运会赛会期间,赛会志愿者和城市志愿者参与志愿服务活动的工作时间计量单位。亚组委志愿者部以"亚运志愿时"为载体，创新性地推出"亚运志愿时"志愿者考勤管理系统，以信息技术为支撑，通过计算机网络实现亚运志愿服务时间的科学记录，以此作为激励表彰志愿者的主要依据。综合评价主要评估志愿者的服务态度、服务质量、服务表现和着装等方面，由志愿者管理人员进行主观判断。

（2）评估主体。亚运会志愿者分为城市志愿者和赛会志愿者，主要由广州市各区团委和各高校团委实行直接管理，亚组委志愿者部负责统筹协调。

（3）评估形式。亚运会志愿服务绩效评估主要有三种形式：一是考勤制，由每个小队长在每天服务开始和结束时对该组志愿者的服务时间进行登记，并在每天的服务结束时上交给各组负责人录入"亚运志愿时"考勤管理系统。二是队长主观评价，由各小队长、中队长、大队长根据志愿者的服务态度和服务质量，推荐本队的优秀志愿者。三是督察评价，督察员以巡查和抽查的方式从整体上把握志愿者的服务情况。

（4）评估指标和标准。对志愿者的绩效评估主要侧重于服务时间的考评，"亚运志愿时"是绩效评估的主要指标。虽然各评估人在志愿服务期间还要围绕志愿者服务态度、服务质量、服务表现和着装等方面进行综合考察，但是亚组委没有对此规定明确的考核指标和标准。也就是说，除了将"亚运志愿时"作为统一的评估标准外，其他评估标准由各评估人根据所在组的实际情况自行安排。

二、绩效评估实施效果分析

问卷调查和访谈结果表明，本届亚运会志愿服务绩效评估中"亚运志愿时"的运用取得了较好的效果，但也存在一些不足之处。

（1）"亚运志愿时"测评方法能较好地评估志愿者的实际绩效。

（2）"亚运志愿时"有利于激发志愿者的服务积极性。

（3）注重评估结果的合理运用才能实现绩效评估与激励的有机结合。

（4）以工作例会为平台有利于绩效反馈与沟通。

（5）绩效评估实施过程中也存在缺陷。

三、广州亚运志愿服务绩效评估的启示

（略。）

资料来源：陈天祥，叶彩永. 亚运会志愿服务绩效评估研究. 广东工业大学学报（社会科学版），2012（4）.

【点评】

大型赛会志愿服务是我国志愿服务的类型之一，其主要特点是赛会活动密集、人员数量众多、社会影响力大、参与志愿者，通常由政府主导、共青团和相关部门组织实施，高校师生和部门单位派遣管理者和志愿者，集中在几周时间内全时运作。因此，如何评估赛会志愿服务成效对赛会志愿服务的组织和管理是一项挑战。本案例以"亚运志愿时"作为评估指标，采用"亚运志愿时"记录、问卷量化调研、访谈以及主观考评等方法进行评估，将"绩效"定位于志愿者服务的时间产出，主要有两重意义：一是准确地记录服务时间，二是通过"亚运志愿时"认可与激励志愿者。虽然在本案例中由于赛会志愿服务管理缺少前期规划，而未能对服务成效和影响力进行评估，但是准确的服务时间量化评估，以及有关服务质量的评估，对中国大型赛会志愿服务管理具有一定的启示。

专业志愿服务机构可以参考该指标体系，根据实践设计符合特定专业志愿服务的影响力评估指标。

本章聚焦专业志愿服务规模化发展的前沿问题，即影响力评估与认证。影响力评估关注专业志愿服务成果产生的连带的、持续的效果，其中专业志愿服务的经济价值测定是重要的一个方面。期望在科学评估和测定的基础上，构建专业志愿服务的信用体系，形成正向激励体系，弥补现有社会信用体系建设的不足；并在此基础上，开展专业志愿服务认证工作，为推进社会各界参与社会投资和专业志愿服务提供支撑和保障。专业志愿服务的本质，是对公益慈善和社会创新无偿地输入专业服务能力，从而助力公益慈善事业和社会创新使命的实现，是一种捐赠形式。当专业志愿服务从零星、局部、个别、临时发生的局面转化为全方位企业业务战略和公共领域的社会发展战略中的重要内容时，专业志愿服务就成为包括资金在内的资源投入的一部分，也就是成本或投资的组成部分。无论作为基本的经济单位，如企业，还是作为社会总量计算的经济单位，如GDP，专业志愿服务的经济价值都需要可测量，能纳入社会投资回报（social return on investment）中的投资量的计算中。因此，本章将介绍专业志愿服务的经济价值测定方法。在经济价值测定中，数据的可靠性、一致性和可比性至关重要。因此，引入专业志愿服务的"认证"程序，有助于确保数据的可靠性。

第八章　专业志愿服务的影响力评估与认证

第一节　专业志愿服务的影响力评估

> **案　例**
>
> **英国 Impetus-PEF 的影响力**
>
> Impetus-PEF 的项目成果：Into 教育集团（Into University，IU）是 Impetus-PEF 支持的 40 个公益慈善组织之一，双方的战略合作长达 12 年（2006—2018 年）。在 2007—2017 年的 10 年里，这个战略合作的总体成果可圈可点：受益的青年人从 2007 年的 850 人上升到 2017 年的 3 万人，占同类人群的 90%；2016—2017 年，75% 的毕业生顺利进入大学学习，远高于英国全国 39% 的比例，进入英国名校罗素集团 24 所大学的比例达 16%，高于全国 11% 的比例。成绩斐然的背后，是 Impetus-PEF 累计达 395.2 万英镑的贡献：
>
> （1）管理团队的投入：82.5 万英镑。
>
> （2）资金投入：153.8 万英镑。
>
> （3）专业志愿贡献：通过 59 个专业志愿服务项目，贡献价值达 158.9 万英镑。
>
> 这些数字都是纳入审计范畴的，经得起推敲。
>
> IU 的慈善收入在 2008 年仅为 80.7 万英镑，2017 年达到 570 万英镑。收入来源变得多样化：2007 年所有收入来自慈善捐款，2017 年的收入 32% 来自大学合作方，28% 来自信托基金和基金会，20% 来自个人捐赠，15% 来自企业捐赠。
>
> 政策影响：英国负责大学事务的部长在 2018 年向高校同行明确赞赏 IU 的成绩，并表示 IU 的做法让他反思如何缩小大学入学门槛上的鸿沟。显然，IU 的创新，也带来行业上的改变。
>
> 社会资源：越来越多的资助方加入对 IU 的支持中。
>
> IU 的中心也从 2007 年内的一家，扩展到 2018 年的 25 家，在整个英国发挥着全面的影响力。
>
> 资料来源：北京博能志愿公益基金会《专业志愿国际案例集（2017）》。

> **【点评】**
> Impetus-PEF 对影响力的评估格外重视，这些影响力的指标和数据贯穿投资的全过程。例如，在筛选公益慈善组织的过程中，Impetus-PEF 从投资人的视角审视其潜在的服务对象，就是审视潜在的影响力。公益慈善组织的影响力数据，也是 Impetus-PEF 影响政策和整合优质资源的基础。Impetus-PEF 的立场是，锁定最具潜力的公益慈善组织或社会企业，通过"助推影响力"研讨会，帮助它们厘清如何发挥影响力。只有在具备了强大的社会影响力之后，实施规模才有价值，才能长久。

专业志愿服务影响力评估目前依然处于前沿阶段，相关研究与成熟经验也没有形成可以指导实践的标准和指南。本书之所以聚焦前沿问题，是因为这些问题的破解方案直接影响到专业志愿服务从潜力转化为实力的广度、深度和速度，直接影响到公益慈善、社会创新和社会治理中是否能及时持续地引入全社会的优质专业力量。这些前沿问题着眼于专业志愿服务对 GDP 和社会信用的贡献，体现在专业志愿服务的影响力评估、经济价值测定及信用体系的构建等多维度。对影响力的评估结论，必须从质量、过程和数量等多方面提供支撑，需要涉及信用、认证和经济价值测量。从方法论到数据积累都处于起步阶段，不具备立竿见影的实用价值，但确是专业志愿服务的外部环境不可或缺的要素，需要从了解到共建。

一、影响力评估的概念及内涵

作为项目结项的评估，已经在第六章进行了论述。而本章的"评估"，是指项目完成之后所产生的社会效果的评估，实际上是影响力评估，而不是项目结果的评估。

案　例

影响力评估框架指标

美国共同影响（Common Impact）是一家成立于 2000 年的非营利组织，致力于建立一个社会、个人和企业将投入其独特的才能的共同目标：加强共同生活和工作的当地社区。机构将公司员工与具有成熟模式的非营利组织联系起来，以应对社区面临的最大挑战。与财富 500 强公司和数百个国家领先的非营利组织合作，共同创造这一转型变革。共同影响与第一资本（Capital One）共同设计了有关专业志愿服务的影响力评估框架指标（见表8-1），来指导非营利组织有效地开展专业志愿服务。

表8-1　共同影响与第一资本的影响力评估框架指标

评价要素	指标	具体工具
对志愿者才能的影响	(1) 技能的提高：参与项目的员工原来的某项具体技能的提高 (2) 领导力和软性能力的提高：参与项目的员工在重要的领导力方面的进步，例如处理复杂问题的能力、客户关系的能力 (3) 推广率：通过了解项目参与人对你的专业志愿服务项目的推广率判断你的领导力	(1) 员工对项目前后的自我评价 (2) 项目经理对员工在项目前后表现的评价（访谈和问卷） (3) 非营利机构的访谈 (4) 传统的业绩表现测量方法（360度、KPI等） (5) 其他工具例如人才成长评估工具箱
对企业员工参与度的影响	(1) 参与度：测量员工与公司、同事和项目所在社区的投入程度 (2) 保留度：测量专业志愿服务项目对员工保留率的影响 (3) 忠诚度：测量员工与公司和品牌之间的联结程度	(1) 项目成果：志愿小时数，对应的经济价值 (2) 员工在项目前后的调研问卷 (3) 固定工作范围以外的公司活动的员工参与度 (4) 纳入员工年度调研问卷
对公益事业中的非营利机构和社区的影响	(1) 非营利组织的效力：测量非营利组织实现使命的能力是否使项目得到了提高 (2) 与非营利组织的关系发展：测量与服务的非营利伙伴关系是否得到深化 (3) 议题领域的影响：测量专业志愿服务对某个具体的议题领域产生的影响	(1) 项目产出的市场价值 (2) 非营利组织员工节省下来转而用于机构项目产出的时间（小时数）后项目时段的回访（3个月、6个月、1年） (3) 项目前后公司对非营利组织伙伴总的影响 (4) 议题领域的那些与非营利组织能力和效率相关的特定指标（毕业率、经济房屋数量等）

【点评】

作为专业志愿服务支持机构，共同影响正如其组织名称一样，集合社会资源，产生共同影响力。其都围绕着影响力来建设基础设施、专业标准、数据支持平台等，从而更好地帮助非营利组织和企业协同共创价值，产出共同影响力。

那么，什么是影响力评估？

影响力评估是公共管理领域的方法论之一，一般运用于一项公共政策、一个规划、一个项目等"干预"行动效果的评价。有时它与项目评估在中文语境下常常交替运用，但实际上其内涵和外延各不相同，例如前文关于专业志愿服务十大步骤中所谈到的评估，指的是项目评估，目的是了解这些专业志愿服务在多大程度上、用何种方式完成了预期的"干预"任务，是对专业志愿服务的质量和直接效果的评价。而影响力评估，则是聚焦于专业志愿服务成果在社会更大层面所产生的持续效果，有可能对项目的设计是否合适、项目步骤是否科学、成本控制是否得当、对未来"干预"的设计如何改善等较为广泛的维度进行评价。每一个领域的影响力评估都有其独特的视角。

如果把项目结项比喻为完成合同交付，那么影响力评估则是对合同履行之后用户的感受等的关切。这样的比喻，并不是说影响力评估不具有价值，恰恰相反，在社会发展领域，影响力评估的好坏直接涉及各个利益相关方的口碑和社会影响力，也对其后期获得包括资金和人力在内的支持产生着直接的影响。

二、专业志愿服务影响力评估指标体系的设计

案 例

联合国志愿人员组织（UNV）对志愿服务
促进 SDGs 的国情分析评估

2018 年 9 月，UNV 针对各成员国进行了一项志愿服务促进 SDGs 议程的国情分析调研，邀请各国政府和统计部门、社会事业和公益组织、企业和志愿者填写问卷，其调研内容包括如下：

（1）利好的外部环境：与志愿服务有关的立法、政策或其他监管框架，认可和推广志愿服务的志愿者激励政策，国家议程中与志愿服务相关的预算拨款，不同文化、价值观和传统对认知志愿服务和促进和平发展方面的作用等。

（2）运作机制和组织：国家层面的志愿者机制、组织和方案，志愿

者在实现可持续发展目标中的参与度,相比有偿工作来说,志愿服务的过程为发展带来了什么特殊的贡献等。

(3)志愿服务的影响力评估、监测和评价:志愿服务相关数据收集的机制和工具,测定那些与志愿服务影响力相关的内容。

(4)志愿者数据:注册志愿者、注册志愿者网络和志愿者组织,志愿者派遣国在国际上做出的贡献,志愿者接收国所接收的国际志愿者情况。

【点评】

UNV开展的影响力评估内容包含了四个维度:宏观政策、行业组织、志愿者服务数据和注册数据。其问卷发放对象限定于与志愿服务相关的政府、企业和公益组织及志愿者,应用方法是非等概率抽样问卷。

在专业志愿领域,影响力评估体系尚处于积累经验阶段,UNV也一直在致力于推动各国开展志愿服务影响力评估工作,并与国际劳工组织(ILO)合作,于2011年发布了《志愿服务测量手册》,对志愿者工作、服务时间、志愿者服务率和时间统计方法给出了具体建议和标准。

企业迫切需要对其投入的专业志愿服务项目进行全面的评估,从而指导企业明确专业志愿服务项目在其整体社会战略中的定位。但是,由于欠缺社会影响力层面的评估,专业志愿服务项目的成效只能停留在通用的投入产出层面(见表8-2),无法捕捉并呈现感觉得到但无法验证的社会价值及其深远影响。美国Taproot基金会在专业志愿服务影响力评估领域领先一步,开展了多年相关评估工作。Taproot基金会与以IT技术见长的非营利机构True Impact获得万事达公司的资助,全面梳理了专业志愿服务领域的影响力评估现状,在投入—产出—结果三个层面编制了迄今最前沿的评估方法。结果是超越项目合同范围的维度,但却常常对社会投资决策起着决定性作用,而专业志愿服务对这个维度的贡献表现在两个方面:社会绩效和财务绩效(见表8-3)。

表 8-2　　　　　专业志愿服务项目常见的投入产出分析表

投入	产出
·专业志愿服务小时数：有记录可查的志愿者服务小时数 ·参与的员工和志愿者人数：项目员工及吸收的志愿者数量	·项目完成程度：项目周期内项目完成的比例或数目 ·按时完成比例：项目按时完成的比例或数目 ·推广净分值：将项目推荐给其他人的推荐次数 ·服务对应的经济价值：（美国市场）专业志愿服务对应的经济价值（标准值 150 美元/小时） ·体验的满意度：志愿者和服务对象对培训和项目总体的体验满意度

表 8-3　　Taproot 基金会和 True Impact 专业志愿能力建设的结果维度指标

指标	定义	实例
A. 社会绩效		
提高效力	非营利组织服务的成功率提高：服务质量提高	一个专业志愿团队帮助一个非营利组织的在职培训项目进行调整。项目结束后，参与该非营利组织培训项目的学员找到工作的人比以前增加了 50 个，等于提高了 30% 的成功率
扩大范围	服务对象人数增加	专业志愿顾问团为非营利组织创建了一个市场影响和传播计划，提供了该非营利组织课后项目在社区的知晓度，从而促成了 200 多位儿童的报名入读，招生人数增加了 17%
B. 财务绩效		
增加收入	专业志愿服务项目实施后，非营利组织的收入增加了。通常以金额或增长率来表示	专业志愿团队为非营利组织制定了新的筹款方案和 IT 支持系统，结果喜人：收入增加 10 万美元，提高了 27%
节省成本	专业志愿服务项目实施后，非营利组织用来管理和提供服务的资源节省了。通常用成本节省的金额或者效率提高率来表示	专业志愿团队帮助建立了更加高效的数据报告系统，节约处理成本 5 万美元，节约度达到 20%

但是，要掌握好投入—产出—结果三个层面的评估指标，需要每一个专业志愿服务项目根据具体情况去界定，让指标的设立客观、严谨。为此，特别推荐由共同影响和第一资本从专业志愿服务对象的使命出发，最终回归使命的全过程。编制影响力框架，有助于选择和界定具体的评估指标。在专业志愿服务项目中，涉及的不同利益相关方对评估的需求有所不同，运用的评估指标也有差异。

三、专业志愿服务影响力评估方法

2012年前后,全球最大的志愿服务机构网络——光点(Points of Light)和专业志愿服务领域的领先机构——Taproot基金会运用并推荐的评估思路[1]——共同影响和第一资本编制了第一个影响力评估框架[2](见图8-1),用来指导非营利组织设计、实施和评估其专业志愿服务项目,确保专业志愿服务项目的成功。这个框架凝聚了500个专业志愿服务项目的经验,并根据专业志愿服务的三个核心利益相关方主体的期望,列出了评估的内容。

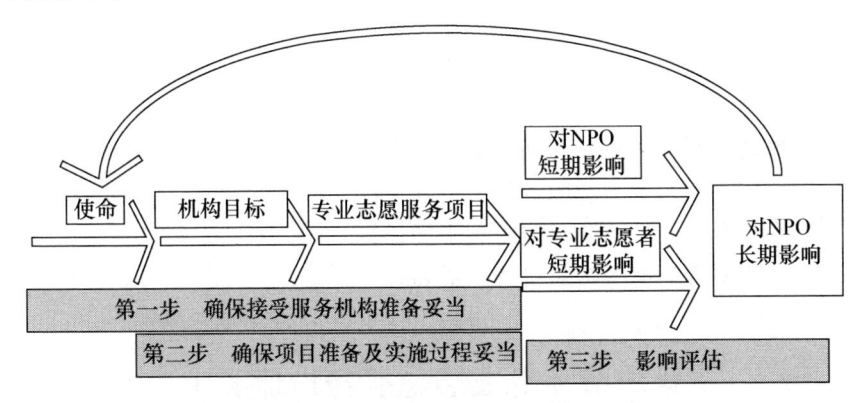

图8-1 第一个影响力评估框架示意图

专业志愿服务影响力评估的三个步骤:

第一步:确保接受服务机构准备妥当,包括明确组织使命与机构目标,其专业志愿服务项目与组织目标相一致。

第二步:确保项目及实施过程准备妥当,按照项目计划实施与不断改进。

第三步:针对服务对象和服务主体的影响评估,通常在服务结束之后1~3年进行调研,并将评估结果进行发布,与利益相关方进行反馈与沟通。

---

[1] Jossey-Bass. Categories and Draft Definitions from What Counts: The S in ESG. CECP with Support from USAA, February 2017 (pages 13-14 of that report).

[2] 北京惠泽人公益发展中心暨博能志愿公益基金会《"构建NPO能力建设资源的生态系统"项目报告》,还可参见:Taproot Foundation. Powered by Pro Bono: the nonprofit's: step-by-step guide to scoping, securing, managing, scaling Pro Bono resources. San Francisca: Jossey-Bass, 2012.

需要提示的是，不同主体对评估的预期目标各不相同。因此，要根据并融合各自的目标对专业志愿服务的影响力进行指标设计。

NPO对评估的预期目标包括：

（1）提高机构运营效率；

（2）为吸引未来的投资奠定基础；

（3）对关键的利益相关方更加有效地展示项目影响的具体信息；

（4）机构团队能力得到提升，员工流失率降低。

公司和投资方对评估的预期目标包括：

（1）评估判断捐赠金额撬动的影响；

（2）评价判断NPO的效力；

（3）判断对招募员工和留住员工的影响；

（4）测量投资的社会效益。

志愿者对评估的影响预期包括：

（1）个人的领导力和职业发展得到了提高；

（2）社会关系和团队友谊得到了增长；

（3）所服务的组织绩效得到了提高。

第二节　专业志愿服务价值测定

一、经济价值测定

志愿服务是一个古老的人类社会学意义上的互动方式，根植于人类生物学意义上的本性。或许正是因为司空见惯、人人可为、举手之劳，对志愿服务价值的认识，也是从21世纪初开始，伴随着千年发展目标的实施战略得到逐步提升的。其中，标志性的价值界定有：2001年，联合国大会视专业志愿服务为实现减贫、消除歧视、促进性别与教育公平、环境保护等千年发展目标的"重要战略组成部分"，并呼吁各国政府重视志愿服务的经济价值。2005年，志愿者国际年实施跟进的文件继续鼓励各国政府在社会力量的支持下，搭建这个主题的知识基地，传播数据，扩展相关研究。2011年3月，ILO与UNV合作出版了《志愿服务测量手册》，推动各国开展志愿服务测量工作。2008年国际红十字会把志愿服务比喻为"有效的人道援助之心"。2008年欧洲议会把志愿服务比喻为"最具永续形态的可再生能源"，有助于形成社会经济凝聚力，呼吁欧盟成员国高度重视志愿

第八章 专业志愿服务的影响力评估与认证

服务。美国约翰斯·霍普金斯大学公民社会研究中心的一项研究表明：世界各国的志愿工作价值相当于个人、公司和基金会工作总和的两倍。也就是说，志愿者的贡献超出了投资方给出的资源的一倍。同时研究表明，志愿服务产生的价值高达 4 000 亿美元。中国也有类似的估算，根据中国志愿服务领域做的相关调查和数据分析可知，2015 年全国志愿服务大约有 15.59 亿小时，创造了约 600 亿元的价值。志愿服务的经济价值不容忽视，但结果却是恰恰难以被纳入国民经济统计范畴。2006 年 UNDP 就曾批评"狭隘的经济学思维"忽略了志愿服务的价值。

案 例

对志愿服务经济价值测定的理由

约翰斯·霍普金斯大学公民社会研究中心首席专家莱斯特·萨拉蒙（Lester M. Salamon）执掌的团队，通过对 37 国的相关调研进行分析，对志愿服务的经济价值测定给出了即使在今天看来依然令人信服的 7 大理由，其中的理由 4～7，是关于行业系统和 MRV 量化信息采集的缺失。

....

理由 4：尽管如此，志愿服务工作的范围、规模或分布等测定工作却没有连续进行，这也掣肘了政策制定和对劳动力动态的全面掌握。数据问题，很有可能源于非营利组织为了其工作效率，虽然大量使用志愿者，却没有纳入核算。

理由 5：志愿服务的数据难题：既没能体现出志愿服务工作，在相当程度上，这些数据系统在处理志愿服务工作时也完全没有一致性。

理由 6：没有计算在内，就无法有效管理。志愿服务工作的系统资料，不仅仅是个学术问题，而是直接影响到志愿者这种重要资源的有效运用。政策决策人和非营利机构都需要扎实的信息来判断他们与其他国家相比，志愿者运用的程度、志愿者青睐哪些领域、哪些人最有可能投入志愿服务、人们对志愿服务迟疑不决的原因是什么、什么样的工作类型才能最大限度地发挥志愿者的作用。

理由 7：如过眼云烟，无影无踪。志愿服务工作测定数据的缺失，掩盖了志愿服务工作的真正价值，低估了志愿服务工作，也无法鼓励志愿

215

服务行为。从公益慈善属性看，对志愿服务的回馈形式不在财务，而在社会和心理层面。现有的数据缺失，使从社会和心理层面的回馈缺乏坚实的依据，难以产生具有影响力和号召力的公共传播。

【点评】

从上述理由可以看出，志愿服务的经济价值被低估了，测定志愿服务的价值存在难度，将之纳入国民经济统计范畴，未来可期。

UNV在2018年的《世界志愿者状况报告》中指出，人们对志愿服务理解的差异阻碍了在全球范围内达成对志愿服务定义的共识，同时数据收集的组织工作也限制了跨国数据的可靠性。与有偿就业不同，志愿工作通常是不定期进行的，这使得对志愿服务的衡量工作变得复杂。尽管国家统计机构认为志愿服务是一种具有社会和经济价值的无偿工作形式，只有极少数国家（主要是高收入国家）经常衡量志愿服务，但是它们的做法不具有一致性。在衡量志愿服务时，重点往往集中在基于组织的志愿服务上，而忽略了社区内人们自发进行的志愿服务。实践者将其工作范围扩大到边缘化群体，并使决策制定者能够评估志愿服务对国家的经济贡献。此外，这些数据可以增进决策者对谁有机会获得志愿者机会的了解，增强他们识别和消除志愿行动障碍的能力。利益相关者可以利用这些信息来增进志愿者对和平与发展的贡献。在过去20年中，衡量标准的逐步改进提升了全球志愿服务评估的准确性。2013年，ILO通过第19届国际劳工统计大会率先采用了新的国际统计标准，为将志愿工作纳入官方工作统计提供了一个框架。诸如《志愿服务测量手册》《国民账户体系非营利机构手册》之类的主要参考依据，为知识库提供知识信息，有助于更准确地评估世界各地正式的志愿工作、以组织为基础的志愿工作和非正式的志愿工作的范围、组成与普遍程度。

二、社会价值测定

专业志愿服务聚焦解决社会问题，并通过跨界合作促进包容性社会更加公平发展；志愿服务创造社会信用和社会资本，对个人、社会和国家都有很重要的影响，那么如何测定其所产生的社会价值呢？本书介绍一个目前国际上应用较多的"社会投资回报"（SROI）评估工具。

SROI 工具是一个工具框架，从更宽广的概念来衡量与核算价值，旨在将社会、环境和经济成本-效益进行整合，来减少诸如不平等和环境退化等问题，提升社会整体福利。SROI 用来衡量改变的方法与利益相关方密切相关。它通过测量社会、环境和经济成果并用货币价值将成果呈现，从而告诉我们改变是如何发生的。这使得计算成本-效益比率成为可能。SROI 是对"价值"的呈现，而不是对"货币"的呈现，以货币形式呈现成果只是因为货币是一个通用度量单位，是一种广为接受而有效的价值呈现方式。就如一项商业计划包含的信息远不止财务预测，SROI 也不仅仅是一个数字，而是对可作为决策参考依据的关于改变的描述，包括案例研究、定量与定性分析和财务信息。SROI 分析可采取多种形式，既可以分析整个机构产生的社会价值，也可以只聚焦于机构工作的某一特定方面。SROI 的操作方法也很多样，既可由员工对机构进行自我分析，也可由外部研究者用来评价机构的工作。

SROI 的原则。SROI 是从社会会计和成本-效益分析发展而来的，并建立在以下这七条原则之上：

（1）利益相关方参与；
（2）理解发生了何种变化；
（3）仅纳入重要信息；
（4）为关键成果定价；
（5）不过分夸大成果；
（6）保持透明公开；
（7）审核成果。

SROI 的分析步骤。有六个阶段：

（1）确定 SROI 分析范围，识别利益相关方。确定 SROI 的界限、范围，有哪些利益相关方参与其中以及如何参与，这一工作非常重要。

（2）描述成果。通过利益相关方的参与，来描绘影响力或"变化理论"，反映投入、产出和成果之间的关系。

（3）证明成果，给成果定价。这一阶段包括找到相关数据来证明成果是否发生，并为成果定价。

（4）确认影响力。收集成果的证明材料并将成果货币化的过程、那些无论如何都会发生的变化，以及由无关因素导致的变化均不在考虑范围之内。

（5）计算 SROI 值。把所有正负效益求和后，将成果与投资相比。这一阶段可以同时测试成果的敏感度。

（6）报告、应用与 SROI 常态化。最后一步至关重要，而又容易被遗忘。与利益相关方分享研究成果并做出反馈，SROI 在机构应用常态化以及报告核验。

三、价值测定的路径

任何一种捐赠，都有一种对应的获得广泛共识的方法去计算其经济价值，虽然并不仅限于经济价值。在志愿服务的相关报道中，无论是企业、政府，还是研究、投资或国际机构，都几乎无一例外地要给出一个相对应的经济价值。由社会科学文献出版社出版的《慈善蓝皮书：中国慈善发展报告》，于 2013 年初首次提出中国志愿服务经济价值，并且连续 6 年进行测量和发布，课题组使用劳动成本替代法核算年度志愿者贡献的经济价值，发现其总量从 2013 年的 215 亿元发展到 2018 年的 824 亿元，增长迅猛。北京师范大学经济与资源管理研究院于 2017 年发布的《中国志愿服务经济价值测度报告》以北京地区为例进行志愿服务经济价值测量，并提出发展志愿服务是我国创新社会治理模式、激发社会活力的重要途径，能为中国进一步发展带来红利，中国的转型和发展离不开志愿服务。测量志愿服务经济价值，反映社会真实进步水平，改变以 GDP 为导向的评价体系，促进社会治理模式转变。发展志愿服务事业，要坚持自发性原则，政府应发挥监督、引导和推动的辅助作用，让志愿服务为推动社会治理创新、维护社会和谐稳定发挥重要作用。中国志愿服务联合会 2017 年发布的《志愿服务蓝皮书：中国志愿服务发展报告》，是中国"首次从志愿服务行业发展的视角，对中国志愿服务年度发展情况进行全行业、多领域实证性研究"。该报告的分析聚焦在以下几个维度上：

（1）顶层的战略决策。志愿服务纳入全面深化改革大局，主要依据是"十三五"规划把志愿服务纳入加强和创新社会治理的总体部署，明确提出到 2020 年全国注册志愿者人数占居民人口比例要达到 13% 的目标（2016 年，注册志愿者人数占常住人口的比重全国平均为 2.56%）；中共中央宣传部等八部门联合印发了《关于支持和发展志愿服务组织的意见》；中共中央宣传部等七部门联合印发了《关于公共文化设施开展学雷锋志愿服务的实施意见》，锁定 2020 年公共文化领域的设施、组织体系、项目体系和管理制度体系的目标。

（2）制度化建设。《志愿服务条例》的出台，激发和推进了行业、地方等志愿服务的制度化创新，主要是残疾人、中学生和青年发展领域关于志愿服务常态化和诚信制度的创新，以及一些地方实施的志愿者回馈和奖励机制等的创新。

（3）公众参与度。"全国志愿服务信息系统"的注册志愿者人数增长29%，从3 000多万提高到4 000多万；志愿服务累计时间4.2亿小时，人均11.93小时。到2019年3月，注册志愿者已经达到1.14亿人，志愿服务累计时间13.16亿小时[①]。

案　例

志愿服务的货币价值测定

在美国CECP《数说捐赠报告2017》中，可以发现参与调查的209家公司专业志愿服务投入相当于81万美元的经济价值。这个数据来自CECP依据小时数而换算得出的公平市价（fair market value）。为专业志愿服务小时定价是付费用户为单位时间服务或一个项目愿意支付的金额，是市场买卖双方都认可的价格，所以也被称为合适的市场价。CECP与美国Taproot基金会在2015年更新了常用服务价格，这个价格是以常见的业务领域的平均费用估算的。

专业志愿服务按照小时数进行对应换算，这个方法听起来很简单，但要最大限度切合实际情况，CECP特别对常见的情况做了具体的规定。简单地说，应使用它们能获取的最好的国内薪酬信息来测定服务的公平市价，这些价值测定会因地理、资历、折旧、技能领域等而有所不同。为了得到一个准确的、经得起推敲的专业志愿服务估价，公司必须跟踪项目中所有影响估价的因素。如果不具备自行测定的条件，就可以直接采用每小时150美元的标准对专业志愿服务进行估价。表8-4为会计、行政、技术、法律和创意等行业的三个级别的专业志愿服务在2015年的年均时薪，不包括福利、分红、奖金和其他激励。

---

① 杨团.慈善蓝皮书：中国慈善发展报告（2019）.北京：社会科学文献出版社，2019.

表 8-4　　　三个级别专业志愿服务对应的年均时薪　　　　单位：美元

专业志愿服务的货币价值测定			
专业服务	初级	中级	高级
会计	90	130	245
广告与市场营销	85	115	195
设计	80	115	175
财务服务	90	135	255
人力资源	70	90	185
IT 服务	115	155	235
法务	100	125	210
公关	75	120	205
权重均值*		150	

* 参考时间为 2015 年 10 月。加权平均：权重应用到低级、中级和高级的专业人士中，他们是专业志愿服务的主要成员。

【点评】

案例中的货币价值测定值得我国借鉴——不同领域、不同级别的专业志愿服务为社会创造了价值，为公益节约了成本。

在专业志愿服务经济价值测定这个课题上，需要我们加快脚步，与国际领跑者同步，在"一带一路"倡议的大背景下，把我们的专业志愿服务纳入统一的统计框架。2018 年 4 月的 CECP 报告中提出了一个到 2020 年的中期目标："2020 年跨国公司报告中的总社会投资实现统一界定。"CECP 已经进入中国，我国企业以及专业志愿服务也开始走向国际化，为此需要借鉴国际经验，在专业志愿服务测定方面按不同路径不断推进。

官方与行业两条线并行推进，遵循一揽子原则：统计指标的一致性、数据的可靠性、调研方法的严谨性、调研渠道的可控性、行业划分的专业性。为此，需要充分借鉴 CECP 的经验，与中国企业社会责任相关部门或机构合作，将专业志愿服务调研融合到企业的社会责任调研中，让专业志愿服务与企业社会责任融为一体。发挥专业志愿服务支持机构的专业作用，为调研和解读专业志愿服务经济价值测定提供支持。此外，还应科学统计年度数据，持续开展年度调研，提高各项数据的可信任度。

第三节 专业志愿服务认证

案 例

构建专业志愿服务认证的中国品牌

作为专业志愿服务行业的引领机构，北京惠泽人公益发展中心、友成基金会、陈香梅基金会、南都公益基金会、宝马基金会、福特基金会、北京大学公民社会研究中心、北京论坛等机构，面对惠泽人提出的课题"专业志愿如何助力中国公益慈善事业"的调研，提供了不同形式的支持。2015—2016年的专业志愿服务行业调研、北京论坛分论坛专题，北京举办的全球专业志愿联盟亚洲区域峰会，北京、深圳、广州、重庆和上海等地实地访谈等，倡导了专业志愿服务的价值、概念和模式，也明确了行业发展的需求。2016年底，北京博能志愿公益基金会正式成立，旨在建立行业标准，搭建体系，奠定专业志愿行业的专业基础，进而创造并推动跨界合作与共建，为社会信用体系的固化和落地做出贡献。博能创立之初，就致力于如何认证专业志愿服务小时数，让认证依据经得起考验。

博能创建的"菠萝之家"网上系统，由于整个步骤体现了专业志愿服务基准的原则，且符合国际通用的构建信任的MRV（可测量、可报告、可核查）特征，已经具备认证所需的各种功能，填补了专业志愿服务行业最基本的基础设施缺失的空白。整个系统最终以自动生成的证书呈现专业志愿轨迹。以志愿者个人为例，每一次专业志愿服务完成后，志愿者就获得一次记录，并自动保存在志愿者的个人中心。这样具备MRV特征的信用依据，其公信力支撑得住任何奖励和认可。

【点评】

信用依据的公信力，就是信任的支点。要实现公信力，最常见的途径是认证。国务院强调要健全政府、行业、社会等多层面的认证采信机制，完善鼓励企业参与自愿性认证活动的激励措施。"菠萝之家"的创新探索，意在呼应"I Will"的内涵，为专业志愿服务的传播、引领、表彰和管理提供共同依据，体现公开、公平、公正的品牌效应和文化标志，成为建立信任的基础。我国专业志愿服务相对来说依然处在摸索和创新阶段，需要梳理、提炼国内外的经验，为决策提供有高度可操作性的依据。博能，作为国内第一家专注于专业志愿服务发展的机构，由于其众筹和开放的特征，具有为决策提供依据和建议的责任与优势。

认证，是一种信用保证形式，通常指的是认证机构证明产品、服务、管理体系符合相关技术规范的强制性要求或者标准的合格评定活动。专业志愿服务要纳入社会信用体系和国民经济统计范畴，必须体现出服务质量的规范性和标准化，纳入社会治理范畴的认证。

一、专业志愿服务认证体系建设的必要性

第一，专业志愿服务认证是认证工作扩展到社会治理领域的必然阶段。

我国的认证认可规范经历了以下过程：1991年5月7日国务院发布《中华人民共和国产品质量认证管理条例》；实施12年后，该条例于2003年11月1日废止，《中华人民共和国认证认可条例》开始实施；2016年2月6日，《国务院关于修改部分行政法规的决定》第37项修改涉及《中华人民共和国认证认可条例》。2018年1月1日，《认证机构管理办法》实施。2018年7月，认监委发布了《中国的服务认证》文件，全面阐述了我国服务认证的现状，号召社会各界关注、支持和积极参与。

认证对象已经从原来的工业产品，扩展到农业、服务业和社会治理领域。随着"一带一路"倡议的实施，通过国际互认，形成跨文化的共同服务准则，认证更具有现实意义。

此外，为深入贯彻中央关于"一带一路"的部署，落实《共同推动认证认可服务"一带一路"建设的愿景与行动》，认监委特制定《〈共同推动认证认可服务"一带一路"建设的愿景与行动〉三年滚动实施计划》。根据2017年度全国认证认可检验检测服务业统计信息，我国认证认可行业的

产业规模领先世界其他国家，居世界第一。截至2017年底，全国认证认可检验检测机构达36 797家，数量较2016年底增长9.44%。我国实施的产品认证规则数5 670个，较上年增长27.42%；服务认证规则数132个，较上年增长140%。2017年，全国检验检测机构共出具检验检测报告3.76亿份，平均每天对社会出具各类报告103万份。

当今中国正逐步走向"服务经济"时代。服务认证作为基于顾客感知、关注组织质量管理和服务特性满足程度的新型认证制度，对提升服务供给质量、完善服务市场治理体系、增强中国服务国际竞争力、满足人民美好生活需要具有积极的促进作用。

据统计，2017年我国颁发的管理体系认证证书85.49万张，是国际标准化组织统计的全球管理体系认证证书数量的一半；质量管理体系证书数48.91万张，连续多年位居全球第一。2017年，我国主导制定的《合格评定服务认证方案指南和示例》成为首个由发展中国家制定的合格评定国际标准。

专业志愿服务要纳入社会信用体系和国民经济统计范畴，必须体现出服务质量的规范性和标准化，需要尽早准备，纳入社会治理范畴的认证。

第二，专业志愿服务认证构建公益慈善领域的新型信任关系，为公众提供参与社会投资和专业志愿服务的支撑和保障。《慈善法》的正式实施，标志着中国开始进入新慈善时代。政府、经济和社会的改革也激发了更多的资源释放于公益领域，公益慈善组织迅猛发展的同时，也面临着更多的竞争和专业挑战。

挑战之一是如何构建公益慈善领域的基于契约和伦理的新型信任关系。笔者认为，在推动政府、企业、社会团体之间的深度对话和协作过程中，各主体之间的信任非常重要，要构建基于契约和伦理的信任关系，需要以透明、可靠、务实为合作之本，建立"TRUST"信任模式（T——Transparent、R——Reliable、U——Understanding、S——Strategic and Systematic、T——Timely）。该模式首次在2010年世博会期间联合国开馆日的研讨会上与业界分享，得到普遍认可；进而在2012年11月世界银行行长访华期间召集的圆桌会议上，得到世行行长的高度认可。专业志愿服务认证将为这种新型信任模式奠定支撑体系。

挑战之二：由社会公益人士发起的草根公益组织近百万家，还有新兴的具有社会影响力的社会企业，它们深入社会底层开展慈善救助、社会服务，但因得不到行业的支持，很难招聘到专业人士，也缺少资金购买专业技术和进行能力建设。与此同时，一批社会价值投资人和数以千万计的专业人士具有爱心和志愿精神，然而他们也找不到合适的投资项目和专业志愿服务岗位。

是什么造成了具有专业和资源的社会精英与广大的中产阶层难以参与社会投资和专业志愿服务？最大障碍是商业市场与社会领域之间的信息鸿沟和社会服务管理缺失。作为在商业或主流社会的在职专业人士，与目前尚在边缘化的社会服务机构并不在一个文化体系中，需要跨界合作创造社会创新的合适环境与行业体系，帮助专业志愿者和社会服务机构迈过信息鸿沟，获得专业志愿服务的系统保障。

一个健康的社会，离不开惩恶扬善的社会治理机制和文化氛围，离不开诚信的个人。公益慈善事业在《慈善法》颁布后，如火如荼，人们对公益慈善的认识，从广泛的乐善好施行为，逐步上升到搭建支持公益慈善事业的社会生态系统的认识高度。志愿服务在这个生态系统中发挥的作用也得到社会的广泛认同。"十三五"规划将志愿服务纳入加强和创新社会治理的总体部署，明确提出到2020年全国注册志愿者人数占居民人口比例达13%的目标。2016年，国务院办公厅发布了《关于加强个人诚信体系建设的指导意见》，为此，需要通过构建专业志愿的认证体系，催生更多的专业志愿者。

第三，专业志愿服务认证构建的正向信用体系可弥补现有信用体系的不足。中国的个人诚信和机构公信力建设的核心是以减少黑名单为主，而不是构建正向引导的系统。社会信用的标准体系在实际运用中，多采用银行系统范畴内的诚信，如是否欠债等。目前我国欠缺正向激励的信用指标以及信用社会体系。如果继续沿用企业的信用建设规则，以减少"信任缺失的风险"为原则，缺乏对公益慈善的公信力的激励，也会伤害公益慈善的公信力，因此，建设专业志愿服务认证体系，使之成为构建正向的信用体系和信用修复的重要组成部分，在当下是必要且迫切的。

第四，认证是信用体系公信力建设的重要路径。构建中国专业志愿服务体系，一方面，更多的草根社会组织可通过多个途径获得专业志愿服务，提高自身的能力，更好地履行公益使命；另一方面，更多的中产阶级和职场专业人员通过多个途径为草根社会组织贡献专业力量，实现使命共情的自我价值。这样的双向服务和支持，有助于建立社会信任。具体来说，专业志愿的信用依据，就是专业志愿的真实高质量的时间记录，要让这个时间记录具有公信力，要具备多个视角。

(1) 职场精英视角。激励和释放职场专业人士的个人回馈社会的公益心，构建"上善之水"流通的渠道网这一社会基础设施，助力实现人人公益、全社会慈善的局面。

（2）行业系统视角。研究并建立专业志愿服务的行业规范、行业标准和行业品牌，填补行业规范的空白。

（3）公益为本视角。维护志愿精神本来所具有的公益特征：强调个人的志愿选择，而不是"被志愿"现象展示的组织化、行政化特征，为志愿的公信力助力。

（4）跨界的全球视角。要让各行业和不同文化也能理解和参与。构建具有国内外公信力的信用互认基础，激励专业人员利用业余时间助力公益机构，让中国专业志愿品牌成为国际认可的公益品牌。

二、专业志愿服务信用认证体系建设的可行性

第一，政策环境提供了利好因素。在我国，《志愿服务条例》首次将专业志愿服务纳入其中，并专文论述，但中国目前的专业志愿服务仅仅处于起步阶段，尚有很多难题，如专业志愿服务的定义五花八门、志愿者管理机制缺失、志愿者招募困难和培训匮乏、专业志愿服务质量和效果评价标准待建、专业志愿服务价值评价模糊等等，制约了专业志愿服务的发展。一方面，需要通过制定行业标准来构建专业志愿服务的管理系统；另一方面，也需要培育和管理公益志愿文化氛围，对已经发生和正在发生的专业志愿服务给予充分的认可和弘扬，对潜在的专业志愿队伍给予明确的方向，从而使专业志愿服务的起心动念和愿景使命都归到精神层面。在个人诚信体系构建的指导意见中，从基本原则到教育、记录、应用、奖惩等多方面为个人诚信体系的建设搭建了框架，志愿者与志愿服务分别在教育和记录等部分明确提及，为专业志愿者认证体系建设提供了政策环境的利好因素。

第二，专业志愿服务信用体系的成功探索。国务院办公厅《关于加强个人诚信体系建设的指导意见》提出的个人诚信的构建要遵循四个基本原则（见表8-5）和博能志愿公益基金会搭建的"i Will"专业志愿管理体系，在专业志愿的认证体系建设方面提供了参考和借鉴。

表8-5　　国务院关于个人诚信体系构建的四个基本原则

基本原则	要点
政府推动、社会共建	充分发挥政府在个人诚信体系建设中的组织、引导、推动和示范作用。规范发展征信市场，鼓励调动社会力量广泛参与，共同推进，形成个人诚信体系建设合力

续前表

基本原则	要点
健全法制、规范发展	健全个人信息法律法规、规章制度和标准规范，严格保护个人隐私和信息安全
全面推进、重点突破	以重点领域、重点人群为突破口，推动建立各地区各行业个人诚信记录机制。依托全国信用信息共享平台与各地方信用信息共享平台、金融信用信息基础数据库与个人征信机构，分别实现个人公共信用信息、个人征信信息的记录、归集、处理和应用
强化应用、奖惩联动	积极培育个人公共信用信息产品应用市场，推广个人公共信用信息社会化应用，拓宽应用范围。建立健全个人诚信奖惩联动机制，加大个人守信激励与失信惩戒力度

《关于加强个人诚信体系建设的指导意见》同时提出，建立个人公共信用信息纠错、修复机制，通过按时履约、志愿服务、慈善捐助等方式修复信用，为诚信道德模范、优秀志愿者等优良信用个人提供更多服务便利。

由此看来，构建志愿服务领域的个人诚信体系，社会力量大有可为。那么如何"有为"呢？如果专业志愿行业参与到社会信用标准修订过程或加强互动，就有望将专业志愿服务纳入信用标准相关条款中。

三、专业志愿服务认证的指导原则与实践探索

目前在中国，对专业志愿服务的认证主要由官方机构、地方政府和一些群团组织来开展，比如共青团中央颁行的《中国注册志愿者管理办法》规定，凡在共青团组织及其认定的志愿服务组织里进行登记注册的志愿者，志愿服务时间达到100～1 500小时，即可进行一星到五星的认证[①]，用以表彰志愿精神。2017年底颁布实施《志愿服务条例》之后，也正在陆续出台志愿服务规范和标准，但是目前针对专业志愿服务技能、管理标准和质量认证等工作仅仅刚开始探索。本书在此做一些前沿性介绍。

（一）专业志愿服务认证的指导原则

1. 一般指导原则

2018年1月印发的《国务院关于加强质量认证体系建设促进全面质量

---

① http://www.zgzyz.org.cn.

管理的意见》（简称《意见》）中的四项基本原则，为包括专业志愿服务在内的社会组织参与认证提供了政策依据。

统一管理，顶层设计。打破行业垄断和市场壁垒，避免多头管理和重复评价，维护质量认证工作的统一性和权威性。在专业志愿领域，需要梳理志愿管理是否是多个主体？是否沿用统一标准进行管理？一致性和连续性的管理标准，是对志愿者时间投入的基本尊重，也是志愿服务形成正式规范行业的基本要求。

市场主导，政府引导。发挥市场在资源配置中的决定性作用，以市场需求为导向，突出市场主体地位，完善质量信号传导反馈机制，促进供需对接和结构优化。专业志愿的本质，就是资源配置。市场主导，更能促进专业志愿人才与公益慈善组织需求之间的匹配。

深化改革，创新发展。充分发挥认证认可制度的市场化、国际化特性，把质量认证作为推进供给侧结构性改革和"放管服"改革的重要抓手，促进政府职能转变，创新质量发展机制，激发质量提升动能。以改革创新为动力，完善质量认证体系，破解体制机制障碍，提升质量认证供给水平和创新能力。相对其他服务行业来说，专业志愿服务更加创新的行业形态和国际化特征，可以为质量发展机制提供创新积累。

激励约束，多元共治。坚持引导和强制相结合，以自愿开展为主、强制实施为辅。引导社会各方开展质量共治，加强全面质量管理，共享质量发展成果。专业志愿的认证，需要强调其志愿的本质，因此必然是自愿开展的，也符合上述意见中关于推广应用质量管理先进标准和方法的要求。可以发挥行业协会、专业机构等社会组织的服务职能，开展社会化、群众性质量服务行动的思路。本章案例"菠萝之家"的创新，与《意见》强调的可追溯、运用互联网和国际认可的特点不谋而合。

2. MRV原则

在全球治理中，达成多边共识的认证基本原则是MRV，即可测量（measurable）、可报告（reportable）、可核查（verifiable），具备MRV特征的系统，必然要践行公开、公平和公正的公益原则：通过"互联网＋"的技术手段和透明的规范，让参与专业志愿的供给方和受益于专业服务的需求方在阳光下携手共进。

致力于推动中国专业志愿服务工作的博能志愿公益基金会，正在通过每年的最佳实践案例评审工作，对本土专业志愿服务实践进行试认证。

案 例

专业志愿"i will"标识的内涵

图形：由橘色椭圆形为底，由白色英文 i、will 两个词组成，其中相同的两个字母"i"由一个白色曲线的箭头相连，形成完整的图案（见图 8-2）。

图 8-2 "i will"标识

寓意：will 这个英文单词，表达的是一个人自由的意愿。而自由地选择是一件内心愉悦的事情，中文就是"乐意"的意思。所以设计风格也有轻快的元素。由于 will 在英文里也有遗嘱的意思，所以这个意愿体现了一个永恒的决心，最能体现自由意志表达的志愿精神。英文字母"i"是中文"我"的意思，而 will 单词里面也有一个"i"字母，用箭头把两个相同的字母连接起来，就让单个的"我"这个个体，通过箭头体现出个体加入群体的过程和结果。这一标识，体现了博能志愿公益基金会的宗旨，弘扬和吸引更多的社会专业人士，特别是中产阶层和精英阶层加入专业志愿服务，共同创造一个和谐的社会。

色彩：该图案采用白、橘两色。因为橘色是全球专业志愿服务联盟的专用色。

文字：艺术设计需要简洁的文字，所以只能选择一种文字。最终选择用英文单词，体现了专业志愿精神和这个时代的全球化特征。

【点评】

"i will"徽标的设计目的是记录、识别、表彰、弘扬和认证符合专业志愿服务标准的个人、项目、机构和行为。专业志愿者们共同守护社会公益使命而集体共创的过程，赋予了"i will"标识更多的志愿意义。

（二）专业志愿服务认证体系的实践探索

在上述 MRV 原则的指导下，博能志愿公益基金会整合了各种资源，在 2016—2017 年，历经多轮修改，设计并测试了中国专业志愿管理系统

(Pro Bono Management System，PBMS)，因其搭建在博能官网，而得昵称"菠萝之家"。MRV 支撑了信任模式五要素中的四个要素 [U（理解）除外]。因为 MRV 的全步骤可以呈现专业志愿服务的内容、受益方、提供方、时长和质量。PBMS 是如何体现 MRV 的呢？

（1）认证平台功能齐全。如果用游戏来比喻 PBMS 的话，这个系统可以有五类玩家，他们分别代表了专业志愿服务的五类角色——NPO、PBer、C-PBer、Corporate、SPs（见表 8-6）。

表 8-6　　　　　　　　　志愿者服务 MRV 认证内容

玩家	享受的 PBMS 服务	责任
NPO	（1）一站式方案：为 NPO 提供的能力建设产品分为免费和收费两种形式 （2）NPO 可以主动在 PBMS 上发布对专业志愿服务的需求，吸引服务供应方（service provide）（包括免费的、收费的）	免费范围：NPO 不需要支付志愿者的服务费；责任：只需承担项目活动相关的管理成本和提供服务评估反馈
PBer	获得可信任的专业志愿服务机会，提升其专业能力的社会价值	通过专业志愿服务支持机构，按照协议约定的工作范围和时间，无偿地为 NPO 贡献与职场水准同等的专业服务
C-PBer	获得可信任的专业志愿服务机会，提升其专业能力的社会价值	通过所在公司统一安排，按照协议约定的工作范围和时间，无偿地为 NPO 贡献与职场水准同等的专业服务
Cor	（1）可信任、系统、最新的专业志愿服务需求信息，组织企业的志愿者，以团队的形式为 NPO 提供专业志愿服务 （2）以公司为单位的 Pro Bono 第三方记录和定制的咨询报告 （3）公司所在行业的 Pro Bono 对标排序信息披露	承担项目活动相关的所有费用；（通过专业志愿服务支持机构）按照协议约定的工作范围和时间，无偿地为 NPO 贡献与职场水准同等的专业服务
SPs	（1）成为"公益撮合"全新模式的共创先锋 （2）定期获得产品和服务设计最需要的客户需求精准信息 （3）免费享受"公益撮合"第三方的品牌传播服务 （4）获得公司展示机会	（1）承诺 NPO 作为服务对象之一 （2）承诺通过"公益撮合"的创新模式，无偿参与与其业务相关的线下共创活动 （3）承诺愿意依据共创成果，为 NPO 的需求，无偿调整和改进其标准服务产品

1）非营利组织，可在平台上直接发布服务需求和岗位，并反馈志愿

服务成效（见图8-3）。

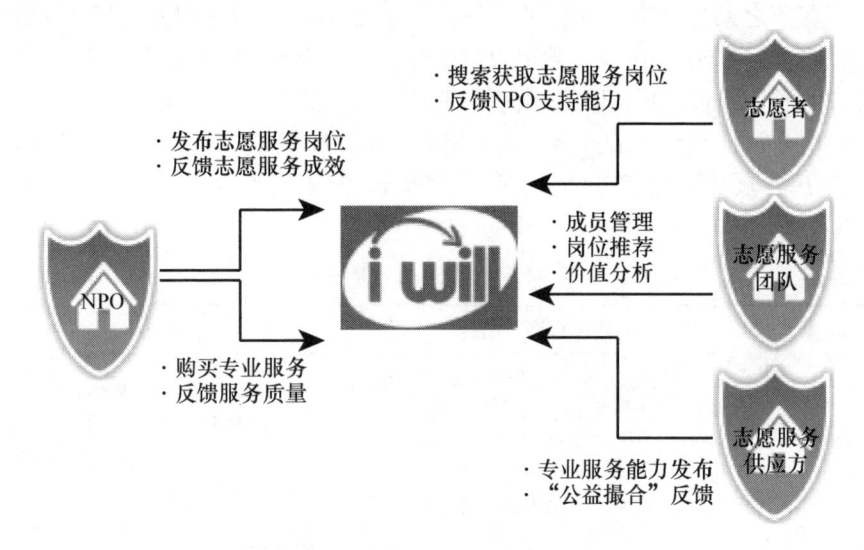

图8-3 "菠萝之家"平台功能示意图

2）专业志愿者（PBer/C-PBer），志愿者个人或者由公司派遣的志愿者，在平台直接注册之后即可搜索获取适合的志愿服务岗位，并在服务中进行团队沟通和在线管理，服务后反馈感受和意见。

3）企业（Cor），可设置企业单独账号管理本企业员工参与专业志愿服务，提供相应支持，获取相关信息。

4）志愿服务供应方（SPs），为专业志愿服务提供相关物料、技术、信息、传播等服务。

他们都能在平台上找到自身的定位和价值。整个系统最终以自动生成的证书呈现专业志愿轨迹。以志愿者个人为例，每一次专业志愿服务完成后，志愿者就获得一次记录，并自动保存在志愿者的个人中心。这样具备MRV特征的信用依据，其公信力支撑得住任何的奖励和认可。

（2）认证步骤与支持服务有机结合。如图8-4所示，志愿者个人在认证平台上的认证步骤简单易行，经过注册、搜索匹配岗位、反馈志愿服务体会之后，就可以获得志愿服务认证了。

在认证过程中，不仅可以获得能力培训、岗位对接、评估反馈、认证推广等服务，还可享受更多的一站式服务以及在服务过程中的问题解决方案，使认证成为支持性服务的有机构成。

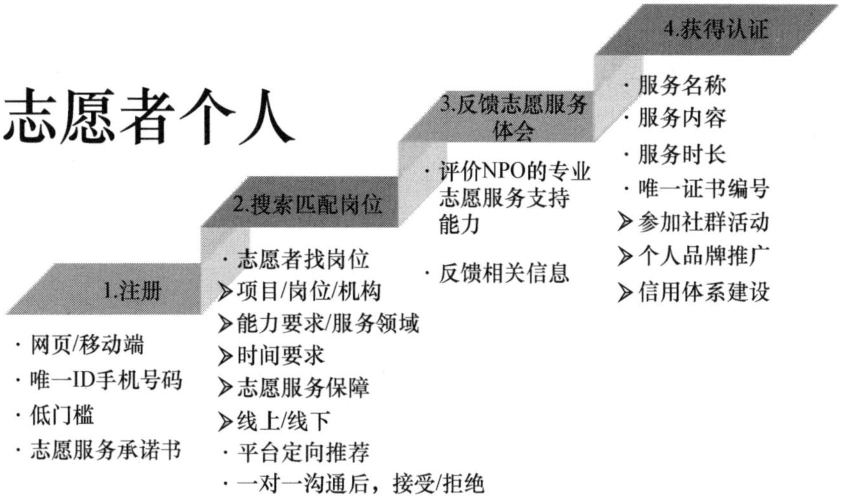

第八章 专业志愿服务的影响力评估与认证

志愿者个人

1. 注册
- 网页/移动端
- 唯一ID手机号码
- 低门槛
- 志愿服务承诺书

2. 搜索匹配岗位
- 志愿者找岗位
- ➢ 项目/岗位/机构
- ➢ 能力要求/服务领域
- ➢ 时间要求
- ➢ 志愿服务保障
- ➢ 线上/线下
- 平台定向推荐
- 一对一沟通后，接受/拒绝

3. 反馈志愿服务体会
- 评价NPO的专业志愿服务支持能力
- 反馈相关信息

4. 获得认证
- 服务名称
- 服务内容
- 服务时长
- 唯一证书编号
- ➢ 参加社群活动
- ➢ 个人品牌推广
- ➢ 信用体系建设

图 8-4　志愿者服务 MRV 认证步骤示意图

综上所述，专业志愿服务不仅仅是一种利他伦理范畴的行为方式，还是经济价值的创造方式；专业志愿者不仅仅是一个光荣的称号，还是具有可以验证的信用价值的可靠合作方。如何让专业志愿的规范、践诺、专业、理性的属性，让社会更加了解和认可？专业志愿服务主管部门应该拓展与企业联合会等机构的战略合作，参照国际成功经验，打造属于中国的"专业志愿＋"体系。以美国为例，专业志愿服务从 2008 年就已经被 CECP 纳入企业年度报告中。CECP 的专业志愿服务报告的相关标准、指标和经济价值测定标准等，均来自专业志愿服务行业的引领机构——美国 Taproot 基金会。CECP 发布的报告成果，都是按照报告主题，分别由在主题领域举足轻重的公司团队以专业志愿的方式完成，确保CECP 报告的高质量。参与报告写作的有德勤事务所、思科等机构。这种强强联合，将商界的领袖公司打造成了符合环境、社会和治理（ESG）的国际标准的示范，特别是社会投资领域的领袖集团。这种经验特别值得我们借鉴。

思考与讨论

1. 如何理解专业志愿服务的影响力评估，与项目评估有何区别？

2. 请结合实践，谈谈如何测定专业志愿服务的经济价值。
3. 请谈谈专业志愿服务认证体系建设的必要性和可行性。
4. 你对完善"菠萝之家"的专业志愿服务认证体系建设有何建议？

第九章
专业志愿服务的误区与挑战

引 例

开展志愿服务警惕陷入误区

谁的需求？近年来看到一些志愿服务组织定性不准，将志愿者活动弄成了官方包办，主要表现在开展志愿服务活动时听领导的意见，而不是关注社会需求和服务对象的困难。另外就是一些志愿者凭借自己的喜好和需要，而不是服务对象的需要，去参加服务。一旦服务中有些要求与自己想要的不一致，就临时走人，不负责任。

依靠谁？志愿者组织的性质应是社会组织，开展志愿服务工作的方向应是借助志愿服务活动解决一些社会问题，其整合利用的资源是源源不断的社会力量，而不是长期挤占消耗有限的行政资源。

【点评】

本案例描述的志愿服务现象并不罕见，从志愿服务管理部门、志愿服务组织到志愿者个人，都对志愿服务的认知和参与存在误区。依托政府和行政资源开展志愿服务的主要误区是曲解了志愿服务自愿性和社会性的核心价值与意义，因此，须加强对志愿服务的宣传教育和培训。

中国志愿服务发展还处在初级阶段，对于志愿服务理念价值、伦理原则和专业规范尚未建立社会共识和行业标准，因此常常能够见到志愿者、志愿服务组织，甚至志愿服务管理部门出现一些"好心未能办好事"的情况。例如2008年汶川大地震发生后，一些志愿者在没有任何准备和专业技能的情况下闯入灾区，结果非但没能救助他人，反而将自己陷入困境，等候他人来救援。实际上,志愿服务是一个具有风险和挑战的活动,更需要了解和学习相关知识技能,以避免陷入误区,好心办坏事。

专业志愿服务的另外一个挑战是会面临复杂的社会情境,特别是去陌生的环境与一些陌生人一起快速工作,需要志愿服务组织和志愿者做大量的准备工作和学习。因此,在大家学习了解了专业志愿服务的理论知识和实践操作步骤之后,我们将在本章对志愿者未来工作时可能会面临的误区与挑战进行梳理和介绍,以帮助志愿服务各方达成良好心愿。

第一节 专业志愿服务的误区

专业志愿服务在认知与行动中都有可能会陷入误区,这些误区包括社会公众层面、组织层面、志愿者层面以及政府管理层面,有必要梳理出这些普遍存在的误区,以帮助读者对专业志愿服务有更清晰的了解,更好地开展专业志愿服务。

一、专业志愿服务认知方面的误区

(一)专业志愿服务不需要支付运营成本

志愿服务,乃至慈善捐赠最好都不要发生运营成本,曾经是社会公众普遍存在的误区之一。给灾区捐赠的救援品以及给孩子们的温暖包,最好都能自动神奇地到达受助对象手中,在途的成本费用经常被公众完全忽略。谈到志愿服务时,普遍认为是无偿和不计报酬的。然而等到人们亲自参与了志愿服务,才会发现原来真的会有成本产生。如果从事的是专业志愿服务,那么所产生的运营成本就更多。

专业志愿服务的特点,包括了项目化、团队化、组织化,并强调成效性、专业性及可持续性。为了达到更好的服务效果,以及让更多的受助群体获益,乃至有效推动社会问题的解决,专业志愿服务需要为此投入较高的运营成本,包括项目调研、项目设计、项目进程管理、项目总结以及善后,还包括志愿服务团队招募、培训、管理以及激励,另外还有项目成效的评估、相关研究、传播以及公众倡导等等。专业志愿服务之所以能达到更好的社会成效,与这些方面较高的专业性要求直接相关。因此,从专业志愿服务来看,志愿服务的的确确是有成本产生的。

从专业志愿者的角度来体验,虽说无偿不计报酬,但其投入的交通费用、通信费用、专业要求相关的其他投入都是真实产生的成本,这还不包括那些资深专业人士所投入时间中隐含的具有很高价值的机会成本。而且专业志愿服务基本都不是一次性的随机服务,往往是多次、长期、可持续的,因此专业志愿者们个人所投入的成本也很高。这些付出都应被社会认可并体现出贡献的价值。

(二)因为无偿,所以不具备专业服务价值

专业志愿服务强调效果评估,其所贡献的社会价值往往更易于被量化呈现,更易于被社会公众认可和接受,从而直接破除掉志愿服务不具备价值的误区。实际上从国际经验来看,已经有较为完备的测量志愿服务经济价值的工具以及方法论,甚至有专门适用于专业志愿服务的统计方法,能够进行量化统计并直接纳入 GDP,以体现志愿服务对国民经济的贡献。

联合国大会曾专门通过决议,呼吁各国政府"测定志愿服务的经济价值",联合国劳工署所开发的《志愿服务价值统计手册》以及配套的《账户体系》,已成为全球针对志愿服务经济价值统计较为通用的方法。其实经济价值的维度是志愿服务社会贡献中最容易测量的一面,亦有助于对其社会影响力进行进一步的评估。目前国际上有三种较为常见的对志愿服务经济价值进行统计的方法:时薪法、附加值法、专业区分法,其中专业区分法是按照不同专业及行业细分志愿服务所贡献的价值后进行统合计算,更加符合对专业志愿者服务的价值测量。

我国已有学者按照"专业志愿服务"与"普通志愿服务"分类测算了区域性的志愿服务经济规模,惠泽人公益发展中心在《慈善蓝皮书:中国慈善发展报告》中也连续 5 年进行了志愿服务指数跟踪测量。可以说,对我国志愿服务的经济价值进行统计的条件已日臻成熟,既有必要性也具备可行性。希望其中的专业志愿服务从发展前期就能够被纳入专业性的价值统计范畴,当其所贡献的价值能够被量化且呈现给社会的时候,志愿服务不具备专业价值的误区就会不攻自破。

(三)因为志愿,所以不要求成效

要被社会认可,亦代表着要达到社会层面所期待的标准,专业志愿服务同样如此。一方面,社会公众对志愿服务的误区需要破除,认可志愿服务特别是专业志愿服务的价值;另一方面,专业志愿者们也要走出误区,改掉志愿服务不求成效的随意性,不能认为自己反正是无偿奉献,没有效果也无所谓。尤其是专业志愿服务,不仅要确保有效,而且还要达到多重维度的评估标准。

对专业志愿服务成效最重要的评估指标集中在受助对象维度,包括一系列分级指标,有受助者满意度、受助对象覆盖面、相关社会问题解决情况、政策及环境改变等;除此之外,还有志愿者维度以及组织维度,包括志愿者的满意度、志愿者的成长及能力提升、项目管理的有效性、组织的改变与创新等。从这些指标可以看出专业志愿服务对成效的注重程度,作为专业志愿者,在此方面要提高对自己的要求并做好充分的准备。

二、专业志愿者方面的误区

(一)道德优越感

专业志愿者也存在不少认识上的误区,有些误区是大多数志愿者普遍存在的,有些则是专业志愿者更容易踏入的。比如道德优越感,有些志愿者特别是较为资深的专业志愿者,由于志愿服务取得了一些成效和认可,就滋生出一些不应有的优越感,对受助对象或团队成员颐指气使,不够尊重。

(二)功利目标

有一些专业志愿者内心有太强的功利性,虽然做出了成就,但是把专业志愿服务当作达成个人目的或者组织目标的手段。这是志愿服务动机不纯正的误区,任何志愿服务都应保持利他性的原则,不应被利用,达成服务之外的其他功利性目标。

(三)形式主义

有一些志愿者还陷入形式主义的误区,为了显得专业,有时专业志愿服务演变为类似摆拍表演式的志愿服务。

(四)自我牺牲与过度奉献

另一个容易产生误区的方向是志愿者过度自我牺牲,或者被要求过度奉献,尤其专业志愿服务,因为强调需求导向以及服务成效,容易发生对志愿者的苛责和过度要求,这其实有违自愿性原则,也是对奉献精神的伤害;还有的志愿者因为对专业服务的持续投入而导致疲劳过度,反而受到打击甚至精神伤害,这都有悖于志愿者的保护原则。

(五)过度服务

有时专业志愿者做得太多太过,实际对受助对象无益而有害,就像对孩子过度保护反而影响了孩子自我发展一样。这是专业志愿者容易陷入的又一误区。

(六)混淆专业志愿者与社工

与专业志愿者相关的误区还包括经常混淆其与社工的区别。社工,全称社会工作者,是指遵循助人自助的价值理念,运用社会工作专业知识和方法,为有需要的个人、家庭、机构、社区提供专业社会服务,帮助其发挥自身潜能、协调社会关系,以解决和预防社会问题、促进社会公正为主要职业活动的职业专业人员。从定义可以看出,社工是以社会工作为职业的,是领取工资的全职人员,并且要具备从业资格。虽然与专业志愿服务同样具有专业性,但社工的专业资质界定于社会工作领域,包括专业伦理。而专业志愿者是非职业的,其专业范围更加广泛。从数量上来说,目前具有社会工作师资格的人员仅有 44 万,而我国的注册志愿者已达近 1.2 亿人,其中的专业志愿者数量也极其可观,他们不仅在社会服务领域,也在社会公益活动、传播、筹资等更多领域发挥更广泛的作用。

三、专业志愿服务组织层面的误区

(一)组织化陷阱

专业志愿服务带有组织化特征,但组织化也有容易误入的陷阱,专业志愿服务往往采用项目化运作,由专业志愿者组成项目团队,原是为了更高效地服务,但有时会陷入群体思维陷阱,反而影响了效率;另外,还在团队协作、组织沟通等方面存在误区,由于专业志愿服务的运营模式仍处于开发探索阶段,难免各种试错,在此,并不是主要探讨专业志愿服务项目组织化层面的问题,而是展开涉及专业志愿服务最重要的相关方——支持机构所应注意避免的误区。

作为维系专业志愿服务供需两端的支持机构,发挥着重要的引导作用,但是由于其自身的专业性仍在建设之中,因而也具有各种认识上的误区:有的组织过度保护受助对象,对志愿者各种苛责;有的组织过分依赖资深的专业志愿者,特别是企业精英的商业管理经验,往往带着服务对象向商业模式跑偏;有的组织过分推崇专家志愿者,基本放任不管;有的组织则走向管理的另一个极端,为求专业而陷入教条主义;有的组织为了追求服务效果导致成本失控;而有的组织则受制于资金导向失却了公益机构所应保持的定位。这些组织化的误区往往给志愿者以及服务对象带来更大的误导。

(二)企业化陷阱

还需一提的是专业志愿服务的另一个重要相关方——企业。Pro Bono 之所以能够形成国际化的浪潮,企业的跨界创新推动功不可没。但是在我国,企业参与专业志愿服务仍在早期探索阶段,已出现一些需要注意的误区：一些企业看中了专业志愿服务中对管理的需求，觉得是自己可以发挥优势的方面，就一味地以企业管理的标准去套专业志愿服务项目，忽略了社会问题导向，甚至忘却了服务于受助对象需求的初衷；还有一些企业把资本的傲慢带入志愿服务项目，自认为投入资金与人力就要求取得类似控股权和决策的权力。这些都是方向性的误区，需要从一开始就杜绝和防范。

四、专业志愿服务监管层面的误区

在政府对志愿服务的管理方面，可能同时存在着截然相反的误区，曾有一些观点认为，志愿服务是个体自愿自发的社会化行为，不应有政府干预，现在这种观点已逐渐式微了。实际上从国际志愿服务发展历程来看，政府的推动起了很大的作用。在立法、资金支持、权益保障方面，各国政府对志愿服务都有保护和支持。根据联合国志愿人员组织2018年《世界志愿者状况报告》，至少有72个国家在2008年5月之前已经推出或修改，或者正在起草政策、法律或其他与志愿服务相关的措施。政策和法律虽然在许多国家产生了积极效果，但在另外一些国家，并没有促进志愿服务所有方面的发展。例如，忽视或限制了所有群体的言论和结社自由或自我组织自由。因此，人们越来越关注与志愿服务有关的政策和法律的某些应用，尤其是过度管控，缩小获得服务的范围，减少多样性。

在我国，2008年被称为中国志愿者元年，当年除了汶川大地震所唤起的志愿精神爆发之外，北京奥运会期间政府推动的大型赛会志愿服务成为样板，在10万赛会专业志愿者外，还有40万的城市志愿者以及100万社会志愿者被政府广泛动员，自此之后，我国的志愿服务进入蓬勃发展阶段。因为志愿服务立法和顶层制度设计相对滞后，存在过多部门"多头管理"的误区，党政和群团组织，以及慈善会系统和基层社区治理，曾一度多头并举管理交叠，直至2017年12月1日国务院颁布实施《志愿服务条例》，我国的志愿服务被纳入法制化统一管理的轨道，并且逐渐形成中国特色的管理模式。

同时，另外一种误区也时有出现，需要管理部门关注和警醒，就是在本章引例中所提及的志愿服务管理的行政化倾向，志愿服务的发展应该是社会化导向的，专业志愿服务尤其如此，但在政府主导的社会发展模式下，需要注意避免和防范中国特色的"志愿失灵"误区。

第二节 专业志愿服务面临的挑战

> **案 例**
>
> **一位企业 CSR 官员的困惑**
>
> 我们公司的员工志愿服务由企业社会责任（CSR）官员负责，在举办像"公益日"这样的集体活动时，我们制定了相关政策，员工可以利用工作时间参与，而且可以放松身心并展示公司品牌，这样的一次性活动的参与者还是挺多的。但是专业志愿服务项目是一个时间投入多、质量要求高、志愿者投入精力和专业技术都很高的工作，还要深入非营利组织中去解决棘手的管理问题，面对跨界沟通的沟壑，也不大容易立即看到成效。而这方面的服务，又无法得到公司带薪假期的保障和资金支持，因此参与者寥寥。从员工志愿服务管理层面来说，CSR 官员需要协调人力资源管理部门和员工所在的业务部门，沟通成本也比较高。从员工个人兴趣和意愿来看，他们在工作时间内从事本职工作已经非常辛苦了，下班之后也不愿意再使用个人时间从事同样的工作。因此，在企业里开展专业志愿服务工作实在是非常困难的。
>
> 资料来源：惠泽人 i 志愿大学第二期专业志愿服务领袖国际训练营案例研讨记录（2018 年 12 月）。
>
> **【点评】**
> 本案例反映了企业开展专业志愿服务所面临的三个内部的挑战：一是企业战略制度和功能结构设计未能适应当今快速变化的社会经济环境；二是企业志愿服务创新缺少动力机制和文化环境；三是员工参与渠道和保障不足，与主营业务和个人兴趣关联度较小。

我国专业志愿服务处于萌芽阶段，作为社会新生事物面临许多机遇，同时也要应对诸多挑战。这些挑战主要是基于专业志愿服务实践遇到的，在现阶段普遍存在的，也基本都属于发展进程中的挑战，许多挑战背后其实蕴含着创新的机遇。上述案例反映的问题，通过企业自身内部可能并不容易解决，常常需要借助外部社会力量，通过支持机构或其他合作，在共同解决专业志愿服务所面临的挑战的同时，也给企业发展带来新的机会。

一、专业志愿者面临专业性挑战

专业志愿者相对于普通志愿者，要做好应对更多挑战的准备，其中，最大的挑战就是专业性的挑战，专业志愿服务不仅需要具备服务内容相关的专业技能，还需要项目实施包括过程管理方面的专业性。即使是管理经验丰富的专业人士，也还需要学习社会工作方法与技术，以确保志愿服务的社会成效。志愿服务的专业性要求，意味着专业志愿者所承担的责任更大，和体能型的基础志愿服务相比，专业志愿者所承担的往往是较为复杂或有一定难度的社会问题的解决，不是轻松简单随手就能完成的，需要更多的投入，包括时间和精力的投入，并且要持续到志愿服务目标的达成，对此，专业志愿者要做好更充分的准备。当然，更多的付出也将带来更大的社会价值和成就感，而迎接挑战的过程也能够促进专业志愿者自我能力的提升与成长。

二、专业志愿者服务渠道途径较少

据 2018 年度相关统计，中国的专业人力资源总量超过 4 亿人，每年参与专业志愿服务的志愿者人数上千万，但是现有的能够提供专业志愿服务项目的渠道太少，许多专业志愿者空有服务热情，找不到途径参与能发挥专业特长的志愿服务项目。

除了通过志愿服务组织参与专业志愿服务项目并期待这些组织越来越多之外，专业志愿者也可以发挥主观能动性，自主创新开发专业志愿服务项目、创立专业志愿服务团队，包括应用互联网技术以及社交媒体平台，充分发挥专业志愿者的优势，开拓更多参与专业志愿服务的渠道。

三、专业志愿者服务供给和需求双向匹配不到位

专业志愿服务的理想状态，是根据受助对象的需求，精确匹配具有相关技能的专业志愿者，最好是专业志愿团队，通过有针对性的定制化服务，真正解决服务对象的问题。但是在现阶段，需求很多但并不清晰；作为供给方的志愿者们则空有热情，却没有针对社会需求的服务专业细分。两者的匹配很难双向满足，更达不到精细化的专业程度。

真正理想的状态，是通过互联网以及区块链技术，在供需两端建立起项目数据库和人才库，通过大数据由系统自动实现精准匹配。这种理想状

态本身就带有专业化色彩,更符合专业志愿服务的方向。虽然在现阶段尚不具备条件,还需要许多基础工作的准备,的确面临较大的挑战,但这是未来的发展趋势,也是值得推动的方向。

四、专业志愿者服务的模式特别是本土模式尚待开发

在本书的相关章节中,对专业志愿服务模式进行了很多介绍,包括一些模式开发的过程,但是这些模式大多是国外的,还需要进行本土化的创新开发。我国的社会治理模式以及社会问题都有着自身的特色,与国外不同,对专业志愿服务模式的再开发存在挑战。当然,在此开发过程中也期待出现创新模式。我国专业志愿服务的起步并不算太晚,特别是近年来的发展基本与国际同步。在2018年12月5日国际志愿者日所召开的全球专业志愿联盟第四届亚太区峰会上,中国专业志愿服务经验亮相全球,所发布的最佳实践案例引起了广泛的关注。在本书所附的案例中,有不少专业志愿服务的本土创新实践,可以进一步总结提炼,形成具有中国本土特色的专业志愿服务模式。

五、缺少专业志愿服务支持机构

专业志愿服务是一个组织运营系统,需要专业管理与运作的团队和组织。因此,志愿服务组织是保障专业志愿服务的基础结构。但我国的志愿服务组织规模普遍偏小,自身的专业化程度还有待提高,其中为专业志愿服务匹配供需的特定支持机构较为稀缺,起不到应有的中坚作用,而推动专业志愿服务行业化发展所需的支持性组织就更少了,虽有一些平台型组织和枢纽型机构,但对专业性的志愿服务的支持力度不够,公益行业中的资助机构比如基金会,也较少有专门的资金用于专业志愿服务。在此方面还存在着较大的挑战,或者换言之,还有较大的发展空间。

六、对专业志愿服务的政策扶持及资金支持力度不够

近年来,国家陆续出台了不少促进志愿服务发展的法律法规,2017年更是被称为志愿服务制度化建设元年,《志愿服务条例》正式颁布,一系列配套的地方法规及实施细则都在密集拟定之中,专业志愿服务也被条例所提及。但是针对志愿服务组织的迫切需求,实质性的财税优惠以及资金支持力度一直没有达到期待的水平,尤其专业志愿服务组织具有较高的人力资源成本,以及较高的专业化运营管理成本,需要更有倾向性的、更大

力度的资金支持，关于专业志愿服务的定向扶持还远未提上议事日程，还需要更多的社会倡导及政策推动。

七、社会公众对专业志愿服务的认知度还有待提高

社会公众的认可是志愿服务的动力源泉，在我国，志愿服务还是有着较为广泛和较为良好的社会认可度的，但是公众认知程度的高低有很大的差异性，不少人还停留在学雷锋做好事的阶段，前边所提到的认为志愿服务完全免费的误区也仍广泛存在。在此社会环境氛围中，要让公众达到对专业志愿服务的普遍认知看来还存在较大的挑战。

从另一方面来说，专业志愿服务其实有助于公众认可度的提升，从社会调研情况看，公众对志愿服务的诟病包括服务水平低、志愿者能力不足素质不高、志愿服务没有成效，而这些恰恰是专业志愿服务的优势强项所在，因此，随着专业志愿服务的不断发展，其终究会获得社会公众的广泛认可从而迎来新的发展浪潮。

本章融会贯通了前文各章节的内容，梳理出专业志愿服务有可能产生的误区以及面对的挑战，进而指出其中所蕴含的机遇以及发展空间，希望帮助读者更加全面深入地了解专业志愿服务，也带着更多的理性和信心开启专业志愿服务的征程。从微观来看，现有的专业志愿者们包括即将投身其中的读者们，都将成为这一专业领域的先行者；现有的专业志愿服务项目则都有可能成为最佳实践案例甚至被提炼为创新模式。从中观来看，行业内外到处都是需求的蓝海，可以充分发挥自己的专业特长去开发创新，参与或发起专业志愿服务组织推动整个行业的发展。从宏观来看，无论是国内的社会治理创新，还是志愿服务走出去参与全球可持续发展，都为专业志愿服务提供了广阔的发展空间，也为专业志愿者们投身其中提供了良好的发展机遇。

第三节　专业志愿服务应对挑战的策略

一、促进行业建设，培育支持型专业机构

目前中国专业志愿服务发展的瓶颈之一是缺少行业支持机构，特别是具有中介功能的专业机构。如前所述，专业志愿服务支持机构是确保专业志愿服务成功的因素之一，在一个行业成长初期，还需要政府有关部门给予必要的政策和财政保障，形成满足行业发展的生态系统。

二、专业志愿服务管理十种应对挑战的方法

Taproot 基金会总结了其 10 年专业志愿服务管理经验，提出了应对以下 10 种挑战的方法：

（1）与某个咨询师失去联系，团队不能通过电子邮件或者电话得到他的任何应答。

如果你主导的咨询师消失，并且 3 次以上联系不上，需请求更高级别的人员尝试与之联系。如果该人由合作伙伴或者中介引入项目，应该通过相应关系接口联系该人。如果是私人关系或者组织内部的朋友关系，应该借助理事会成员或者共同关系人重建联系。如果是与从属其他团队的成员失去联系，可以在多次复联尝试失败后考虑替换之。有时候，如果不存在直接的"关系联络人"，寻求理事会成员或者高级主管的帮助以重建联系并加固关系也是很有益的。只有当该咨询岗位承载了非常特殊的知识，或者咨询师对项目的成败至关重要时，复联才是必要的。

（2）某个咨询师声称不能完成项目。

与其他咨询师商谈下述议题并做出判断：项目进展到何种阶段？该咨询师的工作可否重新分配？或者说，是否需要新的咨询师填补其空白？无论相关人员调整如何发生，必须保证替换人员经过适当培训胜任该工作并能够做到工作的无缝转移。如有可能，请撤出的咨询师帮助培训替换者。

（3）你的工作时间表和其他同事的时间表冲突，例如某些咨询师拒绝在晚上工作。

查阅项目启动阶段的讨论。关于交流方式达成何种共识？是否大家一致同意晚间工作会议模式？提醒团队成员在加入项目时做出的承诺，并做出一定的妥协以实现共同工作的时间点。如果只有一个成员与时间表冲突，尽量直接对其做出反馈，使其认识到，他的缺席会给团队其他成员留下他没有致力于项目的成功的印象，并通过咨询师团队的领导传达这样的反馈。

（4）团队回复电子邮件的延迟长达 3~4 天。

请咨询师团队的领导负责提醒团队成员及时地回复。提醒他们在交付实施工作中可预期的延迟对整个时间表的重要影响。

（5）你不能与团队达成共识，对多次修订之后的成果仍然不满意。

谨记你的客户身份，向咨询师团队提供清晰可诉求的反馈。如果经过

多次修订，仍然不能获得期望的成果，可能是由于团队没有得到适当的反馈。如果你认为已经提供了即时可诉求的反馈而没有使项目走上正轨，坦率地与咨询师团队领导或整个团队商谈，建立双向对话的空间，确定问题所在，以便将项目拉回正轨。

（6）你的内部团队的某些成员要离开或者不能继续参与专业志愿服务的实施。

类似于咨询师离队的处理，你需要在进行下一步行动之前充分考虑各种可能的影响。是否有团队内部其他成员可以接管相应的工作？是否有其他员工可以借调接管相应的工作？无论采用何种解决方案，都必须有足够的培训保证新接手人能够胜任该工作。

（7）你的团队正在越线，做超出原始协定之外的事。

这也许不是坏事，甚至可能更有助于你的工作。关键是认清范围的变化并更新到立项文档里以便及时反映项目的变化。请同时向客户和咨询师团队提供更新文档，以保持每个人都及时了解项目的变化和相关的影响。如果相反，增加的部分妨碍了更重要的设计初衷，就应该回归原始的设计蓝图，并提醒咨询师团队哪些是不能在专业志愿服务中修改的部分。或者还可以请求他们另辟一份独立的立项文档详解其他工作的内容，以及在其他时机实施的可能性。

（8）你感觉你的团队没有充分调研以获得对组织的足够了解，因此交付的成果未能正确表达组织的需求。

你的专业志愿服务团队可能也有同样的感觉。它们可能是由于没有在项目实施初期获得充分必要的信息指引或者介绍，才未能取得对组织的全面了解。

（9）团队未能对你的反馈和修订做出正确的反应，与咨询师团队的负责人坦诚地一对一交流，表达积极参与寻找问题根源的愿望。

一方面，团队没有实现正确的修订，或者是由于没有理解你的反馈，或者是由于没有进行必要的改正。可以主动向咨询师团队负责人表达辅助"总结必要改变和计划实施改变"的意愿，团队负责人自然会领会你的意图，以便今后提供更好的修订。另一方面，你也可能没有提供便于咨询师团队使用的反馈。如果你怀疑问题出在这里，可以请求咨询师团队负责人给予必要的建议，以何种最好的方式提供反馈，或者何种反馈对咨询师是最有裨益的。

（10）你所在的组织内部在项目中期时遭遇到巨大的领导层变动。

在这个问题上，解决方案关键取决于与项目相关的人员。让我们看看两种情况。假设你的执行主任在你的项目行进到半途的阶段离职，事实上由于他并不参与项目的日常工作，也不影响项目的政策性方向，你可以正常继续项目。假设你正在重新设计网站门户，而你的市场总监离职，失去了执行发起人的意见和批复，也许会带来很大的问题。如果你觉得项目不能正常继续，可以考虑将项目暂停一段时间（4~6个月），或者重新架构项目目标，抢救已有的工作，以便将来重启。

思考与讨论

1. 你将怎样避免本章所列举的专业志愿服务的误区？
2. 实践中，你还发现了专业志愿服务的哪些误区？
3. 你或你所在的组织将如何应对专业志愿服务面临的挑战？

第十章
专业志愿服务的发展趋势与展望

引 例

志愿之光闪耀"双奥之城",彰显中国志愿服务的时代价值

北京冬奥会和冬残奥会期间,志愿者的卓越表现令人印象深刻。1.8万余名冬奥志愿者,9 000多名冬残奥志愿者,还有遍布全北京758个点位的城市志愿者,在奉献、友爱、互助、进步的志愿精神感召下,用微笑和温暖为"双奥之城"增光添彩,成为中国面向全世界的形象大使。

"Welcome to China!"(欢迎来到中国)来自志愿者的第一声热情问候,给各国来宾留下了温暖的印象。北京冬奥会开幕式上,国际奥委会主席巴赫专门提道:"从我们抵达的第一刻起,你们就给了我们宾至如归的感受。"而在闭幕式上,巴赫再次给出点赞和好评:"你们眼中的笑意温暖了我们的心田,你们的友好善意将会永驻我们心中。"在冬残奥会闭幕式上,国际残奥委会主席帕森斯同样给予志愿者高度评价,并特意用中文表达了对志愿者的欣赏与肯定。

冬奥志愿者充分展现出新时代中国青年朝气蓬勃的形象,在这些志愿者中,94%是35岁以下的年轻面孔。"新一代志愿者更有国际范儿,也更加自信活泼。"国际奥委会副主席黄思绵评价道。志愿者代表表示:"我们每个人都在以行动向世界展示中国形象。"在全球风险时代特别是疫情阴霾尚未消退的情况下,北京冬奥会的成功举办,本身就是讲好中国故事的生动体现,展示了中国的包容和自信,也彰显了奥运会"更团结"的理念导向。正如专家所进一步指出的,在汲取2008年北京夏奥会志愿服务宝贵财富的基础上,总结2022年北京冬奥会志愿服务的成功经验,对于提高志

愿者管理专业水平、健全志愿服务体系、推动志愿服务高质量发展、提升中国志愿服务国际影响力具有重要意义。

冬奥会志愿服务向世界传递了中国温度、中国善意，加深了世界对中国的情感认同。与此同时，志愿服务背后所体现的中国特色社会主义强大的制度优势、文化优势、发展优势，为全球志愿服务可持续发展贡献了中国方案、中国智慧，日益走近世界舞台中央的中国呼唤新时代志愿服务。冬奥会志愿服务必将在新时代志愿服务中留下浓墨重彩的一笔，必将引领志愿服务实现新的时代跨越。

资料来源："北京学习平台"微信公众号文章《志愿之光闪耀"双奥之城"》（有所改编）。

【点评】

本案例充分展示了中国志愿服务的发展与进步，从2008年夏季奥运会到2022年冬季奥运会，中国的志愿服务取得了广泛的发展和快速的提升。不仅在大型赛会志愿服务方面，而且从疫情防控到应急救援、从脱贫攻坚到乡村振兴，志愿服务越来越广泛深入地参与到我国社会生活的方方面面，呈现出多维度的加速发展趋势。而背后依托的是志愿服务在制度化、行业标准化、技术规程专业化等方面的持续投入与提升。冬奥会志愿服务所取得的成就和国际影响，是冬奥组委志愿者工作部所开展的系统性志愿者招募、培训、岗位辅导、志愿者场馆团队运维、服务保障与督导、志愿者激励与表彰等精细化专业管理的成果体现。通过响应国家重大事件同时参与社区基层治理，志愿服务成为推动社会管理创新、改善公共服务、促进政府治理能力现代化的重要途径，并将通过参与以公益慈善为主体的第三次分配助力共同富裕发展战略，从国家推动的更高层面开启志愿服务发展的新时代。通过奥运会等国际大型赛会志愿服务促进文明互鉴与文化融合，以中国特色志愿服务模式助推全球可持续发展。

第一节 专业志愿服务呈现多维度的加速发展趋势

专业志愿服务作为从传统志愿服务迭代而来的新范式，近年来呈现出加速发展的趋势。如前所述，专业志愿服务在中国已经快速走过了萌芽期和初创期，目前正处于快速发展阶段。这种趋势既体现在专业志愿者数量的增多、专业志愿者在志愿者中占比的增加、志愿者专业技能以及志愿服务专业性的提升，也体现在志愿服务步骤及实施步骤各环节中专业性的加强、专业志愿服务模式的多样化拓展、专业志愿服务标准和评估中更加强化的专业性导向。从微观的个体层面来看，专业志愿服务提升了个体效能价值；从中观的组织层面来看，专业性将惠及更多的相关组织，包括但不限于公益组织；从宏观的社会层面来看，专业志愿服务不仅优化了政府、企业与社会组织之间的分工协作，而且不断衍生出跨界合作的创新模式。概言之，在可预见的将来，专业志愿服务将进入加速发展的阶段，并体现在更多的维度和专业领域中，开创出全新的机制和模式，这也进一步印证了志愿服务伴随着时代变革也在不断地"进化"。

一、专业志愿服务将为社会组织带来提升与挑战

论及专业志愿服务对社会组织的影响，活跃在公益领域中的许多资深社会组织都受益于专业志愿服务。

> **案例**
>
> **中国扶贫基金会**
>
> 中国扶贫基金会成立于1989年，是由国务院扶贫办主管，在民政部登记注册的全国性扶贫公募基金会，是中国扶贫公益领域规模大、具有一定影响力的公益组织之一。成立30年来，中国扶贫基金会通过良好的内部治理、项目管理和社会绩效得到了公众的广泛认同，社会影响力不断提高。在持续扩张发展过程中，针对项目发展规划遇到的挑战，2013年秋季，中国扶贫基金会开启了与ABC的合作之旅，开展项目规划专业志愿服务咨询，这些服务不但给基金会的项目发展规划明确了方向，也让基金会参与项目的员工受益匪浅。
>
> 【点评】
>
> 非营利组织无论大小或处在哪个发展阶段，都有其内在的管理和发展需求。本案例中接受专业志愿服务的机构是中国成立时间较长久、规模体量较大的公益组织，依然能够受益于专业志愿服务。

专业志愿服务总体而言会给社会组织带来与专业相关的各个方面的提升，具体而言，又可细分为志愿服务组织、志愿服务支持性组织以及其他社会组织，还涉及跨界的相关组织比如企业等，其中会给志愿服务支持性

组织带来更大的挑战和更高的要求。

关于专业志愿者带给社会组织的挑战，从社会公众和专业人士视角来看社会组织，有时恰恰是给社会组织带来改变的机遇和动力。因此，如果社会组织能够珍视专业志愿者的"挑战"与不同，可能会有新改善。

二、企业社会战略将推动更多的专业志愿服务参与

企业员工作为专业志愿者的重要来源，也是企业履行社会责任的核心主体。企业社会责任（CSR）作为企业参与志愿服务的原动力，其内涵和形式也发生了显著的变化和提升。自 20 世纪 70 年代末期开始兴起的 CSR，也从以达标和改善公共关系为目标，开始转向 ESG，即环境、社会和治理三个层面。与此相关的金融投资行业、公益慈善机构、企业基金会等，也开始在投资和捐赠方面进行相应变革，陆续衍生出公益创投、影响力投资、社会影响债券等各种新生事物。而将专业技能员工作为公益创制的组成部分，与资金和技术投入共生，形成了正在全球推广的公益创投模式（venture philanthropy model）。在未来，企业将成为专业志愿服务发展和创新更为重要的力量之一。

随着中国企业的发展壮大，其人力资源和社会环境都会成为企业战略的重要组成部分，会有越来越多的企业将专业志愿服务纳入企业社会战略，更大地发挥其员工的专业化社会价值，建立更好的社区关系和社会环境，同时也促进企业自身的创新与可持续发展。

三、专业志愿服务进一步助推政府创新

就历史经验和发展趋势而言，中国的志愿服务离不开政府的支持与推动，志愿服务的发展也越来越多地融入政府社会管理的各个层面，并且形成一些共建创新模式，推动着现代社会治理创新。

社会治理创新是国家治理现代化的必然要求，推进国家治理体系和治理能力现代化将成为今后政府的工作重点之一，而动员和支持社会组织包括志愿组织参与其中，正是源于国际成功经验。前文所述专业志愿服务模式中，政府主导的 Pro Bono 模式最为突出，最有代表性的是美国白宫的"B+C 运动"，政府发挥了倡导、背书和认可激励的作用；还有著名的美国总统"为民权而辩"，催生了当代法律行业的专业志愿文化；英国政府则发挥了公共财政的独特作用，向致力于社会议题的社会机构"激励苏格兰"提供支持性收入；在法国巴黎的拉德芳斯区，区政府辖区的公共管理机构发挥政府职能提供财政和组织方面的支持，为企业的专业志愿服务搭

桥铺路。上述模式的成功经验，都是政府与社会组织特别是专业志愿服务组织共建共创，既支持了专业志愿服务的发展，又推动了政府管理社会的有效性以及多元化，为我国的政府治理现代化提供了可参考的经验，必将助推政府由管理社会过渡到与国际接轨的社会治理创新。

四、新的社会阶层通过专业志愿服务参与社会治理创新

新社会阶层的涌现代表着今后的发展趋向，在我国，新的社会阶层人士主要来自民企和外企的管理与技术人员、中介组织和社会组织、自由职业者和新闻媒体从业人员。他们的知识水平、收入水平、对社会的影响力都较大。他们对社会公平和人权保障更加关注，并且有积极向上的人生观和价值观，参加慈善活动比例较高，其所参与的志愿服务也多带有专业性特征。

这与当前的专业志愿服务发展趋势比较吻合，可以预见，随着阶层的更迭以及国家越来越多利好政策鼓励各界人士参与公益社会事务，将会有更多的新社会阶层人士通过专业志愿服务路径参与社会治理，成为社会变革与创新的新生力量。由此促进了经济社会的生态环境改善和社会问题的系统性解决，体现了社会新阶层参与社会治理创新与共享价值的善治理念。

案 例

绿舟救援"最强大脑"

北京绿舟应急救援促进中心是社会志愿服务组织，日常主要开展防减灾知识普及、公益救援和应急保障工作。绿舟应急主要成员都是在汶川地震、玉树地震、北京"7·21"暴雨、云南鲁甸地震、海南威马逊台风、尼泊尔地震、深圳山体滑坡事故等各种大型灾难及日常山野、水上救援中历练过的应急志愿者，有着丰富的应急救援和防减灾知识培训经验。目前，全国已有11个省市的公益救援队伍通过了绿舟半年考核期，加入绿舟应急救援联盟，全国登记在册的志愿者超过3 000名，其中有约400名志愿者经过了专业的救援培训与认证，可随时待命应对各种紧急救援，他们先后参与了尼泊尔地震、泰国清莱洞穴救援、普吉岛沉船等国际救援，参与的国内各种救援更是高达578次。

"我和我的伙伴们都是志愿者，平日都有自己的工作。"李峰告诉记者。作为绿舟的创始人之一和队长，队员们都习惯叫她的网名"天空"。第一

眼望去，谁也想不到，这个精通多国语言的高级商务女士，居然是一位能随时准备奔赴救援一线的应急救援队队长，而且拥有救援领域相关的30多个技能证书。"只要一有假期就去学不同的技能，这是我对自己的要求，绳索、潜水、无线电都要学，掌握更多安全应急知识和技能，对自身安全是保障，对别人也是保障。"李峰告诉记者："别人的包里都是粉饼、口红什么的，我的包里都是一些急救的物品，比如创可贴、硝酸甘油、速效救心丸、人工呼吸膜……不过真的帮到了很多人。"

救援需要勇气，更需要智慧和专业。

在绿舟，每次救援行动背后都有被队员们称为"最强大脑"后台在主导与策划，这就是由李峰和其他6名成员组成的执委会。之所以被称为"最强大脑"，是因为里面的成员个个都是名校毕业的高学历人才，甚至还有考全了所有和救援领域相关各种证书的"考证达人"。

"每次接到求助，我们执委会的7个人首先会共同决策评估。比如说某个地方地震了，我们立刻进行信息收集：几级地震？影响到了多少人？人口密度如何？房屋倒塌和人员伤亡情况如何？我们是否有能力前往？如果决定去了，我们就马上召集报名，在自愿报名的人里选择能力匹配的。同时第一时间向政府部门报备，组织装备物资，做好前期准备工作。"李峰对这套程序如数家珍。面对灾难，毅然主动参加救援是一种勇气，但决定不参加救援却需要智慧。难得的是，绿舟的执委会就拥有这种智慧。"我们的队员都是志愿者，光靠队员的热情与激情，不断消耗他们的金钱和精力去救援，是不能长久维持的。"绿舟的执委会在形成共识后，积极争取到了政府购买服务项目，目前队里已经能够自负盈亏，所有的收入都用于购买救援装备和报销队员的出行花费。

资料来源：惠泽人i志愿大学专业志愿服务案例库（2018）。

【点评】

近年来，在中国成长了一批社会救援志愿者队伍，他们不仅在国内，也奔赴海外实施人道主义救援行动，得到了当地政府和人民的认可。专业化救援是应急志愿者开展服务的基础，绿舟志愿者不仅在专业培训与日常演练方面苦练内功，而且建立了灾害信息监控和专业设备储备，他们由7名社会精英人士组成专业管理委员会，成为这支专业救援志愿者队伍的"最强大脑"，他们共同决策评估，精准指挥每场应急救援。专业志愿服务，不仅需要专业技能，更需要专业化管理。

五、专业志愿服务加速跨界融合，共建社会服务价值链

志愿服务体系是一个开放的社会管理系统，社会志愿服务体系（social volunteer service system，SVSS）是社会为满足志愿服务和社会发展需要而形成的志愿价值文化取向、社会保障政策和支持体系、志愿者参与和服务发展机制，以及实践志愿精神过程的系列总和。在这一系统运营中，社会组织以规范化、组织化、专业化和可持续化方式为志愿者提供服务平台和支持，同时为政府提供公共服务，为企业、更多的社会投资和捐赠方提供具有公信力的渠道，通过专业志愿服务推动跨界融合。

以惠泽人公益发展中心曾经开发的专V项目对接Hub项目为例，惠泽人作为平台型社会组织，通过专V项目吸引企业的管理专业人才，为政府合作的Hub项目所扶持的草根社会组织提供管理方面的专业志愿服务，此案例联结起了志愿服务支持机构、企业、政府、草根公益组织，以及专业志愿者，共建共享社会服务价值链。在这个价值链中，最关键的要素——政府、企业、社会组织同在一个体系之内，形成一种跨界合作机制。专V项目对接Hub项目在局部领域实践了这种合作，令人感受到了建设志愿服务价值链的可能性与可行性，以及合作的价值与未来的趋向。

第二节 专业志愿服务发展将开启中国志愿服务新时代

新时代背景下中国专业志愿服务发展呈现新趋势。党的十九大报告指出："中国特色社会主义进入了新时代，这是我国发展新的历史方位。"中国进入了新时代，意味着中国特色社会主义道路、理论、制度、文化要不断发展，而并不仅仅是财富增加、国力增强，新时代对于国家的软实力，包括对志愿服务在内特别是专业志愿服务也提出了新的目标和更高的要求。

专业志愿服务的专业化、组织化、成果化特征将得到更大的发挥空间并发挥更重要的作用，通过专业志愿服务的跨界创新机制，可以更加广泛地动员各阶层参与到社会治理中来，共同开启全面建设社会主义现代化国家新征程。

案 例

志愿服务助力新时代文明实践中心建设

文明实践中心,是新时代志愿服务的中国特色模式。2018年中共中央办公厅印发了《关于建设新时代文明实践中心试点工作的指导意见》,试点工作计划在县、镇、村分层次建设新时代文明实践中心、实践所、实践站,整合现有基层公共服务阵地资源,建立理论宣讲、教育服务、文化服务、科技科普、健身体育等服务平台,旨在打通城乡公共文化服务体系的运行机制以及群众性精神文明创建活动的引导机制,推动基层宣传思想文化工作和精神文明建设改革创新。新时代文明实践中心(所、站)的主体力量是志愿者,主要活动方式是志愿服务。县级新时代文明实践中心组织和引导志愿者组建新时代文明实践志愿服务总队,由县(市、区)党政主要负责同志担任总队长。试点工作以县域为整体,以县、乡镇、村三级为单元,以志愿服务为基本形式。

山东龙口被确定为山东省首批新时代文明实践中心建设试点县,又被列为50个全国新时代文明实践中心建设试点县之一。龙口提出"将实践中心建设成为万众归心的'红色殿堂'、群众身边的'百姓之家'"。在市、镇、村三级建立起以党组织主要负责人为主任的三级工作架构,确立了"习语润心"全市实践中心工作品牌和"1+3+X"工作模式,立足百姓宣讲团、道德讲堂等原有基础,坚持选好内容、筑好平台、建好队伍、活化形式、做好保障,探索开展新时代文明实践活动,坚持思想铸魂,构建起万众归心的"红色殿堂",力争在全省乃至全国创立志愿服务的"实践标杆"、文明中心的"龙口样板"。

资料来源:http://zyfw.wenming.cn/.

【点评】

近年来,我国提出了许多特色理论和创新模式。案例中的新时代文明实践中心就是一个试点县的代表,它结合了志愿服务、党建、乡镇基层管理、社会治理创新,具有鲜明的中国特色,并且正处于实践创新阶段,从其中可以探索我国志愿服务的未来趋向。

一、经济自信延伸到社会层面以及志愿服务领域

改革开放以来，中国经济保持高速发展，堪称世界经济发展史上的奇迹，甚至为人类历史上所罕见。近现代以来，无论是发达国家还是发展中国家都没有以年均7%以上的速度持续发展30多年的先例。抛开飞速发展所引发的问题，中国已累积了雄厚的实力与底气，自信日渐增强。

案 例

"世界那么大，我想走一走"

中国改革开放40多年，经济发展，国民生活水平不断提升，千禧一代已经成年，走出国门已经成为许多青年人的生活方式。曾经参与过北京奥运会的一些青年志愿者，他们有幸代表中国青年志愿者亲身参与了2014年由官方组织的索契冬奥会志愿服务，而到了2016年，则有200多名中国青年志愿者自发报名，自费参加巴西里约热内卢夏季奥运会志愿服务。这些热衷于海外志愿服务的青年志愿者还成立了"海外志愿服务联合会"，自费参与海外的各种国际赛会和发展类志愿服务。

近年来，还有大批的国内外商业旅游公司和组织开始涉猎志愿者旅游业务。在知乎、穷游网等青年聚焦的网络里，可以看到海外志愿服务旅游的信息，据不完全统计，至少有百家机构每年在中国招募2万~3万名青年人前往海外进行为期1~8周的短期志愿服务旅游，以满足当代青年人"世界那么大，我想走一走"的愿望。

资料来源：翟雁《中国青年海外志愿服务发展与挑战报告（2017）》。

【点评】

伴随着中国经济发展和社会转型，青年人走出国门，依据各自的兴趣爱好和专业特长参与海外志愿服务，已经成为21世纪中国志愿服务发展的一个趋势。

习近平总书记指出："体现一个国家综合实力最核心的、最高层的，还是文化软实力，这事关一个民族精气神的凝聚。我们要坚持道路自信、理论自信、制度自信，最根本的还有一个文化自信。"无论是文化软实力还是文化自信，志愿精神都是其重要内涵及载体。如果能将经济高速发

展、弯道超车的经验和自信延伸到社会层面乃至志愿服务领域，必将有新的成果与创新，而社会领域能否同样实现跨越式发展并且可持续，是下一个历史进程的关键。

二、中国转型发展期的社会问题创新解决路径

当前的中国正处于经济超速发展所带来的社会转型期，观念的冲突、矛盾的升级、利益的转换以及阶层的调整极易引发各类社会问题。从美国、新加坡等社会志愿服务比较成熟的发达国家的经验来看，在社会转型或者社会波动的时期，志愿服务能够更加充分地发挥支持作用。"社会转型时期尤其需要社会保障（social security）、社会工作（social work）、志愿服务（volunteer service）提供的支持功能。"[①]

转型时期的志愿服务对于改善民生、保持社会稳定具有特殊的意义。专业志愿服务的创新机制可以通过动员新社会阶层人士参与解决社会问题，从双向维度不同层面产生作用，不仅使社会问题在表象层面得以消解，并且从问题产生的根源之中寻找解决路径，再通过专业性体现成效，通过共建体现价值，通过自发性保持可持续，进而从中创新出参与式的社会问题解决机制。

三、从立法层面保障和推动志愿服务发展

社会问题的有效解决机制离不开法律法规的保障，我国志愿服务逐渐社会化、常态化的进程，催生了对于法律、政策、规章、措施的迫切需求。2017年12月1日我国正式实施《志愿服务条例》，填补了我国志愿服务领域在国家层面的立法空白，并且将"专业志愿服务"纳入条例规范，对专业志愿服务和志愿者专业资格都提出了明确的要求，成为志愿服务领域的基本法。

从发展趋势来看，现有的法律法规体系还有待进一步细化和完善，特别是关于专业层面志愿服务的相关内容尚处于初级阶段，跟不上实践的创新以及满足未来发展的需要。此外，与世界接轨的国际法方面目前仍然空白，还需要与国际规则以及其他国家相关法律条约相衔接，并且体现出专业志愿服务的中国特色。

---

① 谭建光.社会转型时期的志愿服务与人文精神.社会科学，2000（5）.

四、专业志愿服务构建中国特色模式

我国在公益慈善以及志愿服务领域的实践中，已经走出了一条有别于其他国家的特色化的发展路径，既不同于基于宗教的慈善服务，也不再是传统意义上的做好事，而是上升到了国家治理现代化以及社会公益创新的高度，其经验有待总结，其特色有待提炼。志愿服务领域的特色模式一方面源自实践生成，另一方面有待创新拓展，期待其中的专业性在今后发展成为特色中的特色。

在顶层设计层面，政府按照中国特色社会主义事业的"五位一体"进行总体布局。一是新时代社会主义建设，做出了"经济建设、政治建设、文化建设、社会建设、生态文明建设"新的全面部署；二是对社会治理机制进行"七位一体"部署，即"党委领导、政府负责、民主协商、社会协同、公众参与、法治保障、科技支撑"。这是中国政府为解决人类问题贡献的中国方案，也凸显了政府层面鲜明的中国特色，而中国的企业在世界经济的浪潮中弯道赶超后来居上，印证了中国特色社会主义市场经济制度的正确性，那么，中国的社会组织包括志愿服务组织，如何在中国走向新时代国际化之际为中国特色社会主义理论体系增添浓墨重彩的一笔呢？这将是专业志愿服务未来发展中最令人期待的篇章。

第三节 专业志愿服务助推全球可持续发展

案例

中国设立国家国际发展合作署

2018年3月，第十三届全国人民代表大会第一次会议批准了国务院机构改革方案，组建中华人民共和国国家国际发展合作署。其主要职能是拟订对外援助战略方针、规划、政策，统筹协调援外重大问题并提出建议，推进援外方式改革，编制对外援助方案和计划，确定对外援助项目并监督评估实施情况等。同时设立南南合作援助基金等具有援助性质的国家基金，开展成套项目、物资和技术援助，以及人力资源合作项目，为受授方提供学历学位教育和研修培训、人员交流和派遣专家技术人员从

事公益性服务项目。2018年底，合作署出台《对外援助管理办法（征求意见稿）》，中国对外援助与合作发展开启新篇章。

资料来源：www.cidca.gov.cn.

【点评】

国家国际发展合作署的成立，预示着中国已经从一个接受外援的发展中国家，成长为在国际发展事务中实施对外援助、承担更多责任的强国。中国志愿者"走出去"构建人类命运共同体，也将得到国家保障和规范，迎来新的发展机遇。

从中国志愿服务面向未来以及面向全球的发展趋势来看，专业志愿服务既面临重大机遇也面对严峻挑战。快速发展的中国正积极参与全球治理体系，志愿服务作为国家软实力的重要载体，已经开启了走出去的国际化发展趋势。2016年，海外志愿服务被正式列入国家发展战略，专业化的提升将成为今后发展的重点，不仅志愿服务本身的专业化要与国际接轨，在战略层面还需要提升至国家参与全球治理的高度，直接服务于"一带一路"倡议，乃至达到构建人类命运共同体的战略思想高度。

人类命运共同体旨在追求本国利益时兼顾他国合理关切，在谋求本国发展中促进各国共同发展。相互依存的全球治理观和共同利益观为构建人类命运共同体提供了基本的价值观基础，跨国际的志愿服务能够超越种族、国家、意识形态和文化的界限，为推动世界和平发展与人类进步做出独特的贡献。

一、聚焦全球共同的社会议题并共创解决方案

案　例

共同未来志愿者，让叙利亚儿童重现笑容

共同未来基金是在中国儿童少年基金会指导下开展的国际性志愿服务项目。通过组织志愿者开展支教和文化交流等活动，共同未来基金希望为叙利亚难民家庭和所在国当地的贫困家庭提供力所能及的帮助。"我们这群人聚在一起，不过是为了把战争对人尤其对孩子的伤害降低一点，再降低一点。"共同未来基金的项目发起人刘毅强如是说。

每年夏季，共同未来组织招募中国志愿者利用暑假，到土耳其、黎巴嫩、约旦的当地学校和孤儿院开展志愿者关爱活动，受到当地人的欢迎。土耳其一家孤儿院负责人侯赛因·多安激动地说："来自中国的朋友们做了一件非常伟大的事情。他们来到这里，像母亲、像姐姐、像兄长一样陪伴着孩子们。"

志愿者们的无私付出也在难民儿童心中播撒了友谊的种子。共同未来基金约旦队志愿者郭佳韵在她的分享日志里写道：绘画课后，一个小男孩问能不能帮他在画上写两个字。她问他要写什么，小男孩说"中国"。

"我们在这片土地上每跨出一步，都感到前路迢遥，任重道远；我们每遇见一个孩子，都能从他们眼中读出对和平、知识与未知的渴望。"郭佳韵写道，"微笑比泪水更有力量。"

周末，大学毕业生王子铭前往贝卡谷地的叙利亚难民营和黎巴嫩首都贝鲁特的巴勒斯坦难民营，了解难民家庭和当地的公益组织对难民生活状况和妇女经济独立等问题的看法。这让他认识了更多"致力于让孩子们再次绽放笑容的同道中人"。

而创始人刘毅强说："对很多中国人来说，国际志愿者活动带来了一个信念——救助难民，普通人也可以做。通过志愿者活动，可以让更多人感受到救助的实际意义。希望志愿者能起到带动作用，参与国际人道主义援助。"

【点评】

随着越来越多的中国精英走出国门，他们参与国际议题事务和全球社会发展工作的机会也在增多。通过社会渠道动员国内社会力量，可以看到近年来中国海外志愿服务活动增长很快。本案例聚焦难民儿童这一世界性难题，虽然志愿服务规模微小，却为当地儿童带来国际志愿精神，并产生了很好的国际影响力，这就是志愿服务的意义所在。

全球化的发展以及联合国千年发展目标的推动已经让世界取得了前所未有的进步，贫困已经有所缓解，平均寿命有所提升，人类创造出前所未有的财富。但问题也接踵而至，粮食安全、资源短缺、气候变化、环境污染、疾病流行、跨国犯罪等全球性问题层出不穷，对国际秩序和人类生存都构成了严峻挑战。这些挑战大多跨越国家，超出意识形态范畴，位于交叉领域，而这些领域往往归属于国际化的志愿服务重点范畴之内。

由于全球化导致国际行为主体多元化，全球性问题的解决成为一个由政府、政府间组织、非政府组织、跨国机构等共同参与和协同的过程，其间，专业志愿服务的跨界机制被期待能够发挥更重要作用。在联合国所倡导的志愿服务发展战略中，专业志愿服务更能较为精准地解决社会议题，并且需要创新才能有效加以解决。因此，聚焦全球共同的社会议题，通过志愿者专业服务共创跨界解决方案将是今后国际协作的共同趋势。

二、划时代的科技革命驱动"互联网＋"专业志愿服务

人类以加速度进入了技术新纪元，新的信息技术和人工智能的出现极大地颠覆了传统模式，以信息化和"互联网＋"为核心启动的第四次工业革命正以前所未有的态势向我们席卷而来，人工智能、虚拟现实、区块链、无人控制技术、量子信息技术等新技术层出不穷且更新迭代着诸多传统领域，"互联网＋"也为专业志愿服务开辟了新的更广阔的发展前景。

《国务院关于积极推进"互联网＋"行动的指导意见》的发布标志着"互联网＋"已上升至国家战略，其所带来的影响将超速涵盖各行业各领域，包括公益行业以及志愿服务领域。在可以预见的未来，高新技术引领的专业性所发挥的重要作用不仅将改变志愿服务现有的步骤、模式、方法以及效能，今后还将发挥量子级的宏大作用，开启志愿服务的专业化创变新时代。

三、专业志愿视角的全球社会创新图景

进入新千年以来，社会创新在全球范围内正变成一股蓬勃的力量，日益深远地改变着人们的生活。然而，在不同的国家，社会创新可能意味着不同的内容。在意大利，社会创新主要发生在第三部门和合作社；而在非洲，社会创新更多地指向社会企业和对社会创业者的支持。在韩国，社会创新主要体现在如何动员社会的力量，呈现出浓厚的公民积极行动色彩；而在中国，社会创新这个词的普及在很大程度上得益于政府在最近几年里大力推动的"社会管理创新"。在社会创新的范畴内，志愿服务将发挥联结政府与社区以及社会组织的纽带作用。

UNV2018年发布的《世界志愿服务状况报告：联结社区的纽带》明确指出："专业志愿服务是21世纪全球社会创新与发展进程中强大而跨领域的重要实施手段。"专业志愿将激发个人创新的社会价值，助推社会经济新形态，催生更多的新型社会关系并形成共创共享，这成为未来最值得期待的社会创新图景。

案 例

旅游+志愿服务

格林卫国际义工旅行（The Greenlion）总部于1998年在泰国宋卡府（Songkhla）创建，于2003年迁往信武里府（Singburi）。秉承"志愿者活动和旅行改变生活"的理念，长期致力于为世界青年人提供"负责任、有意义"的国际义工旅行/志愿者项目，通过提升参与者跨文化交际能力及领导力、培养世界公民意识及缔结国际友谊，为全球可持续发展以及世界和平贡献一己之力。

The Greenlion是全球最大的国际义工旅行及志愿服务项目运营方，所创办的Pitaya Suwan Foundation是联合国教科文组织国际志愿服务协调委员会（CCIVS）成员之一，有超过50个自有营地，运营200多个国际义工旅行及志愿者服务项目。志愿者项目领域包括环境保护、动物保护、教育教学、社区建设、文化体验等国际义工旅行项目，跨文化融入类国际实习项目，领导力提升、团队协作等素质拓展项目。项目参与者来自世界100多个国家和地区，足迹遍及六大洲30多个国家。所有项目全年运行，采用社会企业运营传递接力式公益模式。所有项目执行实行本土化运营。

资料来源：惠泽人i志愿大学专业志愿服务案例库（2018）。

【点评】

"志愿者旅游"，是志愿者利用个人海外旅游机会参与当地有组织的志愿服务活动，受到越来越多青年人的追捧。他们希望成为"世界公民"，了解和参与全球发展与治理，为这个世界带来积极的改变。这对中国青年海外志愿服务的发展也是机遇，而在如何将青年人的发展需求与社会发展结合起来，激励更多的青年志愿者"走出去"的同时，能够有效促进当地的可持续发展，则需要组织者提升志愿服务管理水平与社会创新能力。

四、专业志愿服务助推全球可持续发展

志愿服务是全球可持续发展议程强大而跨领域的实施手段，是推动和平发展的全球性财富。联合国于 2015 年推出了 17 个全球可持续发展目标（SDGs），这些新的目标建立在联合国千年发展目标所取得的成就之上，覆盖了更多的领域，包括经济增长和体面工作、城市人居环境、产业化、生态系统、气候变化、可持续消费和生产、和平和正义等[1]。可持续发展议程的创新性在于，这些新的目标相互联系并跨越社会发展的各个方面，需要全球合作和包括私人部门及社会组织在内的各个社会部门的参与来共同实现。

全球志愿服务运动越来越受到联合国和各国政府的重视。中国政府已于 2017 年发布将 SDGs 全面纳入中国发展规划之中，并承诺支持"一带一路"沿线发展中国家共同实现联合国 2030 年可持续发展目标，充分体现了中国的大国责任。随着国际合作更加深入广泛地开展以及国际影响力的增强，特别是 2018 年中国政府成立了国家国际发展合作署并制定相关政策，也将为中国专业志愿者"走出去"参与全球可持续发展目标的实现、促进人类命运共同体与世界和平奠定更加坚实的基础以及开拓更加广阔的未来。有研究显示[2]，近年来中国每年通过政府派出、企业社会责任、公益组织开展国际合作项目、志愿者个人"走出去"参与海外志愿服务的约有 5 万人，约占中国志愿者总人数的万分之三。他们在海外开展国际援助、经济文化交流、人道主义救援和社会发展类志愿服务，展示了中国的志愿精神，为促进全球可持续发展与人类和平贡献了力量，也成为中国在世界舞台上发挥独特作用的生力军。

> **案 例**
>
> **国际志愿服务新趋势**
>
> 近年来，国际志愿服务领域出现了一些新的趋势，可简要归类如下[3]：
> （1）大规模国家志愿服务计划出现。大规模国家志愿服务计划的出现，某种程度是对家长式国际志愿服务输入的应激反应，这也使得国际志愿服

---

[1] 参阅 UNDP2015 年 10 月发布的《变革我们的世界：2030 年可持续发展议程》。
[2] 翟雁，林红，彭艳. 中国志愿者"走出去"：国际化路径研究报告. 2018.
[3] HOWARD J，BURNS D. Volunteering for development within the new ecosystem of international development，IDS bulletin，2016，5 (46)：5-16.

务项目更好地融入国家机构的工作计划中。英国海外志愿服务社（VSO）也选择与政府合作并支持政府部门建立此类计划或项目。这样一来，国际志愿者（北-南合作和南-南合作）能够更多地进入国家志愿者计划，从而深入世界各地的不同角落。

（2）专家型志愿者开始取代一般的非技能型志愿者。从志愿者发展转向强调技术性，这和整体国际志愿服务发展从技术援助模式转向更加强调学习与赋能，以及个体发展和地球公民身份的转向密切相关。不论是对于志愿组织而言，还是对于志愿服务需求方来说，职业化发展的需求都是必然，专家型志愿者取代非技能型志愿者这一趋势亦即这一国际志愿服务发展转向的直接体现。IBM企业服务队（CSC）每年派遣企业高级技术专家在40个国家开展公益咨询项目。

（3）短期志愿服务的复兴。青年学生和失业转岗人员非常热衷于短期志愿服务，并且带动了企业志愿服务的大量兴起，这也是近年志愿服务旅游的推动力。对于缺乏工作经历的青年人而言，通过3~6个月甚至更短期的国际志愿服务可以丰富个人履历，增强自身在人才市场的竞争力。而对于企业冗余人员或失业转岗人员来说，可以通过这样一段经历寻找个人发展的方向，学习一门新语言，或把某种个人爱好转化为一段职业经历从而获得重新选择职业的资格。

（4）从以志愿服务为目标转向将志愿服务作为一种手段或途径。这种转向的实质是志愿服务目标的多元化。国际志愿服务逐渐跳出其最初旨在进行发展援助的目标，开始接受更为广泛的目的需求，例如个人发展、职业赋能等。很多致力于国际志愿服务的机构如英国海外志愿服务社开始从强调志愿服务的本质是有价值意义的活动转向认为志愿服务是实现更广泛多元目标和需求的方式。

（5）志愿服务开始成为社区行动的一部分。"旨在推动发展的志愿者"如何更好地与已有的社区支持形式和行动形成衔接与互动？志愿服务行动如何与非正式社区行动衔接，其创建的社会空间和地方社会空间如何融合，"志愿服务"作为一种概念需要在这两个条件或情境下得到验证和检验。

国际志愿服务一直存在两种类型，即长期以来作为官方发展援助重要构成的发展志愿服务和新近在私人领域出现的、以个人发展为主旨、商业主导的志愿旅行现象。但是，随着国际援助领域的语境变化，这二者的差异正逐步缩小。

第十章　专业志愿服务的发展趋势与展望

　　以战略的眼光、宏大的视野预期专业志愿服务发展的未来图景，结合联合国全球可持续发展、国际化走出去战略、跨界共创、经济腾飞、社会转型、技术革命、社会创新以及中国进入新时代的大背景，从微观、中观、宏观不同层面展望和描绘专业志愿服务的发展前景和趋势，可以发现，中国的专业志愿服务在全球化背景下，以其专业和创新姿态，逐步形成了特有的发展模式和路径。不仅呈现出多维度的快速发展，开启中国新时代，同时，也将助推全球可持续发展，助力全球社会创新。专业志愿服务从生态系统到构成要素，从政策法律到行业再到具体实践，都展现出蓬勃发展态势。

思考与讨论

1. 请你总结梳理一下专业志愿服务各个层面的发展趋势并绘制脑图。
2. 从发展的未来回到现在，请重新审视一下自己对专业志愿服务的理解。
3. 专业志愿服务将为未来的社会组织以及社会生活带来哪些影响和改变？

第十一章
专业志愿服务工具箱

本部分为广大志愿者、志愿者组织工作者整理了志愿服务过程中操作简单、实用性强的常用工具，其中包括工作表格、步骤图、模板、框架等。工具箱的内容与本书专业志愿服务项目管理的十大步骤的内容遥相呼应，方便读者在阅读的同时可以直接用相关工具进行操作练习。部分有重复，便于读者检索。

一、专业志愿服务立项设计工具

步骤1：锁定社会痛点问题

工具1：问卷的基本格式①

> 眉头：问卷的一些基本信息，方便录入和整理

```
问卷编号：                    社区编号：（调查时间、地点等）
                    ××调查问卷（标题）    ← 卷首语
××（调查对象）：
    您好！我们是……（表明身份，获取信任），为了了解（调查主题或调研用途）……本调查只会占用您十几分钟，希望您能配合我们的调查（调查请求），请您按照实际情况填写，谢谢您的合作（表示感谢），我们会对您的意见和个人信息保密（对调研保密性的承诺）。
    请在符合您情况的备选项前画√，如无特殊说明每个问题只能选择一个答案。
    一、第一部分
    1. 问题……                              ← 填答说明
       ☑答案1    □答案2    □答案3
    2. 问题……                              ← 编码、问题
       ☑答案1    □答案2    □答案3
    3. 问题……
       ☑答案1    □答案2    □答案3
```

---

① 北京市民政局. 社区志愿服务项目化运作与管理：社会治理创新实践. 北京：中国社会出版社，2015.

二、以下各项是否符合您的情况？

问题	非常符合	比较符合	一般	不太符合	非常不符合
1					

三、问题

　　（开放问题，无固定答案）

_____

结束语（调查者的联系方式，再次表示感谢等）

工具2：需求评估的过程（见图11-1）[①]

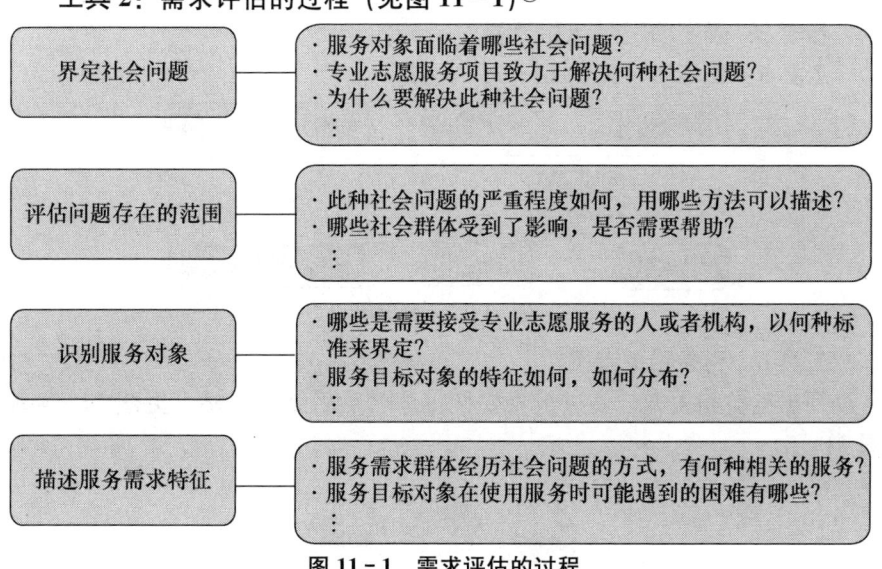

界定社会问题	· 服务对象面临着哪些社会问题？ · 专业志愿服务项目致力于解决何种社会问题？ · 为什么要解决此种社会问题？ · ……
评估问题存在的范围	· 此种社会问题的严重程度如何，用哪些方法可以描述？ · 哪些社会群体受到了影响，是否需要帮助？ · ……
识别服务对象	· 哪些是需要接受专业志愿服务的人或者机构，以何种标准来界定？ · 服务目标对象的特征如何，如何分布？ · ……
描述服务需求特征	· 服务需求群体经历社会问题的方式，有何种相关的服务？ · 服务目标对象在使用服务时可能遇到的困难有哪些？ · ……

图11-1　需求评估的过程

工具3：识别专业志愿服务需求的两种方法（见表11-1）

表11-1　　　　　　　识别专业志愿服务需求的两种方法

识别专业志愿服务需求的两种方法	
使用待办事项清单法 · 在未来6~12个月你预测有什么样的任务或项目？ · 专业志愿服务怎样帮助你满足这些需求？ 这是被称为基于待办事项清单的需求评估	使用优先战略排序法 · 在长期计划中，战略目标是什么？ · 专业志愿服务如何帮助你实现这些目标？ 这被称为基于战略的需求评估

[①] 北京市民政局. 社区志愿服务项目化运作与管理：社会治理创新实践. 北京：中国社会出版社, 2015.

工具4：问题树（见图11-2）①

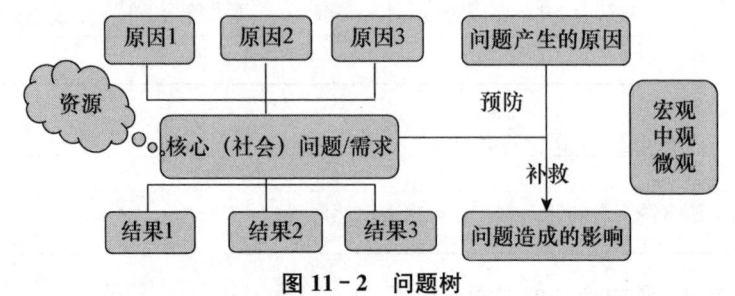

图11-2 问题树

步骤2：确定项目目标和范围

工具5：目标树（见图11-3）②

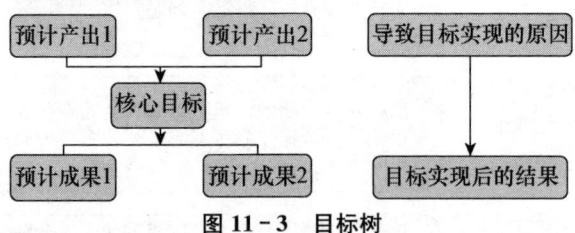

图11-3 目标树

工具6：利益相关者图

列出利益相关方，并进行重要性排序，最后制订策略（见图11-4和图11-5）。

图11-4 利益相关者图

---

① ② 北京市民政局. 社区志愿服务项目化运作与管理：社会治理创新实践. 北京：中国社会出版社，2015.

利益相关方对组织的潜在威胁程度

	高	低
高	第四类 混合型 战略：合作	第一类 支持型 战略：团结
低	第三类 不支持型 战略：防御	第二类 边缘型 战略：监控

（左侧纵轴标注：利益相关方与组织的合作潜力）

图 11-5 组织利益相关方诊断分类

工具 7：SWOT 分析图

SWOT 分析，即基于内外部竞争环境和竞争条件下的态势分析，就是将与研究对象密切相关的各种主要内部优势和劣势，以及外部的机遇和威胁等，通过调查列举出来，并依照矩阵形式排列，然后用系统分析的思想，把各种因素相互匹配起来加以分析，从中得出一系列相应的结论，而结论通常带有一定的决策性（见图 11-6）。

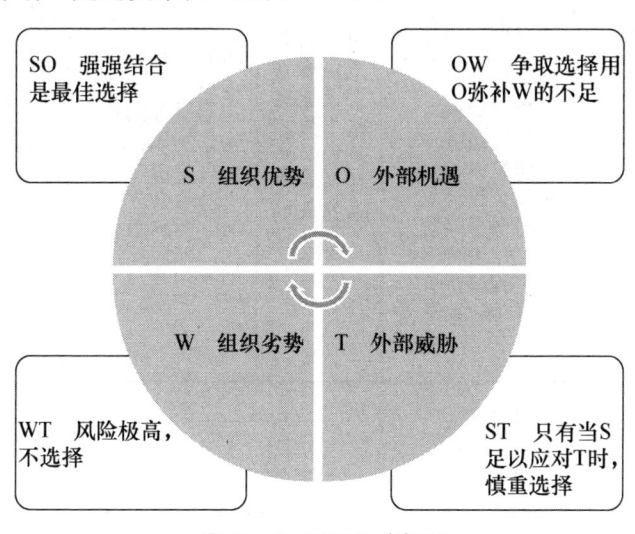

SO　强强结合是最佳选择

OW　争取选择用 O 弥补 W 的不足

S　组织优势　O　外部机遇

W　组织劣势　T　外部威胁

WT　风险极高，不选择

ST　只有当 S 足以应对 T 时，慎重选择

图 11-6 SWOT 分析图

二、专业志愿服务项目筹备

步骤 3：筹措落实资源

工具 8：专业志愿服务项目综述表（见表 11 - 2）

表 11 - 2　　　　　　　　专业志愿服务项目综述表

项目定义说明	项目名称：	项目号：	项目经理：
问题/机会：			
目标：			
目的：			
成功标准：			
风险、障碍：			
撰写人：	日期：	审批：	日期：

工具 9　专业志愿服务最常见的来源（见表 11 - 3）[①]

表 11 - 3　　　　　　　　专业志愿服务最常见的来源

企业	专业服务公司	个人	公益中介	专业院校
向消费者提供商品或者零售服务的公司，比如说媒体、食物公司、汽车公司等等。例如： ·零售业 ·银行业 ·汽车工业 ·信息技术产业 ·食品 ·健康 ·保险 ·电力通信 ·交通	提供咨询服务的公司，可能是设计咨询公司、法律咨询公司和管理咨询公司等等。例如： ·管理咨询 ·设计服务 ·建筑设计 ·网页设计 ·财务金融管理 ·法律咨询 ·工程咨询 ·市场营销及广告	可以直接提供专业咨询服务的个人。例如：任何有专业技能的人。	为非营利组织招募管理专业志愿服务的机构。例如： ·广告协会 ·基金会 ·非营利组织	为学生提供实习机会/专业志愿服务机会的商学院、信息技术管理学院还有设计学院，或者鼓励校友会组织专业志愿服务。例如： ·史蒂芬·罗斯商学院 ·罗得岛设计学院 ·斯坦福工程学院 ·高盛公共政策学院

步骤 4：组建核心团队

---

① Taproot Foundation. Powered by Pro Bono：the nonprofit's：step-by-step guide to scoping, securing, managing, scaling Pro Bono resources. San Francisca：Jossey-Bass，2012.

三、专业志愿服务项目实施

步骤5：志愿者招募与培训
工具10：志愿服务岗位说明书（见表11-4）

表11-4　　　　　　　　　　志愿服务岗位说明书

岗位名称：
组织和所服务对象的名称和简要描述：
岗位目标和指标：
志愿者的职责和任务：
志愿服务时间：
志愿者资质要求：
志愿者组织提供的保障和支持：
工作条件和工作环境：
志愿者可能的收获和机会：
其他（可配图片）：
志愿者组织联系方式： 办公室地址： 联系人： 联系电话： E-mail： 微博： 网址：

工具11：志愿者招募计划表（见表11-5）

表11-5　　　　　　　　　志愿者招募计划表

组织名称： 项目名称： 项目经理： 招募负责人：	
岗位名称：	所需志愿者人数：
对志愿者的要求：	
目标人群（向谁发布招募信息）：	目标人群的需求要素：
招募时间：　　年　月　日—　　年　月　日	
招募具体工作步骤：	

工具12：志愿者招募书（见表11-6）

表11-6　　　　　　　　　　志愿者招募书

组织介绍	
专业志愿服务项目名称	
专业志愿服务项目背景	
专业志愿服务岗位描述	
服务时间	服务地点
志愿者需要的专业技能	
报名方式	负责人及联系电话
志愿服务反馈机制	

工具13：志愿者报名（注册）表（见表11-7）

表11-7　　　　　　　　志愿者报名（注册）表

姓　　名		性　　别		出生年月		照 片
籍　　贯		政治面貌		文化程度		
民　　族		工作单位		职　　务		
联系电话		身份证号				
电子邮件				邮编		
通信地址						
承诺每月志愿服务时间			计划志愿服务年限			

参加过何种社会团体、公益活动及特长：								
工作经历：								
学习经历：								
希望投身志愿服务的领域：（请打√选择，可选择多项）								
心理咨询	项目管理	公民教育	青少年辅导	社会活动	公关筹款	法律服务	社会文化	
行政办公	IT技术	英文翻译	其他					
申请人签字： 年 月 日				审核意见： 年 月 日			（公 章）	
备 注								

登记日期： 年 月 日

工具14：志愿服务协议

志愿服务协议应当包括以下主要内容：①

（一）志愿服务内容、时间和地点；

（二）参加志愿服务的条件；

（三）志愿者的培训；

（四）志愿服务成本的分担；

（五）风险保障措施；

（六）志愿者责任的免除；

（七）协议的变更和解除；

（八）争议解决方式；

（九）需要明确的其他事项。

工具15：志愿服务保障清单（见表11-8）

表11-8　　　　　　　　志愿服务保障清单

序号	内容
1	志愿服务保障机制及原则
2	志愿者制度
3	利益相关方准备

---

① 《北京市志愿服务促进条例》第十四条。

续前表

序号	内容
4	保障的内容：志愿者保险、基础物资、餐饮、津贴、相关政策等
5	志愿服务资金保障

工具16：志愿者培训方案（见表11-9）

表11-9　　　　　　　　　志愿者培训方案模板[①]

志愿者培训方案
一、培训目的
（如通用知识培训提高志愿服务理念）
二、培训对象
（如针对新入职志愿者）
三、培训形式
（如采用集中授课＋网络自学）
四、培训周期及时间安排
（如每个月集中授课一次，其他时间自行上线学习）
五、培训内容
（不同类型的培训内容不同，如入职培训可参考前边的具体内容）
六、培训讲师
（如内部讲师×位＋外聘讲师×位）
七、培训教材
（如通用的《志愿服务知识读本》＋讲师编写的PPT教程）
八、培训课程安排
（结合具体培训内容的课程安排表）
九、培训资料
（讲师教学资料、志愿者学习手册等）

---

① 民政部社会工作司. 志愿者管理手册. 北京：中国社会出版社，2015.

工具17：志愿者团队建设参考步骤表（见表11-10）

表11-10　　　　　　　　志愿者团队建设参考步骤表

志愿者团队组建	志愿者岗位分析				
	候选人特点分析				
	匹配				
志愿者团队建设	人际关系	角色定位	任务导向	价值观	其他
	破冰（互相熟悉）				・志愿者团队成员间各种形式沟通； ・支持与督导 冲突处理
	入职辅导				
		小组建设（确立核心领导）			
				讨论愿景和目标（达成共识）	
		确定角色及职责	工作任务分解WBS		
			培训		
	志愿者团队拓展训练			志愿者团队拓展训练	
			工作例会（监测）		
	联谊、分享				
	评估会（回顾与评价）				
	表彰				
志愿者团队结束	休整/解散/转化				

工具18：志愿者培训评估表（见表11-11）

表11-11　　　　　　　　志愿者培训评估表

请您在"很好"至"很差"之间打钩，并提出宝贵意见，谢谢！

评估项目		很好（5分）	较好（4分）	一般（3分）	较差（2分）	很差（1分）
组织与服务	组织管理有序					
	服务周到					
	工作人员态度和蔼					
	培训收费					
	其他（请您填写）					

273

续前表

评估项目			很好 (5分)	较好 (4分)	一般 (3分)	较差 (2分)	很差 (1分)
培训课程	课程设置						
	教材内容						
	培训方式						
	其他（请您填写）						
培训协作者	态度与理念（是否尊重、平等、接纳）						
	组织与调动参与的能力						
	语言表达能力						
	仪表举止是否得体						
	其他（请您填写）						
建议和意见：							

步骤 6：项目实施与管理

工具 19：项目实施综合计划表（小强表）（见表 11-12）

表 11-12　　　　　　　　　项目实施综合计划表

项目名称	活动事项	活动时间	责任人	相关人	预算	备注

工具20：WBS项目任务细分表（见表11-13）

表11-13　　　　　　　　　　WBS项目任务细分表

项目总目标	目标细分	具体任务	工作职责	责任人

工具21：甘特图（见图11-7）

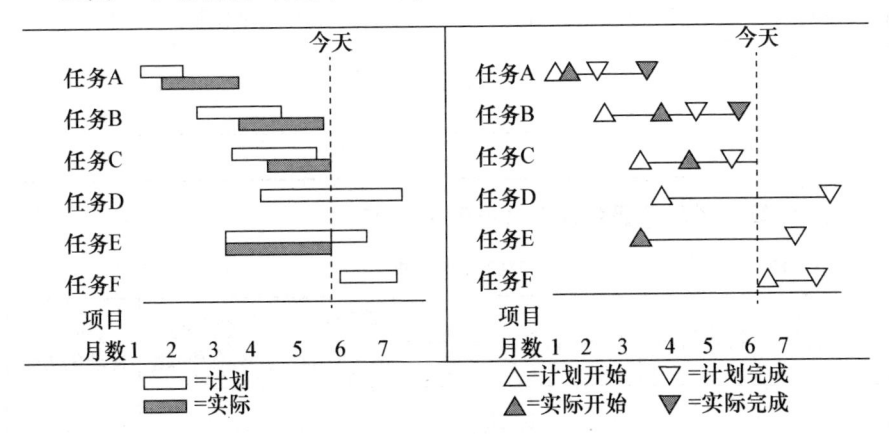

图11-7　甘特图

工具22：项目预算表（见表11-14）

表11-14　　　　　　　　　　项目预算表

项目活动	费用名称	单价×数量	预算金额	实际支出	平衡	备注

工具23：项目变更表（见表11-15）

表11-15　　　　　　　　　　项目变更表

项目名称	
变更申请者	

变更申请日期	
变更描述	
理由	
行动	
批准者	日期

工具 24：专业志愿服务项目风险管理表（见表 11-16）

表 11-16　　　　　　　　专业志愿服务项目风险管理表

主要的活动和项目	该活动和项目中的期望	哪些地方可能出问题	如何预防	对已经产生的危害如何来控制	我们将要付出什么代价

工具 25：风险等级管理表（见表 11-17）

表 11-17　　　　　　　　风险等级管理表

个人特征	特定情境	场所特征	风险等级 高	风险等级 中	风险等级 低	潜在的风险/问题	风险管理的方法

工具 26：风险日志表示例（见表 11-18）

表 11-18　　　　　　　　风险日志表示例

风险编号	风险描述	风险责任人	采取的措施	结果

四、专业志愿服务项目评估认可

步骤7：质量监测与评估

工具27：专业志愿服务监测信息清单（见表11-19）

表11-19　　　　　　　专业志愿服务监测信息清单

序号	内容	来源
1	监测计划	确定收集的内容及方式
2	服务对象（非营利组织）基本信息	网站，文献分析，由服务对象非营利组织提供，诊断会议
3	志愿者个人基本信息	志愿者申请表
4	专业志愿服务岗位信息	专业志愿服务岗位规划及岗位描述
5	专业志愿服务时长	志愿者数据库
6	志愿者工作评估	工作日志，自我评估报告，服务对象反馈信息，督导记录，志愿者离岗访谈
7	专业志愿服务效果评估	项目评估报告，总结报告，后续访谈报告

工具28：收集评估信息方法表（见表11-20）

表11-20　　　　　　　收集评估信息方法表

方法	说明	优势	挑战
问卷调查，清单	当你需要在不给他人带来心理压力的情况下快速轻松地获取大量信息时	·可以匿名的方式完成 ·管理成本较低 ·容易对比和分析 ·很多人可以从中受益 ·可以获得很多资料 ·已经有很多样本问卷可供参考	·可能获得的信息不够准确 ·措辞会使受访者的答案产生偏移 ·非个人性 ·如果采用调查，可能需要抽样专家 ·不能全面了解情况
访问	当需要全面了解某人的印象或经历，或者更详细地了解他们在问卷上的答案时	·使信息更加深入全面 ·发展与客户之间的关系 ·与客户的交往更加灵活	·比较耗时 ·分析对比困难 ·费用高 ·访问者可能会影响客户的答案，使之偏颇

续前表

方法	说明	优势	挑战
回顾文件	当需要在不打断项目的进程的情况下了解项目进展情况时，主要可以看申请书、财务报告、备忘录、会议记录等	·掌握综合的信息和历史信息 ·不打断项目的日常工作 ·现成的信息 ·对信息没有偏见	·通常很耗时 ·信息可能不完全 ·需要清楚想要什么样的信息 ·并不是一种灵活的方式；局限于现成的信息数据
观察	获取准确描述这个项目的真实的信息，特别是过程方面的信息	·观察项目正在进行的活动 ·可以根据活动的具体情况灵活调整观察活动	·很难解释所看到的 ·对所观察到的内容进行分类非常复杂 ·容易受到项目参与者的影响 ·费用较高
焦点小组	通过小组讨论来深入探讨一个议题，例如对某种经验或者建议有什么反应，如何理解经常的抱怨等，在评估和营销时非常有用	·快速和可靠地获得一个大概印象 ·是一种在短时间内获取广泛和深入的信息的有效方法 ·能够传达关于项目的关键信息	·很难分析对方的反应 ·需要一个好的协作者来营造安全的环境 ·从时间安排来说，很难把6~8个人聚在一起
个案研究	可以完全理解或者描述服务对象在项目中的经历，通过各种案例的比较，进行综合研究	·在项目的投入、过程和产出方面，全面描述一个服务对象的经历和感受 ·是从局外人的角度来描述项目的有力手段	·需要花费大量的时间进行搜集、组织和书写 ·体现信息的深度，而不是广度
学习日志/志愿者日志	大致描绘出志愿者在从事志愿服务的每个阶段的经历；能将志愿者的学习、思考、故事等记录下来	·是一个体现志愿者前后巨大变化的很好的资源；从志愿者的视角能提供很多关于项目过程和影响的信息；个性化信息；可以反映志愿者的工作状况	·因为其中包含大量的个人体验，志愿者可能不愿与他人分享

工具29：专业志愿服务评估表（见表11-21）

表11-21　　　　　　　专业志愿服务评估表

志愿者姓名		服务组织		负责人	
服务期间	年　月　日—　　年　月　日			考评日期	

基本考评要素		考评（共 80 分）				
工作目标	特点	未达成		尚可		很好
	1.	1	2	3	4	5
	2.	1	2	3	4	5
	3.	1	2	3	4	5
工作关系	特点	未达成		尚可		很好
	1. 与其他志愿者的关系	1	2	3	4	5
	2. 与组织员工的关系	1	2	3	4	5
	3. 与服务对象的关系	1	2	3	4	5
工作状况与态度	特点	需改进		进步中		优良
	1. 对所交付任务的意愿与热诚	1	2	3	4	5
	2. 主动积极	1	2	3	4	5
	3. 负责	1	2	3	4	5
	4. 任务绩效	1	2	3	4	5
	5. 领导能力	1	2	3	4	5
	6. 对开发新活动的兴趣	1	2	3	4	5
	7. 接受督导的意愿	1	2	3	4	5
	8. 弹性	1	2	3	4	5
	9. 情绪管理	1	2	3	4	5
	10. 整体评估	1	2	3	4	5
对该志愿者的总评：（共 20 分）						
1. 志愿者具备的特殊技能与贡献（服务期间最大的工作成果）						
2. 有无违规情形？（若有，请详加列举）						
3. 促使志愿者进步之具体建议。（如某方面之志愿者训练）						
4. 志愿者需做哪些调整，以增加志愿者对服务单位的贡献？例如：调整职责或工作步骤。						
总分	负责人签字：					

工具 30：公益慈善机构项目检验体系（见表 11-22）

表 11-22　　　　　公益慈善机构项目检验体系

指标	问题
体验满意度	你对本次专业志愿服务的体验满意吗？
范围界定	你认为项目范围的界定清晰吗？
过程和方法清晰度	你认为项目过程和方法足够清晰吗？
方案的适用性	你感觉项目产出是否都适用和可行？

续前表

指标	问题
员工技能提升度	你认为本次专业志愿者是否提升了员工的技能？
推荐的可能性	你是否会向其他公益慈善机构推荐策划和管理本项目的专业志愿经济人机构？

工具 31：专业志愿者供应方检验体系（见表 11-23）

表 11-23　　　　　　　　专业志愿者供应方检验体系

指标	问题
体验满意度	你对本次专业志愿服务的体验满意吗？
范围界定	你认为项目范围的界定清晰吗？
过程和方法清晰度	你认为项目过程和方法足够清晰吗？
团队表现	你是否享受团队其他成员共事？
对工作满意度的提升	你对自己的工作较参与此项目之前是否更加满意？
推荐的可能性	你是否会向其他机构推荐策划和管理本项目的专业志愿服务支持机构？

步骤 8：志愿者认可与激励

工具 32：机构及项目激励与认可表（见表 11-24）

表 11-24　　　　　　　　机构及项目激励与认可表

时间节点	表达方式
项目启动阶段	・理事会主席书面感谢参与者的贡献 ・设计印有 Logo 的服装或"装饰物"
项目进展阶段	・每次会议都表示感谢 ・带动团队成员在与专业志愿服务咨询师沟通时也表示感谢 ・设法在每次会议或会谈的时候将项目内容与任务使命相关联
项目完成阶段	・执行主任书面感谢每一个专业志愿服务咨询师的辛勤工作 ・邀请全体员工或相关部门员工参与庆祝活动 ・发布新闻简报 ・对于来自公司、中介组织、学校等机构的突出咨询师，可以与其上级或联络人交流，说明这些咨询师的突出贡献，并帮助这些咨询师完成项目 ・请理事会成员向咨询师发送亲笔签名贺卡 ・让理事会和咨询师通过 LinkedIn 互相联系，或在咨询师 LinkedIn 个人网页上表达认可 ・让专业志愿服务咨询师有机会向理事会成员汇报，并让理事会向咨询师进行反馈。该反馈有时也是我们能给予专业志愿服务咨询师最大的奖赏 ・通过博客等社交媒体来感谢咨询师，这样还可引来别人对专业志愿服务更多的关注

续前表

时间节点	表达方式
年度总结	·在年终会议及出版物中进行总结，通过年度总结来强调项目对完善使命达成、收入价值、项目聚焦点、组织结构等的益处 ·邀请咨询师作为嘉宾参会，向项目成员赠送参会券。如果可以的话，还可以将嘉宾的范围扩展至咨询师的配偶、合作伙伴、朋友或同事 ·举办活动来感谢咨询师，并设置认可环节。请一位理事会成员来讲述项目现有的以及将来可能会带来的影响。以名字和职责来称呼每个项目成员，并与之沟通其工作所起的作用 ·对所有专业志愿服务咨询师与捐赠者的贡献以相同的态度和程度进行表扬 ·如果有专业志愿服务咨询师十分契合理事会要求，可将其吸纳为组织的一员

工具33：101种激励志愿者的方法（见表11-25）[1]

表11-25　　　　　　　101种激励志愿者的方法

1. 保持亲切笑容	2. 定期举办分享检讨会	3. 设立志愿者建议箱
4. 见面时打招呼	5. 安排与主管面谈	6. 致送生日卡
7. 亲切称呼对方名字	8. 与管理层会面	9. 致送致谢卡
10. 不要忘记说再见	11. 管理层出席志愿者服务	12. 致送慰问卡
13. 不要忘记说谢谢	14. 定期派发机构刊物	15. 保持密切联络
16. 保持友善的态度	17. 组织志愿者同乐日	18. 制作志愿者通信录
19. 善用他们的专长	20. 举办庆祝会	21. 送赠心意小礼物
22. 接纳个人独特性格	23. 举办杰出志愿者选举	24. 送赠购物优惠证
25. 接纳他们的不足处	26. 安排与职员联欢节目	27. 给予工作证
28. 协助改善不足处	29. 与职员工作经验交流	30. 给予工作制服
31. 帮助建立自信心	32. 定期工作检讨	33. 提供交通补贴
34. 提供成长的机会	35. 举办服务汇报会	36. 完善服务记录制度
37. 关心他们的健康	38. 参与筹办机构活动	39. 供应日常茶水饮品
40. 重视他们的需要	41. 参与策划性工作	42. 提供志愿者膳食
43. 尊重他们的意愿	44. 介绍认识机构职员	45. 提供医疗优惠
46. 重视个人感受	47. 清楚工作目标	48. 为志愿者提供工作保障
49. 重视个人选择权	50. 制订周详服务计划	51. 与志愿者联谊聚餐

---

[1] 参见香港义务工作发展局《101种激励志愿者的方法》。

52. 重视每一位的参与	53. 了解参与服务的贡献	54. 邀请参加职员茶聚
55. 给予真诚的意见	56. 确认身份地位	57. 设立志愿者储物柜
58. 确认工作伙伴关系	59. 赋予权力	60. 颁发嘉许奖牌
61. 与他们打成一片	62. 赋予工作责任	63. 颁发长期服务奖章
64. 表达与他们合作愉快	65. 清晰界定工作内容	66. 与他们雇主分享成就
67. 带给他们意外惊喜	68. 分享工作成果	69. 与他们家人分享成就
70. 协助解决问题	71. 提名杰出志愿者选举	72. 与其他志愿者分享成就
73. 筹办志愿者周年大会	74. 鼓励服务对象谢意	75. 机构通讯设志愿者专讯
76. 邀请出席机构会议	77. 由传媒推广义务工作	78. 设立志愿者晋升制度
79. 邀请参与政策制订	80. 善用传媒做表扬	81. 提供舒适工作环境
82. 推荐参与国际会议	83. 公开地区性志愿者活动	84. 保障安全工作环境
85. 提供挑战性服务机会	86. 参与志愿者联谊活动	87. 赞助参与研习课程
88. 给予一展所长机会	89. 公开赞扬他们的参与	90. 提供完善工作工具
91. 提供参与服务的训练	92. 由机构发出嘉许信	93. 不要忘记微笑
94. 定期举办进修课程	95. 发出服务记录证明	96. 给予足够的辅导
97. 鼓励职员善用志愿者	98. 提供足够服务经费	99. 积极听取他们意见
100. 提供适当专业支持	101. 尝试他们创新的建议	

五、专业志愿服务项目成果传播与转化

步骤9：传播好经验

工具34：媒体传播策略表（见表11-26）

表11-26　　　　　媒体传播策略表

媒体目录	预算	投放频次和周期	媒体分析	投放目标	投放日期	投放效果
互联网自媒体						
报纸						
电视						
户外广告						
社区广告						
互联网媒体						
印刷品						

步骤 10：跟踪监测与成果转化
工具 35：专业志愿服务项目总结报告

专业志愿服务项目总结报告（参考模板）

项目名称				项目编号		
一、项目基本信息							
项目执行方主要联系人	姓名			电子邮件		
	办公电话			手机		
	联系地址			邮编		
项目执行基本信息							
进度状况	计划实施时间	20____年____月（开始）至 20____年____月（结束）					
	实际实施时间	20____年____月（开始）至 20____年____月（结束）					
经费情况	已使用			总额度		
二、项目执行报告							
项目活动开展情况							
1）计划进度项目，项目的执行情况（已执行与未执行） 2）计划内容相比，内容或活动的增减情况 3）开展活动中的主要难点与解决方法 4）项目的风险和克服手段 5）小结							
项目目标与项目成效							
1）整体目标的实现情况 2）具体目标的实现情况 3）执行方法和策略与实现项目目标的关系 4）直接/间接受益人群数目，目标人群对项目效果的反馈状况 （附上项目成果资料、评估报告等）							
项目的管理情况							
1）项目机构和社区的关系 2）项目相关群体的关系 3）项目管理状况							
项目经验总结及项目发展建议							

1）项目成功的经验： 2）项目不足与挑战： 3）项目可持续发展设想和建议： （项目是否有复制与推广计划） 4）其他建议 （可对比项目建议书进行调整，并附表） 报告撰写人签字： 时　　间：
三、项目财务报告
1）财务报告 项目拨款明细（与协议书拨款计划比较） 项目支出明细（与预算比较） 财务分析与说明 2）财务管理制度运作情况说明 　　　　　　　　　　　　　　　　　　　负责人签名： 　　　　　　　　　　　　　　　　　　　　　时间：

参考文献

HUSTINX L, CNAAN R A, HANDY F. Navigating theories of volunteering: a hybrid map for a complex phenomenon. Journal for the theory of social behaviour, 2010.

ELLIS S J, NOYES K H. By the people: a history of Americans as volunteers. San Francisco: Jossey-Bass, 1990.

ESMOND J, DUNLOP P. Developing the volunteer motivation inventory to assess the underlying motivation drives of volunteers in western Australia. 2004.

ANHEIER H K, SALAMON L M. Volunteering in cross-national perspective: initial comparisons. Law and contemporary problems, 1999.

International Olympic Committee. Olympic games guide on people management. 2017.

Taproot Foundation. Powered by Pro Bono: the nonprofit': step-by-step guide to scoping, securing, managing, scaling Pro Bono resources. San Francisca: Jossey-Bass, 2012.

丁元竹, 江汛清. 志愿活动研究：类型、评价与管理. 天津：天津人民出版社, 2001.

丁元竹. 社区的基本理论与方法. 北京：北京师范大学出版社, 2009.

江汛清. 与世界同行：全球化下的志愿服务. 杭州：浙江人民出版社, 2005.

丁元竹. 我国志愿服务的发展现状与问题. 志愿服务论坛, 2004 (1).

沈杰. 志愿精神在中国社会的兴起. 中国青年政治学院学报, 2009

(6).

魏娜. 我国志愿服务发展：成就、问题与展望. 中国行政管理，2013(7).

魏娜，志愿服务概论. 北京：中国人民大学出版社，2018.

陈武雄. 志愿服务理念与实务. 台北：杨智文化事业股份有限公司，2004.

北京志愿服务发展研究会. 中国志愿服务大辞典. 北京：中国大百科全书出版社，2014.

李伟阳，肖红军. ISO26000的逻辑：社会责任国际标准深层解读. 北京：经济管理出版社，2011.

北京市民政局. 社区志愿服务项目化运作与管理：社会治理创新实践. 北京：中国社会出版社，2015.

图书在版编目（CIP）数据

专业志愿服务理论与实践 / 翟雁主编．--北京：中国人民大学出版社，2022.12
（志愿服务实务丛书）
ISBN 978-7-300-27736-3

Ⅰ．①专… Ⅱ．①翟… Ⅲ．①志愿者-社会服务-教材 Ⅳ．①C916

中国版本图书馆 CIP 数据核字（2019）第 271490 号

志愿服务实务丛书
中国志愿服务联合会
中国志愿服务基金会　　组编

专业志愿服务理论与实践
主　编　翟　雁
Zhuanye Zhiyuan Fuwu Lilun yu Shijian

出版发行	中国人民大学出版社		
社　　址	北京中关村大街 31 号	邮政编码	100080
电　　话	010-62511242（总编室）		010-62511770（质管部）
	010-82501766（邮购部）		010-62514148（门市部）
	010-62515195（发行公司）		010-62515275（盗版举报）
网　　址	http://www.crup.com.cn		
经　　销	新华书店		
印　　刷	北京昌联印刷有限公司		
开　　本	720 mm×1000 mm　1/16	版　次	2022 年 12 月第 1 版
印　　张	18.5 插页 1	印　次	2022 年 12 月第 1 次印刷
字　　数	319 000	定　价	55.00 元

版权所有　　侵权必究　　印装差错　　负责调换